名师引领

学校联盟教师专业成长研究

戴卫红 著

南京师范大学出版社

图书在版编目(CIP)数据

名师引领:学校联盟教师专业成长研究 / 戴卫红著. —南京:南京师范大学出版社,2017.12

(名师工程书系)

ISBN 978-7-5651-3638-2

Ⅰ.①名… Ⅱ.①戴… Ⅲ.①中小学－师资培养－研究 Ⅳ.①G635.12

中国版本图书馆 CIP 数据核字(2017)第 323937 号

书　　名	名师引领:学校联盟教师专业成长研究
作　　者	戴卫红
责任编辑	于丽丽
出版发行	南京师范大学出版社
地　　址	江苏省南京市玄武区后宰门西村 9 号(邮编:210016)
电　　话	(025)83598919(总编办)　83598412(营销部)　83598297(邮购部)
网　　址	http://www.njnup.com
电子信箱	nspzbb@163.com
照　　排	南京理工大学资产经营有限公司
印　　刷	盐城市华光印刷厂
开　　本	787 毫米×960 毫米　1/16
印　　张	15.25
字　　数	239 千
版　　次	2017 年 12 月第 1 版　2017 年 12 月第 1 次印刷
书　　号	ISBN 978-7-5651-3638-2
定　　价	40.00 元

出 版 人　彭志斌

南京师大版图书若有印装问题请与销售商调换

版权所有　侵犯必究

序
Preface

习总书记在十九大报告中指出,建设教育强国是中华民族伟大复兴的基础工程,必须把教育事业放在优先位置,发展素质教育,推动城乡义务教育一体化发展,推进教育公平,高度重视农村义务教育,努力让每个孩子都能享有公平而有质量的教育。怎样推动城乡义务教育一体化?如何让每个孩子享受公平有质量的教育?随着城乡生活水平差距增大,乡村教师资源向城市流动,城乡间教育资源的不均衡性日益凸显,农村教育对公平的诉求越发强烈。《省政府关于进一步加强师资队伍建设的意见》《省政府办公厅关于印发江苏省乡村教师支持计划实施办法(2015—2020年)的通知》《省政府关于统筹推进城乡义务教育一体化促进优质均衡发展的若干意见》等文件多次强调乡村教师队伍建设的重要性并提出加强师资队伍建设的可行性措施,把师资质量、管理水平作为教育均衡的硬性指标。

教育均衡发展是社会主义教育事业的核心本质,尤其基础教育均衡发展问题对教育事业的影响更为突出。基础教育是每个国家经济社会发展的基础,每个公民都有受教育的权利,只有经历了这样一个基础教育阶段,才能更好地服务于国家,服务于社会,在自我价值方面得到实现,也为社会创造更多的财富。

作为实现基础教育公平与效率双赢的创举——学校联盟集团化办学,以名校为龙头,共享管理、师资、设备等优质教育资源的名校联盟,由专家顾问、各校区校长组成的决策机构负责学校共同体的整体规划,并形成相应的执行系统、监督反馈系统。名校之间既有统一的协调和管理,以保证同样的教育品质,又相对独立,追求各自的办学特色,实现互惠互助,共同成长。在此基础上,名师引领联盟校教师整体业务发展是可行性路径之一。

阜宁县实验小学教育联盟校由6个校区和12所乡镇中心小学、村小组成。随着以前严把教师队伍进口关等历史因素的影响和办学规模的不断扩大,各学校不同程度地出现了教师队伍老化、结构不合理、年龄层次断层、名师稀释等现象,严重制约了学校的均衡发展和质量提升,成了教师队伍发展的瓶颈。实验小学集团戴卫红校长和集团长春路校区王海文校长自2013年起就开始关注这一问题,并从中探索出联盟校教育均衡的改革机制。阜宁实小作为学校联盟的龙头校,有省特级教师、市名师和市县学科带头人148名,有实力、有能力引领联盟校教师的专业成长。联盟校开展了名师到中心小学支教,联盟校教师到实小顶岗学习,班子成员、教师在集团内随机派岗等活动,探索"四轮备课""周日讲堂""半日研修"的机制和模式,有效地提升了联盟校教师的业务素养。《名师引领:学校联盟教师专业成长研究》正是基于这样的认识和精准的定位,便在教育问题的源发地,在问题产生的土壤中应运而生。

该书有以下三个特点:

一是理论研究与实践探索相得益彰。注重现状观察,基于解决当前教师与学校发展的现实问题,理论上提炼出:教师专业成长的运行机制由"学校制度化—教师机械化"传统机制转变为"名师高位引领—教师向心发展"的创新机制;通过构建激发教师成长内动力的发展氛围,寻求教师成长的路径运行机制、建立教师获取成功的情感体验模式等教师发展机制的变革。实践上摸索出:以名师引领为主要创新点,从内动力激发、实施策略、保障机制等具有特色的教师专业成长的实践路径。

二是成长路径与学校发展互利双赢。美美与共的名师引领教师专业成长路径研究,不仅生发在名师与青年教师之间,也生发在教师与学校之间。名师引领教师专业成长的"引领"与"促进"效度是多维度、多层次的,是名师与青年教师实现同进的效果。同时,教师专业成长通过其现状观察与理论研究、实践路径的探索,以立足教师专业成长为突破口,助推学校核心素养的发展,提升学校的办学品质,实现以教师发展学校,借助学校发展提升教师专业成长的共赢局面。这在名师、青年教师与学校的成长发展案例中得以一一验证,其启发性、可操作性易于引起共鸣。

三是办学模式与教育均衡完美结合。该书以江苏省阜宁县实验小学教育集团为龙头校,12所乡镇中心小学为成员校,成立联盟校为写作主体,着力观察教师发展与教育均衡的情况。其模式的创新在于校际间、城乡间共同推动教师专业成长,有效地达成资源共享、理念共进,促进教育均衡的发展。理论与实践的紧密结合,使得该著作既有扎实的实践基础,又有一定的理论支撑,对于突破现行的集团化办学和城乡间教育发展均衡方面的困境有一定的参考价值和借鉴意义。

教师专业成长、学校发展和教育均衡是教育亘古不变的话题,我们期待"名师引领学校联盟教师专业成长"的创新团队继续深入研究和实践,继续淬炼理论成果,探究教师专业成长、学校发展和教育均衡实践路径,为推进更加优质、公平的教育而努力。

戴斌荣
2017 年 12 月 20 日

前 言
Foreword

　　教育均衡，即教育均衡发展。在我国构建社会主义和谐社会的进程中，人们对教育公平问题的关注程度显著提高。教育均衡发展，是关系到当前和今后一个时期中国基础教育发展的整体战略问题，具有重大的现实意义和深远的历史意义。

　　那么，如何才能实现教育事业均衡、持续、健康发展？2012年10月，国务院印发了《国务院关于深入推进义务教育均衡发展的意见》，对在新形势下推进义务教育均衡发展提出了明确要求，要求推动优质教育资源共享，发挥优质学校的辐射带动作用，鼓励建立学校联盟；要求完善促进县域内校长、教师交流的政策措施；要求推动办学水平较高的学校和优秀教师通过一起研讨备课、研修培训等方式，共同实现教师专业发展和教学质量提升。

　　笔者聚焦县域范围内名师引领联盟校教师专业成长的实践研究，在多年教育实践的基础上，吸收国内外课程论方面研究的最新成果，针对城乡教师专业发展的实际，遵循理论联系实际的原则，撰写了《名师引领：学校联盟教师专业成长研究》。本书在撰写的过程中，既有充分的理论考证，又有丰富的经验提炼；在理论的阐述上，不是片面地引用一家之言，而是博采众长，并进行了认真的梳理，再结合自己的教学经验和实践成果，概括出名师引领城乡联盟教师成长的相关路径和动力机制。

　　全书共九章，主要有以下几个方面创新点。

　　一是注重文献检索和现象分析相结合，理论总结与观点提炼相呼应，遵循教师专业成长的发展脉络，探寻教师在日常教学过程中专业化的发展状态。在研究中，强化名师引领教师成长的问题意识，探寻名师引领学校联盟教师专业发展的路径，着重以点带面，以小见大，力求清晰呈现并解决城乡教育差距存在的问题。期望通过高效促进教师专业成长的深入研究，为促进教育公平提供参考与借鉴。

　　二是从教师专业成长的基本内涵出发，在充分了解教师专业成长现状的基础上，探究出影响教师专业成长的核心要素是"教师专业发展力"，并在参考大量文献、结合行动研究的基础上,构建了"教师专业发展力"模型。

三是不断探索教师专业成长的研究视域与价值,分析教师专业成长的应对策略。通过研究与实践,形成以下行之有效的具有普适性的路径,即:"四轮备课"引领学校联盟教师专业成长,名师引领青年教师专业成长,名师引领联盟校顶岗教师专业成长,以"走出去,请进来"方式助推教师专业成长等。我们在实践中不断完善名师引领联盟校教师专业成长的策略,收获了一定的成效。

本书在构建理论框架时,为寻求理论支撑,借鉴了一些文献资料,凡引用的材料、观点,尽量注明出处,在此向这些作者致以崇高的敬意和衷心的感谢。由于作者水平有限,书中的错误和不当之处敬请专家和同行不吝赐教。

目 录
Contents

序 ·· 001
前言 ·· 001

理论篇

第一章 名师引领学校联盟教师专业成长的问题发生 ································ 001
 第一节 基本内涵及意义 ·· 001
 第二节 研究概况 ·· 007

第二章 名师引领学校联盟教师专业成长的研究视域与价值追求 ············· 013
 第一节 研究范围及视域 ·· 013
 第二节 实践探索与价值追求 ··· 023

第三章 名师引领学校联盟教师专业成长的应对策略 ······························ 045
 第一节 名师引领学校联盟教师专业成长的研究基础 ······························· 045
 第二节 教师专业发展力的内涵研究 ··· 050
 第三节 名师引领学校联盟教师专业发展的路径研究 ······························· 058
 第四节 名师引领学校联盟教师专业发展的动力机制研究 ······················· 076

实践篇

第四章 "四轮备课"引领学校联盟教师专业成长 ···································· 087
 第一节 名师引领联盟校教师"四轮备课"的实效性研究 ··························· 087
 第二节 "四轮备课"中推进"让学引思"课改实践 ····································· 092
 第三节 名师引领联盟校教师"四轮备课"的个案研究 ····························· 096

第四节　名师引领联盟校教师专业成长案例 …………………… 121

第五章　学校联盟青年教师专业成长研究 ……………………………… 133
　　第一节　青年教师成长阶段 ………………………………………… 133
　　第二节　青年教师专业成长策略 …………………………………… 141

第六章　联盟校顶岗教师专业成长的研究 ……………………………… 155
　　第一节　联盟校顶岗教师的成长背景 ……………………………… 155
　　第二节　顶岗教师成长的策略 ……………………………………… 161
　　第三节　名师引领促进学校联盟顶岗教师专业成长的案例 ……… 165

第七章　"请进来，走出去"推动学校联盟教师专业成长 …………… 173
　　第一节　"请进来，走出去"的作用 ……………………………… 173
　　第二节　"请进来，走出去"的策略 ……………………………… 176
　　第三节　"请进来，走出去"的意义 ……………………………… 191

反思篇

第八章　由名师视角看名师引领教师专业成长 ………………………… 197
　　第一节　名师成长阶段及规律 ……………………………………… 197
　　第二节　名师自身专业成长影响因素分析 ………………………… 199
　　第三节　完善名师专业成长机制 …………………………………… 201
　　第四节　名师工作室引领教师专业成长 …………………………… 202
　　第五节　名师引领教师专业成长个案研究 ………………………… 210

第九章　由均衡视角看联盟校发展与教师专业成长 …………………… 216
　　第一节　县域范围内农村均衡教育现状 …………………………… 216
　　第二节　城乡共生联盟推动教育均衡举措 ………………………… 218
　　第三节　学校联盟均衡发展实践成效 ……………………………… 223

后　记 ……………………………………………………………………… 233

第一章　名师引领学校联盟教师专业成长的问题发生

党的十八届三中全会的《中共中央关于全面深化改革若干重大问题的决定》中提出,要"大力促进教育公平"。作为社会公平的起点,教育公平对于提高社会公平程度、促进经济发展和社会和谐、消除知识鸿沟以更好迎接知识经济的挑战、实现民族振兴都具有重要意义。教育均衡发展和教育公平是教育改革的一个重要目标和方向。实施区域教育均衡发展是推动教育公平的路径之一。世界各国都在完善区域教育投入机制、建立健全区域间教育资源共享机制、完善区域教育动力机制等方面做了努力和尝试,形成了缩小区域教育发展差距的合力。这其中,教师的均衡是教育均衡的重中之重。名师引领学校联盟教师专业成长是促进城乡教育均衡发展、促进校际教育均衡发展、促进群体间教育均衡发展的有效途径。只有深入了解国内外关于名师引领学校联盟教师专业发展的研究现状,明确名师引领学校联盟教师专业发展的核心概念,辨析其基本内涵,认识其重要意义,才能在名师引领学校联盟教师专业发展研究的道路上越走越远。

第一节　基本内涵及意义

教育均衡背景下的名师引领学校联盟教师专业成长研究的终极目标是推进教育均衡。我们通过组建城乡范围的学校联盟,以名师来引领教师专业发展,探索名师引领学校联盟教师专业发展的方法、路径、策略,努力达到教师业务水平的均衡。在对国内外有关教育均衡、学校联盟、教师专业发展的研究现状进行整理与分析的基础上,我们认为教育均衡背景下名师引领学校联盟教师专业成长的研究尚不够深入,有必要对相关概念做精准的界定,以阐明研究的意义,并为进一步研究提供理念支撑。

一、概念界定

当前,推进教育均衡已成为基础教育改革一个总的发展趋势,提高教育均衡质量已成为教育主管部门、学校共同关注的话题,名师引领学校联盟教师专业成长是提高教育均衡质量的有效途径。

教育均衡背景下的学校联盟,是指城乡学校间,以县城一所优质学校为龙头,与乡村相对薄弱学校结对捆绑,形成的区域联合体(即城乡共生联盟)。这是一种以教育均衡为目的,以名校为龙头,在教育理念、学校管理、教育科研等方面统一管理、统一规划,进而实现管理、师资、设备等优质教育资源的共享,实现联盟校互惠互助,教师专业共同成长的办学模式。

教育均衡背景下的名师引领学校联盟教师专业成长,是指在教育均衡的背景下,充分发挥名师在教育改革与发展中的示范、辐射作用,引领联盟内教师专业成长,实现经验共享、优势互补、理念共振,提炼教学经验及教学特色,提升联盟校整体教育教学质量,进而达到区域内教育资源均衡。

教育均衡背景下的名师引领学校联盟教师专业成长的实践研究,是为了提升教育均衡的质量,通过对名师引领学校联盟教师专业成长实践中的难点、困境展开研究,探索在教育均衡背景下,名师发挥示范与辐射作用的模式、途径和策略,从而推动联盟内教师专业成长,推进区域内教育资源均衡。

二、基本内涵

根据《现代汉语词典》中的解释,"均衡"即"平衡",是指系统内的各方面在数量或质量上相等。教育均衡实质上是指在教育公平思想和教育平等原则支配下,教育机构、教育活动主体在教育活动中有平等待遇的理想以及确保其实际操作的教育政策和法律制度。

从宏观层面分析,教育均衡是教育供给与需求的均衡,即教育所培养的劳动力在总量和结构上与经济社会的发展需求相适应,因此,宏观层次的教育均衡发展主要体现在教育权利公平、教育机会均等和教育规模均衡、结构均衡、制度均衡上,它在整个教育均衡体系中以外在的形式体现了教育均衡的社会学特点。

从中观层面分析,教育均衡包括区域均衡、城乡均衡、校际间均衡。教育均衡要求各级政府要确保教育资源在区域之间、城乡之间、学校之间、受教育群体之间合理和有效的均衡配置。因此,从资源配置看,中观层次教育均衡发展主要体现在学校公用经费、生均经费等投入均衡,校舍建设、教学实验仪器设备、图书资料等硬性资源的均衡以及学校教师队伍的学历、素质,学校内部管理与学校教育教学理念等软性资源的均衡,它在整个教育均衡体系中体现了经济学的特点,反映的是教育资源配置的均衡。

从微观层面分析,教育均衡包括课程、教学和教育评价的均衡,它是实质的、内在的、更深层次的教育均衡,主要体现在生源均衡、质量均衡、结果均衡、评价均衡,在整个教育均衡体系中体现了教育学的特点,反映的是实质的、内在的教育质量和教育效果。

党的十九大着重强调要积极发展素质教育,推进教育公平,推动城乡义务教育一体化发展,高度重视农村义务教育,努力让每个孩子都能享有公平而有质量的教育。百年大计,教育为本;教育大计,教师为本。教育均衡的本质是教师的均衡,名师引领联盟校教师专业成长是实现教育均衡的有效途径。

三、意义

教师是学校教育教学的主体。教师教育教学的能动性、教育教学的水平直接决定学校的办学水平。能否推进教育均衡,办人民满意的教育,最重要的影响因素是教师水平的高低,但在区域之间、校际之间教师水平不均衡现象较严重。在这种状况下组建学校联盟,通过名师引领教师专业发展,促进教师专业快速成长就显得意义深远。

1. 为了实现公平而有质量的教育

习总书记在十九大报告中指出:"必须把教育事业放在优先位置,推进教育公平,推动城乡义务教育一体化发展,高度重视农村义务教育,努力让每个孩子都能享有公平而有质量的教育。"本研究成果关注教师专业成长,聚焦教育均衡,为孩子享受公平而有质量的教育提供了有力保证。

教育均衡发展是社会主义教育事业的核心本质,尤其基础教育均衡发展问题对教育事业的影响更为突出。基础教育是国家经济社会发展的基础,每个公民都享有受教育的权利,公民只有经历了这样一个基础教育阶段,才能更好地服务于国家,服务于社会,才能实现自我的价值,也为社会创造更多的财富。

教育均衡发展的话题已经讨论了很多年,均衡教育已经写入国家战略。教育均衡发展这一概念最初来自于西方,其初衷是要用教育的均衡发展阻止社会的分化,缩小贫富的差距,为社会的公平奠定基础。应该说这一理念是先进的,愿望是善良的,但操作是不易的,目的达成也是困难的,也就是说,目前西方的任何教育也没有真正地实现均衡发展。

那么怎样在中国实施教育均衡发展呢?在苏北教育比较薄弱的地区,又该如何实施以改变城乡差距、地区差异呢?先前,有许多人用了否定的方式,试图探讨均衡教育的本质特征以及实施方略,诸如均衡教育不是削峰填谷,不是劫富济贫,不是不要特色,不是停止不前,等等,但均衡教育究竟是什么呢?还是众说纷纭。

《中国教育报》曾经发表过张天雪撰写的一篇题为《区域教育均衡发展的理想效度》的文章,从一个全新的角度,为均衡教育指出了一条可行的道路。其主要观点是:"与教育机会均等存在着起点均等、过程均等和结果均等一样,区域教育均衡发展同样存在着初步均衡、基本均衡和总体均衡三个状态。三个状态会在不同的范围内体现,形成区域间的相对均衡、区域内的实质均衡和学校间的特色均衡三种理想效度。"

教育均衡从宏观层面说是指教育均衡发展。从个体看,教育均衡指受教育者的权利和机会的均等,指学生在德智体美劳等方面均衡发展、全面发展;从学校看,教育均衡指区域间、城乡间、学校间教育资源配置均衡。当前人们关注的基础教育均衡发展,主要是指不同地区之间、城乡之间、同一地区不同学校之间、同一学校不同群体之间的教育均衡发展问题。这为我们推进立足于本地区实际的教育均衡发展提供了理论支撑。区域间均衡具有以下几个方面内涵:

一是区域间教育均衡发展的理想效度。阜宁县域内地区经济差距明显,教育资源存在巨大差异是客观现实,并且短时间内还很难消除。因此要完全实现区域间的教育均衡发展,即教育的总体均衡发展,实现教育的共同进步,从国家层面上讲只能是战略考量。从当前的现实情境出发,区域间的教育均衡在经济发达区域省级层面上实现是完全有可能的,甚至在全县城的地区实现也不是天方夜谭。

二是区域内教育均衡发展的理想效度。无论从现实还是从概念上讲,我们所讲的区域教育均衡发展应是县域内义务教育均衡发展。从我国基础教育管理体制看,"以县为主"还是当前主要的管理模式,因此县域内义务教育均衡发展是当下各级教育政策的重点所在。经济发达地区应该率先实现县域内教育均衡这个目标,原则上不应迟于"十三五"规划完成之际。

三是区域教育均衡发展的学校间理想效度。教育均衡发展不等于教育平均发展,均衡不是削峰填谷,即使暂时会出现这样的局面,那也只应让其成为暂时,而不能成为习惯或路径依赖。

均衡教育是相对的,是区域性的,是不拒绝特色发展的,也只有这样的均衡教育才能成立,才能够发展,也才能实现。根据当地经济社会发展实际因地制宜、实事求是地调整义务教育发展思路,实现城乡之间义务教育学校在办学条件和师资建设上的相对均衡,确保区域内的义务教育均衡协同高质量发展,确保不同的受教育群体在接受教育权利、条件等方面达到相对平等。县域义务教育均衡发展的最基本的表现是,学校联盟在经费投入、设施配备以及师资队伍建设等方面均按照统一标准进行,在县域内实现学校建设的标准化、师资配备的均衡化以及教育质量的优质化。县域义务教育均衡发展的理论基础是教育平等思想、教育公平思想、教育民主化思想、资源分配理论和科学发展观。其价值取向一方面在于追求教育公平,保障人的民主平等权利在教育领域的圆满实现,最终维护和促进社会的公平;另一方面是在保证公平的基础上实现义务教育的高效率高质量发展。

2. 为了建设师德高尚、业务精湛、结构合理、充满活力的教师队伍

苏政发〔2015〕134号《省政府办公厅关于印发江苏省乡村教师支持计划实施办法(2015—2020年)的通知》中强调,"把乡村教师队伍建设作为提高乡村教育质量水平、促进城乡教育优质均衡发展的重要抓手,采取了一系列措施,教师队伍的面貌发生了显著变化,乡村教育的质量有了明显提升"。但从总体上看,阜宁县域内城乡教育发展还不够均衡,乡村教育仍然是教育现代化建设的短板,乡村教师队伍建设存在着许多薄弱环节,面临着补充渠道不畅、结构不尽合理、骨干教师流失、

整体素质不高等问题。实施名师引领联盟校教师专业成长,对解决阻碍乡村教育发展的突出矛盾,补齐乡村教师队伍建设的短板,促进教育公平,推进教育现代化具有十分重要的意义。该研究把乡村教师队伍建设摆在优先发展的位置,以问题为导向,以改革为动力,定向施策、精准发力、多措并举、标本兼治,努力办好老百姓家门口的每一所学校,保障每一个乡村孩子享受公平教育的权利。

苏政发〔2017〕1号《江苏省人民政府关于统筹推进城乡义务教育一体化促进优质均衡发展的若干意见》等文件,多次强调"均衡配置城乡义务教育学校教师。全面推进教师交流轮岗常态化、制度化、公开化,完善骨干教师定期到农村学校、薄弱学校任教和公示制度。省级层面根据交流轮岗规模和成效给予奖补。县域内同学段学校岗位结构应大体相当并逐步向农村适当倾斜,实现职称评审与岗位聘用制度的有效衔接。城区教师评聘高级职务(职称)时,须有在农村学校或薄弱学校任教两年以上的经历。优先统筹配置乡村教师,探索培养小学全科乡村教师"。名师引领联盟校教师整体业务发展是可行性路径之一。在文件精神的指引下,我们积极开拓多维立体的引领路径,将教师专业发展落到实处。

3. 为了解决联盟校教师专业发展的困境

自2003年起,联盟校办学规模不断扩大,阜宁实小教育联盟校现由6个校区、10所中心小学和12所村小组成。龙头校阜宁实小教育集团教师队伍存在着"三多一少"现象,严重钳制着教学质量的提升。主要表现在:一是老教师多。近年来,随着教育布局的调整,阜宁实小先后兼并了条河小学、窑桥小学、城东小学、黄舍小学、新桥小学、营岗初小等一批村小,老教师人数较多,存在着部分教师知识结构陈旧、工作得过且过的现象。二是顶岗教师多,集团每年都有两三百位来自乡镇的顶岗教师,人员变动快、任教学科不对位、部分教师抱着"过客"心态,归宿感不强。三是刚毕业的教师多,近两年,每年都有100多位新教师充实到实小集团,他们教学经验不足,流动性大,亟须快速融入实小。四是名师队伍稀释,各校区名师少。老实小的十几位市学科带头人、教学能手被分到六个校区,每个校区留存的名师人数极少。联盟校层面出现了教师队伍老化、结构不合理、年龄断层、名师资源稀释等现象;教师队伍出现了名师专业成长缺少实践机制,普通教师专业成长缺少动力机制,乡镇教师底子薄,成长缺少引领机制的问题。以上因素制约了学校的质量提升和均衡发展。

针对教师队伍构成复杂、参差不齐的现状，联盟校加大了师资培训力度，做到"四个细化"：一是进一步细化名师工作室人员职责，强化"四轮备课"，强化备课组建设，向集体备课要质量；二是进一步细化奖惩条例，用制度管理人，激发教师工作热情；三是进一步细化"走出去，请进来"方案，关注青年教师成长，强化名师引领作用，大力开展主题活动，在校内外为他们搭建展示平台，敦促教师前进，激发他们成长；四是进一步细化人文管理制度，加大优秀顶岗教师的选聘力度，让优秀顶岗教师、青年教师在实小有归宿感、期待感，走得进去，留得下来。

第二节 研究概况

目前国内外关于教育均衡背景下名师引领学校联盟教师专业发展的研究：一是关于发挥学校联盟作用的研究；二是关于教师队伍专业成长的研究；三是关于教师发展共同体的研究；四是关于名师引领方式途径的研究。这些方面的研究成果具有借鉴价值。国内外现状研究让我们了解最前沿的研究成果，填补研究的空白，为我们后期研究指明了研究重点，并提供了实践经验。

一、国内外相关研究现状

从世界各国情况看，当今世界各国十分重视教育均衡和师资发展问题。

关于发挥学校联盟作用的研究。2001 年，美国出台了"不让一个孩子掉队"[①]（*No Child Left Behind*）的教育改革计划，该计划把"消除差距、促进平等"作为重要目标。早在 20 世纪 80 年代，法国政府对全国内的学校布局进行了调整，针对地区之间和学校之间教学质量的差异，法国政府建立"优先教学区"，以此来促进地区间的义务教育均衡发展。2009 年，理查德·卡伦伯格（Richard D. Kahlenberg）在其著作 *Tough Liberal*[②] 一书中，介绍了英国及威尔士学校发展动态，指出为适应未来社

[①] 政策法令. *No Child Left Behind*. 2001.
[②] Richard D. Kahlenberg, *Tough Liberal*, 2009.

会学校生存与发展的需要,寻找合作伙伴,组建学校联盟,已成为欧美许多国家的共同选择,并在书中详细介绍了多种合作模式,如契约模式、经纪模式、协作模式、联合课程模式等。

关于教师队伍专业成长的研究。20世纪60年代美国学者库姆斯在其著作《教师专业成长》中首先提出了"教师要发展自我"的概念,倡导教师专业成长的理念。与此同时,日本政府开始实施教师"定期流动制",保障所有学校师资均衡。90年代,日本出台了"不让一个教师掉队"的政策,关注"指导力不足教师",通过研修培训促进教师成长。2010年,香港中文大学教授卢乃桂在《英、法教师专业化历程的解读及其启示》[1]一文中指出,建立不同国家教师专业化并不存在着一个普遍性和标准化的教师专业化的模式。我们不能照搬他国的所谓成功经验,而忽视了教育本身是一个人与人沟通的活动,教师本身是活生生的充满实践智慧的意义体,我们不能忽略本国长期历史积淀下来的教学智慧和教育文化。教师专业化是教育界关注的新话题,先后许多专家学者有研究专著或论著发表出版,其中有较大影响力的如郑慧琦等的《教师成为研究者》[2]、刘捷的《专业化:挑战21世纪的教师》[3]等,在促进教师专业化成长方面起到了积极作用。2014年,朱旭东教授在《论教师专业成长的理论模型建构》[4]一文中,从提振教师精神、教师知识、教师能力等角度探究教师专业成长的策略和机制,对教师专业成长的研究逐步走向深入。

从我国的情况来看,我国促进教育均衡发展起步较晚,对学校联盟背景下的教师专业成长研究还处于探索阶段。

关于教师发展共同体的研究。针对我国地区之间的教育不均衡现象严重,校际差距明显的现状,国务院《国家中长期教育改革和发展规划纲要(2010—2020年)》提出均衡发展是义务教育的战略性任务,要切实缩小校际差距,加快薄弱学校改造,着力提高师资水平。但目前地区之间的教育不均衡现象依然非常严重,即使是同一区域内,校际差距也很明显。2008年,郑汉文在《论专业学习共同体》[5]一文

---

[1] 卢乃桂,叶菊艳.英、法教师专业化历程的解读及其启示[J].比较教育研究,2010,32(2):64-68.
[2] 郑慧琦,胡兴宏.教师成为研究者[M].上海:上海教育出版社,2004.
[3] 刘捷.专业化:挑战21世纪的教师[M].北京:教育科学出版社,2002.
[4] 朱旭东.论教师专业成长的理论模型建构[J].教育研究,2014.
[5] 郑汉文,程可拉.论专业学习共同体[J].教育评论,2008(5):66-70.

中指出,建立教师专业学习共同体不仅被认为是教师专业成长的有效途径,而且成为学校变革和改进的首选策略,为中小学校的改革与发展指明了方向。骆北刚的《认知心理学视角下的教师发展共同体的构建》[①]一文中指出,教师职后教育是维持教师职业发展和促进教师职业专长的重要途径。在新课程改革的背景下,针对教师职后教育的问题,在认知心理学理论的指导下,提出建立教师职后教育的新模式——教师发展共同体(TDC)。该模式以促进教师课堂教学能力的发展为主要目标,通过互动的对话,提高教师的理论素养、理论意识和教学反思能力,最终实现教师职业生涯的可持续发展。覃幼莲的《"互联网+"背景下教师专业发展共同体的建构模式和策略》[②]一文中提到,"互联网+"形态下教师专业发展共同体的构建,实现了教师专业发展与互联网的深度融合,是教师专业发展的必然趋势。互联网的开放性、虚拟性、移动性和交互性对教师专业发展共同体传统的封闭学习形式、实体组织形式、刚性学习时空和单向学习方式具有革新作用。在"互联网+"背景下,教师专业发展共同体的建构模式主要有基于专题研究的互动探索、基于课堂教学案例的网络研修、基于网络的校际协作校本研修及基于网络的协作学习等。应通过互联网共享化认知、互联网要素化组织、专家引领和网上网下相结合的策略,建构可持续发展的教师专业发展共同体。周开权、叶雷锋的《"教师发展共同体"背景下促进教师共同发展的有效途径》[③]一文中指出,随着我国经济结构转型升级的深化,我国进入经济新常态化阶段,经济增长方式的变化,要求我们相应地在人才培养方面转变观念。也要求我们以项目、专业等为基础,构建教师发展共同体,既发挥名师、大师的传帮带作用,又充分发掘每个成员的潜力,促进学校师资水平的整体提升。在共同体的运行过程中,要从激励手段、评价体系等方面综合促进成员积极性和组织的凝聚力的发挥。

关于名师引领方式途径的研究。名师工作室建设最早开始于2002年的上海,是近年来出现的教师成长的新形式。名师们以先进的教育理论为指导,以教师发

---

① 骆北刚.认知心理学视角下的教师发展共同体的构建[J].湖北广播电视大学学报,2008(11):61-62.
② 覃幼莲."互联网+"背景下教师专业发展共同体的建构模式和策略[J].中国成人教育,2016(17):128-131.
③ 周开权,叶雷锋."教师发展共同体"背景下促进教师共同发展的有效途径[J].轻工科技,2016,32(2):156-158.

展为本,开展教学研讨活动,促进教师专业化成长。东北师范大学韩爽的《以教师专业发展为指向的名师工作室运行研究》①中提道,以名师工作室为典型样本,在中小学教师专业发展的诸多模式中脱颖而出。名师工作室正是借助名师自身的宝贵资源,发挥其在区域内的辐射和带动作用,不断推动一批教师的专业成长。名师工作室成员在名师感召下、在名师工作室的团队互动中,不断感知、感悟着成长过程中的阵痛与喜悦。此研究以教师专业发展为指向,以对名师工作室主持者以及成员的半结构式访谈为主要研究方法,对名师的诞生及专业发展、名师工作室成员的选拔与专业发展诉求、名师工作室运行对教师专业发展的影响等问题进行了理论探讨。研究认识到,名师工作室研究应以社会共同体理论、学习型组织理论以及情境学习理论为自身的理论基础,使得名师工作室持续地发挥其功能。名师的成长从其个人生活史的角度来看,主要涉及性格、职业热爱、专业发展、读书、反思以及科研等内源性因素,关键人物引领、家庭氛围营造、学校环境影响以及特定制度安排等外生性因素。从名师跨越为名师工作室主持人,名师的身份转变为团队凝聚者、示范者、组织者和理念的引领者,为此需要重建职业角色、转变工作方式、更新思维方式。名师工作室也在这一过程中通过教学诊断型、理论学习型、实践交流型模式打造实践平台,促进教师本体性知识、条件性知识以及实践性知识的不断积淀,并带动了教学设计的多元化转变、课堂教学的动态化生成、教学反思的自主式转向以及教学评价的发展性导向、教育研究的常态化取向的发展。同时,名师工作室也面临着许多机制性困境与主体性困境。在名师工作室运行中,定位不明、时间冲突、评估乏力、经费不足等问题制约着名师工作室的运行,进而影响着教师专业发展,为此需要从动力机制、整合机制、激励机制、控制机制以及保障机制出发,搭建全员参与、全程监控、全方面协调、全方面管理的有效运行机制。同时,名师工作室主持者因远离一线教学而"名存实亡",因难以形成辐射效应而"单兵作战",因合作意识薄弱而"迫不得已",这些均对名师工作室运行以及教师专业发展产生不良影响,需要名师工作室主持者进行角色重建,将自身打造成愿景制造者、文化建造

---

① 韩爽. 以教师专业发展为指向的名师工作室运行研究——以吉林省中小学名师工作室为个案[D]. 长春:东北师范大学,2015.

者、变革促进者、自觉反思者等不同角色,并生成主体介入性思维、动态生成性思维以及整体综合性思维。综合上述,名师工作室是一种特殊的社会共同体,是教师专业发展的情境学习过程,也是一种学习型组织在基础教育情境中的演化。名师工作室运行不仅是教师专业发展过程中一种偶然或必然的过程,而且也是教师发展共同体的一种分化与再造的过程;不仅是教师专业发展过程中思想断裂与实践承继的过程,而且也是教师自我建构中动态因素与静态因素相交融的过程。在一定程度上,并非名师工作室促进了教师专业发展,而是教师自身为提升专业发展水平而进行了不懈的努力;名师工作室运行的实质是以教师专业发展为指向,促进教师教育协同创新。浙江大学教育学院课程与教学研究所单慧璐、刘力的《反思性实践视域下的名师工作室:研修理念、原则与过程》[1]一文中指出,名师工作室存在一定的技术隐忧,即教学风格趋同、偏重依赖名师以及来自工作室成员的研究稀少。新课程宣告了教师专业形象的转变,即从"技术熟练者"走向"反思性实践者"。这意味着教师专业发展模式也需要实现从"技术理性模式"到"反思性实践模式"的演进。名师工作室与新课程相伴而生,是一个公共的反思空间与实践场域,旨在帮助教师成长为反思性实践者,必须重新审视名师工作室的研修理念、研修原则与研修过程。安徽师范大学教育科学学院亳州学院附属小学吴支奎、丁春梅的《中小学名师工作室建设策略探究——基于知识管理的视角》[2]中指出,名师工作室建设旨在充分发挥名师的示范、辐射和指导作用,实现资源共享、全员提升的目的。知识管理以其对知识的关注,与名师工作室建设有着较高的内在契合度。知识管理视角下的中小学名师工作室建设可通过有效开展名师工作室知识管理活动,完善名师工作室组织与管理,建设信息技术支持下的名师工作室交流平台,构建名师工作室的知识共享文化等策略来实现。广东第二师范学院科学教育研究所胡继飞在其《中小学名师工作室建设的问题与建议》[3]一文中认为,目前我国名师工作室建设仍存在诸如功能不明、职责不清、管理不善、考核不严等问题。名师工作室应具备

---

[1] 单慧璐,刘力.反思性实践视域下的名师工作室:研修理念、原则与过程[J].教育发展研究,2015,35(12):46-64.
[2] 吴支奎,丁春梅.中小学名师工作室建设策略探究——基于知识管理的视角[J].教育科学,2017,33(2):17-21.
[3] 胡继飞.中小学名师工作室建设的问题与建议[J].基础教育,2012,9(2):48-56.

五个方面的功能,即名师展示的舞台、骨干培养的基地、教学示范的窗口、科研兴教的引擎和教育改革的论坛。名师工作室的建设应把好入口关(严格审批)和出口关(成效检测)。工作室的运作模式应是分工合作,信念支持应是集体责任。

目前,国内关于名师引领教师专业成长的运行机制和效能优化正处于积极探索之中,诸多的成果对于我们的研究具有重要的借鉴意义。

二、研究现状述评

综上所述,从国内外同类研究现状来看,我国在促进教育均衡方面,在关注教育其他资源的均衡的同时,更注重教师水平的均衡。同时,在推动教师专业成长方面,我们注重发挥名师引领作用,注重教师个体的专业提升,但将两者结合,即关于在均衡教育背景下,充分发挥县域范围内名师引领示范辐射作用,探究其辐射、示范途径和作用,促进教师专业成长,特别是农村教师专业成长,关于提升学校教育教学质量的研究起步较晚,特别是符合我们这样经济欠发达、教育发展不均衡地区学校联盟实际要求的成功经验和模式更少,有必要对其作更深入的探索。

第二章 名师引领学校联盟教师专业成长的研究视域与价值追求

名师引领学校联盟教师专业成长的研究视域与价值追求，重在从研究的视域、研究的内容出发，进行名师引领学校联盟教师专业成长的内涵研究。本书不仅论述了研究的广泛性、示范性、诊断性、精准性、均衡性等原则，以及名师引领教师成长动力机制的特点，而且在前期考察调研的基础上，明确名师支教、进城顶岗、名师引领集体备课、名师讲座等实施路径，形成了推动教育均衡发展，促进教师专业成长，促进教师科研能力发展，推动教育教学等方面的价值追求，从教学、教研、管理三个维度，开展名师引领学校联盟教师发展的策略研究，不断优化以人为本、学科特色、反思深化、听诊践行等实践，提高教师专业成长的质量，提升学校联盟教师的整体素质。

第一节 研究范围及视域

我们的研究，以县域范围内的名师引领学校联盟内的农村教师的专业成长为研究对象，坚持问题导向，采取行动研究，探索名师影响学校联盟农村教师专业成长的关键因素，探究这些因素的作用路径，进而形成名师引领学校联盟教师专业成长的策略和路径。

一、学校联盟教师专业成长现状研究

研究中，我们邀请省市教科院的专家、师范学院的教授来校调研，通过座谈、访谈、问卷调查等形式，对教学工作问诊、把脉，全面了解学校联盟中教师专业成长的现状和瓶颈，分析学校联盟教师成长中遇到的问题及原因。经过调查发现，随着集

团办学规模的不断扩大,学校出现了"三少三多"现象。随着"老实小"的优质资源一再稀释,名教师少了,顶岗教师多了;随着新教师的不断招录,中老年教师少了,新教师多了;随着进城买房家庭的增多,城里孩子少了,农村学生多了。面对教师构成复杂、教学水平参差不齐、管理难度增大的问题,切实提高教师业务水平和提高课堂教学质量是当务之急。

二、名师引领学校联盟教师专业成长内涵研究

(一)名师引领学校联盟教师专业成长研究的视域

1. 教学素养研究

教育素养是由什么构成的?这首先是指教师对自己所教的学科要有深刻的认识。我们认为很重要的一点是,教师在学校里教的是科学基础知识,他应当能够分辨清楚这门科学上的最复杂的问题,以及知道哪些是处于科学思想的前沿的问题。教育素养就是由此开始并在此基础上建立起来的。可能会有人反驳说:为什么教师要懂得那些课堂上并不学习的东西以及那些与中学所学的教材没有直接联系的东西呢?这是因为:学校教学大纲的知识对于教师来说,应当只是他的知识视野中的基本常识。只有当教师的知识视野比学校教学大纲更为宽广,教师才能成为教育过程中的真正的能手、艺术家和诗人。

因此,着眼于教师教学素养的培养与提升,我们从教学设计、教学组织、教学评价、活动开展、综合性学习方案设计等方面开展活动,充分发挥名师辐射作用,推动学校联盟教师教学素养的提高。

2. 教研素养研究

教研素养是教师能够应用教育科学理论和实验方法,研究、探索及解决教育教学工作中出现的理论与实际问题的能力。一个教师只会传授知识,只能算作教书匠,而教书匠是不能培养出全面发展的高素质人才的。现代教育需要教师具有教育科研的意识和一定的教育科研能力,作为现代教师,应该在完成教育任务的前提下,积极参加教改和教研活动,悉心研究、认真探讨诸如教学模式、教学方法、教学内容和学生学习等方面的各种问题,研究和总结教育经验,不断提高自己的教育科研能力,并将研究探索的成果应用于自己的实践,以提高教育教学的效率和质量。

结合学校联盟的教科研实践,名师有针对性地指导联盟校教师积极开展教学设计、教学反思、教育随笔的撰写,并从选题、申报书填报、论文创作等方面指导教师开展课题研究,提高教师的教科研素养。

3. 管理素养研究

名师推动学校联盟教师开展班集体构建、班务管理、班队活动的研究,在对学生渗透社会主义核心价值观的同时,不断提高教师的管理素养。

推进教育均衡是基础教育改革的总的发展趋势,教师均衡是教育均衡的关键,名师引领学校联盟教师专业发展是提高教育质量均衡的有效路径。我们立足于省"十二五"规划课题"教育均衡背景下名师引领学校联盟教师专业发展实践研究",以名校为龙头,在学校联盟中充分发挥名师在教育改革与发展中的示范、辐射作用,引领联盟内教师专业发展,实现经验共享、优势互补、理念共振,提炼他们的教学经验及教学特色,提升联盟校整体教育教学质量,进而达到区域内教育资源均衡。我们挖掘教师专业成长的内涵,从师德素养、教学素养、教研素养、管理素养四个方面统一管理、统一规划,实现联盟校互惠互助,教师专业共同成长。

(二)名师引领学校联盟教师专业成长研究的内容

1. 名师价值引领,提升教师师德素养

爱国守法、爱岗敬业、关爱学生、教书育人、为人师表、终身学习是教师职业道德规范的基本表现,也是净化育人环境,振奋教师士气,提高教学质量的动力和保障。但随着教师队伍的不断扩大,师德师风建设面临严峻考验,教师的专业意识和专业精神的发展就显得尤为重要。联盟校用制度管理教师、用名师的价值取向引导教师、用活动推崇教师,激发教师树立正确的价值观、人生观、课堂观,立德树人,风清气正,才能办人民满意教育。

(1)联盟条约规范教师行为,紧守师德底线。

"六个严禁"是联盟条约的核心内容,"严禁推销资料,严禁体罚变相体罚,严禁教师有偿家教,严禁随意调座位,严禁接受家长吃请和礼金"是教师职业道德的最基本内容。联盟校以此为抓手,深化《中小学教师违反职业道德行为处理办法》和阜宁县教育局对违反师德师风有关规定的处理办法,使教师内化于心,外化于行。

(2) 联盟考核纠偏教师行为,禁碰师德红线。

联盟校成立师德师风督查组,向社会公布举报电话,并深入教室,走访学生,定期了解教师在座位调整、体罚或变相体罚,特别是有偿家教方面,有无以权谋私、违背依法治教要求的言行,真正向违反师德师风者出招亮剑。在年终评优、表彰中,坚决实行败坏师德师风一票否决权,在绩效考核中对师德师风进行单项考核,让违规教师受到禁戒教育。对有偿家教等行为,一经查实,坚决给予经济、纪律和组织处理。责令退还所收费用,当年年度考核为"不合格",奖励性绩效工资为本校最低档,三年内不得评优评模,不得晋升职称,实行待岗处理,严重者调离县城。

(3) 联盟评价引导教师行为,抬高师德修养线。

"有理想信念,有道德情操,有扎实学识,有仁爱之心"是一个好教师的行为标准。联盟校开展学校间寻找最美教师活动,利用校报和《阜宁日报》宣传他们平凡而感人事迹,让榜样走近教师、感染教师。通过学生、家长、社会共同参与评选"十佳班主任""十佳师德标兵",在联盟内形成浓烈的"学标兵、赶标兵、超标兵"的氛围。通过开展"我为师德师风献一策"征文活动,举行"师德师风大讲堂",把教师的思想完全统一到学校跨越发展的目标上来,增强教师的敬业精神、使命感、责任意识。

2. 名师引领教学,提升教师教学素养

教师是学生学习的组织者、参与者、促进者、引导者,同时也是课程建设的研究者、开发者。教师的教学能力对推进区域教育均衡起到至关重要的作用。由于城乡教育之间、驻城校区间教师年龄结构、知识结构、业务水平的差异,导致学校之间教学质量的不均衡,所以在学校联盟中,就要充分发挥名师的作用,不断提升教师整体的业务素养。

(1) 四轮备课,打磨教师的教学设计能力。

联盟校的集体备课是保证教学质量的前提。教师在"四轮备课"中提升了自己的教学设计能力。教师对课文重难点的确定,教学环节的设计,教学板块的连接等能力,在打磨教案"四部曲"中不断得到螺旋式上升。第一步,名师主备,形成初稿充分发挥名师的引领作用。联盟校成立26个名师工作室,市县学科带头人、教学能手和教学骨干充当中坚力量。每个名师工作室负责一个年级学科。各学科主备名师提前一周完成备课初稿,交由学科小组进行一审,提出修改意见,形成教案初稿。第二步：主备者先行试教。教案初稿成形后，其所在校区的教导处牵头审核小组参加听课。随后，审核小组根据教案在课堂的执行情况，提出二次修改意见，主备人修改教案后，再经学科组二审，认为教案具有可行性，方可签字上传学校网站。第三步：教者消化创新。各执教者及时下载教案初稿，在熟悉教材、熟悉学生的基础上，认真研读教案，明确教学目的，把握重难点，提出建议和困惑，在初稿预留的空白处，写下自己的思考痕迹，进行二次备课，准备交流。第四步：微课展示或大组半日研修。集中备课结束后，各位教师再结合班级实际，进行个性化备课。

（2）周日讲堂、半日研修，锻造教师的教学评价和反思能力。

每周日晚，26个备课小组在指定教室进行一个小时的集体备课，由主备人按审核确认后的教案，在联盟校教研组内上微型课，解决周一、周二、周三的教学内容，其他教师实际抽取就本次备课的重难点、教学过程，充分研讨，各抒己见，形成共识。每周的周二和周五的下午为半日研修时间，分学科按年级组进行"半日研修"，分两阶段进行，首先是借班上课，明确一位教者运用已经四轮打磨的教案现场授课。授课结束后，全组教师集中评课、研课，同时围绕课例确定主题进行沙龙研讨。所有教师在名师引领下，置身浓厚的研讨氛围之中，人人思考，人人发言，智慧碰撞，从而教学评价、反思能力得到迅速提高。

（3）课堂听诊，提高教师组织和调控课堂能力。

联盟校以听课工作为切入口，拓宽"听课特色"的内涵和外延，坚持听课与听前培训相结合，以标促听。通过学习《阜宁实小听课、评课标准和要求》，提出了"五看、五记、五评"的要求，以此作为听课标杆，提高听课效率；坚持听课与指导教学相结合，以听促教。通过听课，发现备课中的优缺点，发现执教者在驾驭课堂教学中的优点和不足，侧重二次备课，再次尝试，甚至三次备课，扬长避短，指导自己的教学；坚持听课与教学研究相结合，以听促研。通过检查督导性听课、指导帮助性听课、经验总结性听课、观摩示范性听课、研究探讨性听课，以案例为载体，找出解决问题的策略与方法，引导教师相互学习、分享经验、反思探讨，把教科研引向课堂；坚持评课与教学反思相结合，以评促思。我们以"名师评课团"为引领，构建"三问三思"评课模式，通过对每一位教师课堂教学的评价，把自主、合作、探究等理念、方法渗透给每位教师，引领教师幸福成长。

3. 名师引领科研，提升教师教研素养

课题研究是教育科研的外显形式。在联盟校中，本着"问题即课题、教学即研究、提高即收获"的理念，创新课题研究的形式，人人参与联盟校的江苏省"十二五"课题"教育均衡背景下名师引领联盟校教师专业发展的实践研究""小学数学作业有效性研究"等课题研究，名师引领与"草根"教研相结合，教学与教研相结合，在研究中不断提升教师的教研素养。

（1）名师沙龙，掌握各种研究方法和步骤。

课题研究曾经对很多联盟校教师来说是陌生又遥远的，打钟上课是常态，只注重教学实践能力的养成，忽略了教学科研能力的培养。我们针对现状，由名师带头分学科进行课题研究的流程讲座，和青年教师进行沙龙活动，带动全体教师参与到课题研究的前期调查准备、座谈、访谈、问卷调查、选题、撰写课题申报书，开展课题行动研究等过程，每个人都承担子课题的研究，经过一轮的课题研究，每位教师对课题研究的方法步骤有了初步的了解，为今后的课题研究打下了坚实的基础。

（2）问题导向，提升课题研究水平。

课题从问题中来，教师在教学中有问题才有课题。平时的教学中存在很多问题，只是有些教师没有去发现与思考，往往被忽略。在课题研究中，通过名师与教师捆绑考核，帮助教师发现教学中的问题，帮助教师在问题和课题间架设好桥梁，挑选合适、有价值的问题作为课题研究的子课题并对对子课题进行可行性分析，名师帮助制订课题的实施方案，力求表述翔实、完整。在研究中，名师积极参与，及时有效地调控研究进度和成果，帮助搜集课题的影像资料、教学日志、教学叙事、教育随笔、教学案例和反思，指导撰写结题报告。通过一轮的课题研究，培养了教师敏锐的教育洞察力、教育评判力和教育创新力，实现了教师角色由教育者向反思者、研究者的转变，让教师不断享受到成功解决问题的喜悦，体验教师职业的尊严，激发教师对教科研的热爱和追求。

（3）批判反思，形成教学与评量的技能。

教学反思是联盟校对教师的基本要求，是教师主动参与教学研究，不断提升教学水平的重要手段，是促进教师专业发展的必经之路。反思强调批判与发展的自觉性和深刻性，通过教师对教学实践的考察，立足于对自己的行为表现及其行为之

依据的回顾、诊断、自我监控和自我调适,实现对不良方法和策略的优化和改善,提高自己的教学能力和水平。联盟校周日讲堂、半日研修以及课题研究,形成了强烈的教研氛围,名师自己的反思为教师提供了范例,同行沟通、交流与学习,也会受到启发或者得到更合理化的建议,从而找到解决问题的新思路。教学日志、叙事、案例、教后记是反思的形式,内容可以是困惑不解的问题,也可以是教学中的闪光点或失误。在名师的指导下,反思的材料可以为撰写教育教学论文提供鲜活的事例。教师通过反思,可以促使自身不断学习,不断向专业化、学者型教师转变。

4. 名师引领班集体建设,提升教师班级管理素养

(1) 理论学习,提升教师的班级经营技巧。

班级是学校最基本的单位,良好的班风是校风形成的基础。班主任工作是师生、家庭、社会三位一体的工作,班主任是立德树人的排头兵。针对联盟校中部分老教师"经验主义"、新教师不会开展班务工作的现状,联盟校为所有教师购买了《给教师的100条建议》《教育管理学》等书籍,由名师带读,集中考试的形式,促进教师学习,增加理论积淀。教师通过对管理科学、教育科学、心理科学、班级管理等理论的学习,掌握了班级管理的基本原则,学会运用系统论、方法论、信息论等方法指导班级管理工作,了解班集体的构建、班务管理的方法,能够熟练地组织班级活动,指导、组织、督促、激励学生围绕班级目标锐意进取,形成良好的班风。

(2) 活动搭台,提升教师班队活动的能力。

班队活动是进行思想品德教育的主要途径。班队活动的组织纷繁而耗精力,很多班主任得过且过,应付了事。联盟校组织名师对班队活动进行研讨,对各班的班队活动开展情况进行考核奖惩,达到"四性":一是可行性,班主任根据班级学生的爱好、特长,学生家长的职业、社区的重视程度,量力而行开展班队活动。二是活动的系列性,联盟校按照节日开展活动,如三月份学雷锋活动,"六一"儿童节活动,庆祝教师节、国庆节等系列活动,形成序列,并相互观摩学习;三是突出学习性,如班级为推进大阅读,开展书画比赛、故事演讲、课本剧表演、诗歌朗诵等活动;为推进规范化写字,开展"啄木鸟"行动;保护生态环境,开展射阳河水污染调查研究活动;四是突出教育性,如为配合十九大的胜利召开,我们开展"喜迎十九大,我为祖国做贡献"班队活动。教师在长期的活动组织中,驾驭班队活动的能力不断增强。

（3）经验分享，提升教师的班务管理能力。

班主任经验是优秀教师在班务管理实践基础上收获的宝贵财富。联盟校每学期进行班主任管理论文评比，及时推广先进班级管理经验，提高班主任的业务素质、理论水平和工作能力，展现班主任工作风采。同时，我们还邀请专家、名师开展班级管理讲座，定期开展沙龙活动，班主任提出班级管理的难点问题，名师面对面回答教师提出的问题。组织名师送教到校，就班级常规管理经验、班级文化建设、班级活动创新做法、特殊群体学生管理等方面的问题和教师展开深入研讨，使班级管理的经验在教师心中生根开花。

通过名师引领学校联盟教师专业发展的内涵研究，强化了名师的示范辐射作用，教师的专业水平得到大幅提高。各联盟校形成了鲜明独特、精诚笃学的教研文化内涵，联盟校间师资水平的差距不断缩短，为推进区域教育均衡提供了师资力量支撑。

（三）名师引领学校联盟教师专业成长研究的原则

为探索名师引领联盟校教师专业发展的有效策略，我们不断实践，不断总结提炼，确立了以名师工作室为着力点，大力开展名师引领工程，促进教师积极参加教育科研活动，提升教学实践能力，进而带动联盟教师素养整体提升的基本策略。

1. 广泛性原则

集团以联盟校为单位，成立语文、数学、英语、音乐、体育、美术、思想品德、科学、信息技术等26个名师工作室。针对集团名师数量不足的问题，我们"放低门槛"，以市县学科带头人、教学能手为骨干，选拔在备课、上课、研修上有一技之长的教师组成"草根"名师团队，充分发挥整体效应，实现"1＋1＞2"的效果。名师工作室的成员则来自联盟各校，保证了覆盖全面，辐射广泛。

为实现名师资源的可持续发展，名师团队在引领示范的同时也在不断培养接班人。近年来集团后起之秀辈出，名师工作室不断吸纳优秀人才，遴选、组建团队，开展相关工作。青年教师在此过程中专业素养得以提升，成为新的名师。

2. 示范性原则

为了让普通教师尽快能够独当一面，采取了名师和教师结对的方法来提高他们的教学能力。每学年开始，教研部门都为教师选择相应的名师做师傅，要求徒弟在备课、上课、作业批改和个别辅导等诸方面要虚心向师傅请教。名师的课堂教学往往是他们教学理念的体现、教学经验的凝结和教学智慧的展示，能够给广大教师以思考和启迪，有利于提高广大教师的业务素质和教学能力。每学期联盟校名师统筹管理部门都要求名师上观摩课和示范课，形成面向校区、全集团和全联盟校三个开课层次。根据名师个人特长，开学初就确定好上课的人员和具体时间。上完课，名师成员要给听课人员开设讲座，陈述本节课的教学目标、教学设计和教后感受等，并开展互动活动，其他教师从不同方面评议，提出自己的看法和观点，汇报自我的收获与反思，从而达到名师解惑答疑与能力提高和进步相结合的目的。

3. 诊断性原则

我校大力推行全员听课、方式多样、系列研讨、常态督查"四位一体"的听评课模式，重点建立"四听评四侧重"听评课制度，努力提升听课评课成效。班子推门听评课，侧重诊断、提高，全面掌握集体备课教案的执行情况，切实解决备课、上课"两张皮"现象。课后，对教师的课堂教学进行务实诊断，帮助其发现问题，不断提高。听评名师示范课，侧重学习、内化，促使教师们自我对照，深刻反思，不断实现专业成长。听评顶岗过关课，侧重评定、引导。集团校对6个校区的264名顶岗教师进行了集中培训，逐一配备师傅，强化业务指导。要求师傅手把手辅导，限期达标，促进顶岗教师快速融入实小。听评常态教研课，侧重研讨、反思。我们着力构建"三问三思"常态教研课评课模式，促进教学反思，带动整体提高。

4. 精准性原则

经过青蓝结对帮扶后，有的教师虽然总体业务能力不错，但往往某方面具有一定的局限性和片面性，有的不擅长教学设计，有的不擅长课件制作，有的不擅长论文写作，有的不擅长课题研究。工作室把全体成员的特长和部分教师的不足进行统计分类，然后进行精准帮扶，把工作室成员的"绝活"教给需要帮扶的每一位教师。精准帮扶准确有效地弥补了教师的短板，使教师的业务能力得到快速提升。

5. 均衡性原则

为推动联盟校际间教学质量均衡，需要充分发挥名师工作室团队引领作用。名师工作室依据联盟校教学管理部门质量抽测结果，把脉薄弱年级、薄弱学科、薄弱学校的教育教学质量，在人员配置和活动引领上，实行重点扶持、重点调控。在联盟校之间，集团积极进行名师支教工作的尝试，派管理经验丰富、教学能力强的名师工作室成员，去联盟校支教，发挥名师工作室帮扶作用，强化课堂教学，细化教学管理,促进薄弱学校教育教学面貌的变化。

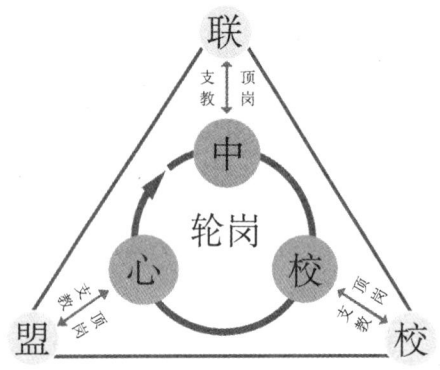

图 2-1 联盟校教师流动均衡机制示意图

聚焦突破口,全员参与,扎实推进是我们课题研究的主要做法和策略。集团突出了集体备课这一抓手,四年磨一课,努力探索名师引领教师专业成长的模式和路径,精心打造出"四轮备课法",形成了具有阜宁实小特色的集体备课校本研修模式。一是名师主备,集团成立语文、数学、英语和技能常识课等学科的 26 个名师工作室,由市县学科带头人、教学能手和教学骨干负责各学科教案的主备工作。名师们提前一周对教材展开研讨,梳理重难点,设计学习活动,完成教案初稿。二是组内试教,初稿出炉后,先在组内小范围试教,名师及部分教师参加听课,分别从"让""学""引""思"四个角度对课堂进行观察。课后,对教案进行评估、修改,形成教案二稿,上传学校网站。三是教者消化,各执教者及时下载教案,认真研读,在教案预留的空白处,写下建议和困惑,准备在星期日晚上的集体备课时段交流。四是全员议课,每周星期日晚,集团各组教师集中到石字路校区,在相应教室进行集体备课。先由主备人说备课的思路、重难点的突破策略以及学生活动的设计。然后随机抽签确定教师,以微课的形式展示教学流程。最后,大家针对教案提出困惑和建议,充分研讨后再次修改教案,形成教案三稿。五是半日研修,每周的星期二、星期三、星期四下午及星期五上午,分别进行各学科的半日研修。课后,教师展开评课,不讲空话,不讲套话,大胆质疑,反复推敲。经过"半日研修"后形成的集中众人智慧的教案四稿,交与全体教师在课堂执行。

我们从教学、教研、管理三个维度,开展名师引领学校联盟教师发展的策略研究,不断优化以人为本,形成学科特色,通过反思深化,听诊践行等实践,提高教师专业成长的质量,提升学校联盟教师整体素质。

(四)名师引领学校联盟教师专业成长的动力机制研究

为了保障联盟校教师在名师引领下快速成长,我们制订名师遴选标准,对不同学校、不同校区、不同案例进行名师引领效果对比分析,不断调整并规范名师引领评价标准,打造教师和谐发展、可持续发展的有效机制,激发教师主动性和创造性,帮助教师个性成长,促进联盟教师均衡发展。同时,我们还打造出有效的过程监控机制。为保证"四轮备课"的成果在课堂发挥最大效能,我们侧重"三个强化":一是强化听课诊断,所有校区校长、班子成员每周都要推门听课,掌握教师教案执行情况,杜绝备课、上课脱节现象。二是强化导向调节,时刻围绕市、县教育局"让学引思""基础过关"和"大阅读"等工作重点,调整备课着眼点,切实带动质量提升。三是强化内化反思,定期检查教师教案,没有个人二次备课痕迹或达不到质量要求的,取消电子稿的使用资格。我们还制定了《联盟校绩效考核方案》《联盟校教科研方案》《联盟校顶岗教师考核方案》等奖惩和保障机制,助推教师快速成长。

一系列的教育教学举措,建构了"各美其美,美美与共"的教师发展协同机制,搭建了教师专业成长的平台,使教师的专业得到快速提升,促进学校联盟教师共同成长和教师队伍的可持续发展。

第二节 实践探索与价值追求

从2003年开始,阜宁实小集团校就已经开始进行名师引领学校联盟教师专业成长的实践,随着办学规模的不断扩大,联盟校不断增多,研究的广度、深度不断加大。我们针对联盟校教师专业发展的现状进行了问卷调查,调查了青年教师专业成长的基本状况,梳理教师专业成长中所遇到的名师引领不力,引领广度不足,引领深度不够,专业阅读缺乏,缺少培养促进教育水平提高机制等问题,明确了名师支教、顶岗学习、名师引领集体备课等途径并且进行深入研究实践,有效地推进了联盟校教师均衡发展,促进了教师教育教学能力和教科研水平的提升,推动了城乡联盟校的教育均衡发展。

一、前期考察调研

在研究前期,我们对样本校进行实况调研,以问卷调查的形式对集团校内 800 名教师的专业发展现状进行调查,并形成了《阜宁实小教育集团教师专业发展状况的调查报告》。

阜宁实小教育集团教师专业发展状况的调查报告

(一)问题的提出

百年大计,教育为本,教育大计,教师为本。学校发展的关键是教师,特别是青年教师如何成长发展,成为各个学校抓教师队伍建设的首要工作。当教师一辈子能否获得较理想的成长发展,能否有所建树都依赖于踏上工作岗位的青年教师时期,这一时期的播种决定着日后的收获。提高教师的素质,促进他们的专业成长,对提高学校教师队伍整体素质、加快教育发展和改革步伐有着十分重要的作用。本调查旨在了解阜宁实小教育集团教师的基本情况,分析他们专业成长过程中一些共性的问题,试图在今后工作中为集团及联盟校教师的培养和教师个体的发展提供有一定价值的参考信息。

本次调查由实小集团工会设计调查问卷,调查前征求有关专家和学校领导的意见。问卷由各工会小组负责发放和统一回收。本次调查共向 800 名教师发放问卷 800 份,回收 650 份,回收率 81.25%,为有效问卷。

(二)青年教师专业成长基本状况

1. 被调查者基本情况

本次被调查的 650 位教师年龄、性别、任教学科分布如下图 2-2、图 2-3 及表 2-1。

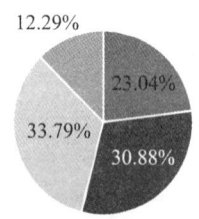

图 2-2

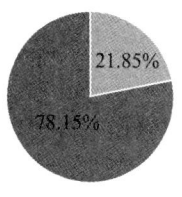

图 2-3

表 2-1

选项	小计	比例
A. 语文	268	41.23%
B. 数学	233	35.85%
C. 英语	78	12%
D. 技能常识课	71	10.92%

其中,45 岁以上 80 人,占 12.31%,36—45 岁 220 人,占 33.85%,26—35 岁 200 人,占 30.77%,25 岁以下 150 人,占 23.08%;任教语文学科 268 人,占 41.23%,数学学科 233 人,占 35.85%,英语学科 78 人,占 12%,技能常识课 71 人,占 10.92%;男女教师比例大约为 1∶4。

被调查者的学历情况如图 2-4:

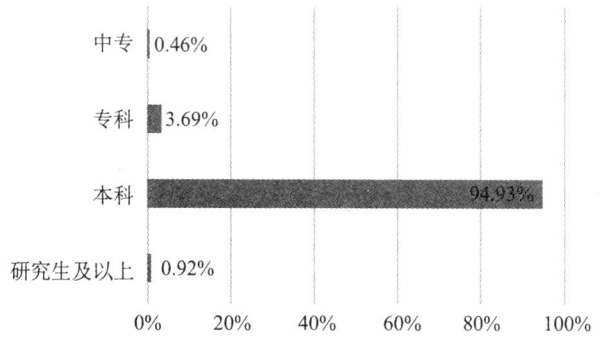

图 2-4

被调查者学历均中学历最低为中专,共3人,占0.46%,专科24人,占3.69%,本科618人,占95.08%,研究生及以上5人,占0.77%,学历以本科为主。

2. 被调查者专业技术职务分布

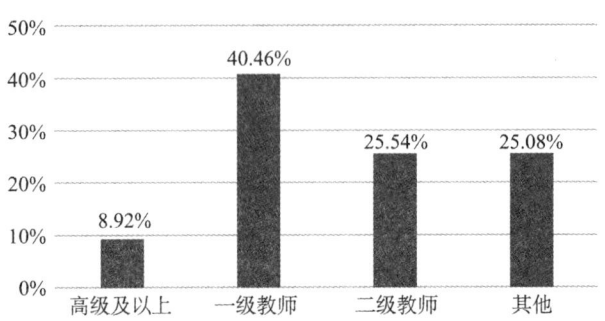

图2-5

如图2-5所示,被调查者中,高级及以上职称的有58人,占8.92%;一级教师263人,占40.46%;二级教师166人,占25.54%;职称暂未定级或其他职称163人,占25.08%。

被调查者所获荣誉称号如图2-6所示:

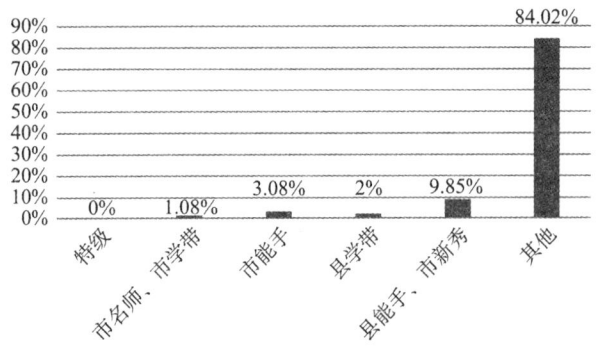

图2-6

被调查者中,在市县级骨干教师评选中,市名师、学科带头人占1.08%,市教学能手占3.08%,县学科带头人2%,县教坛新秀、县教学能手占9.85%。

（三）教师专业成长过程中所遇到的问题

1. 名师引领不力

表 2-2

选项	小计	比例
A. 特级	0	0%
B. 市名师、市学带	7	1.08%
C. 市能手	20	3.08%
D. 县学带	13	2%
E. 县能手、市新秀	64	9.85%
F. 其他	546	84%

我校的名师引领不足主要表现为三个不足：

① 数量不足：如表 2-2 所示，我校县教坛新秀级以上骨干教师仅占被调查总数的 16%，如图 6 所示，近 20.5% 的教师从未被名师工作室成员指导过。

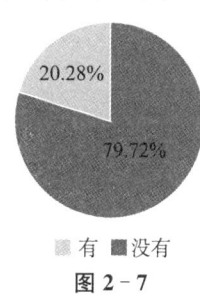

图 2-7

表 2-3

选项	小计	比例
A. 进步很大	281	43.23%
B. 进步很小	297	45.69%
C. 止步不前	25	3.85%
D. 有所退步	47	7.23%

② 引领广度不足,如表 2-3 所示,10% 的教师认为近年来专业成长止步不前或有所退步,近 46% 的教师认为自己进步很小,只有 43% 左右的教师认为自己的专业成长进步较大,说明我们名师引领的广度有待加强。如图 2-7 所示,就备课这一方面,备课主要凭经验,仅有 17.20% 的教师会请教名师进行备课。

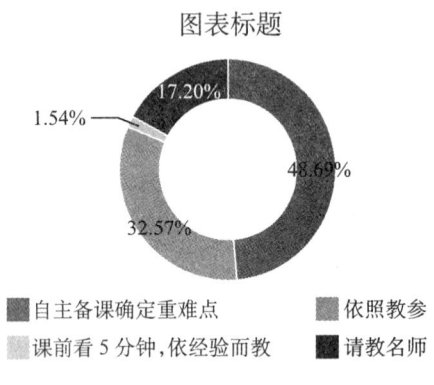

图 2-8

③ 引领深度不足,如图 2-8 所示,名师对普通教师的引领主要侧重于教育教学技能,其他几方面的指导相对弱化,指导还是局限于浅层次的、外显性的教师专业素养。

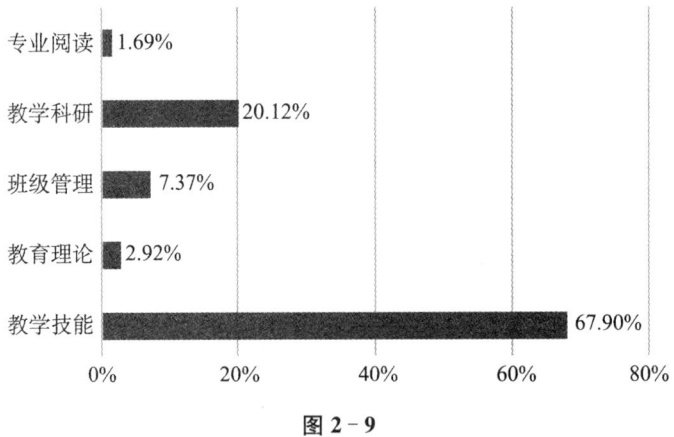

图 2-9

2. 专业阅读缺乏

如图 2-10 所示,50% 的教师年平均阅读量不足一本书,20% 的教师对专业书籍阅读的重要性认识还不到位,或阅读质量不高,不能内化,无法以此提升自己的教育专业水平。

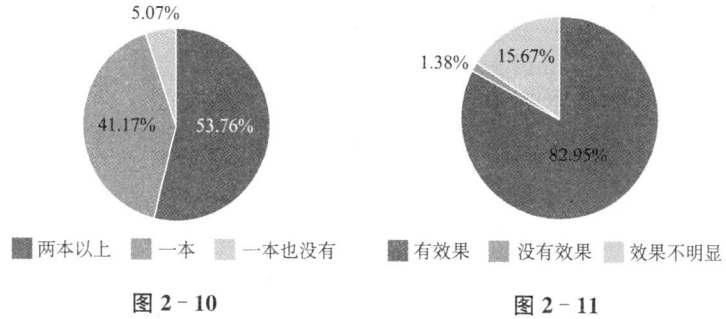

图 2-10　　　　　　　图 2-11

3. 区域流动不畅

本次调查显示,我校仅 37.48% 的教师为参加过城乡交流活动,仅有五分之一左右的教师为顶岗或轮岗交流教师。

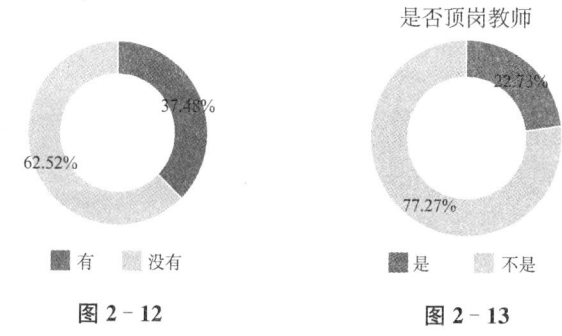

图 2-12　　　　　　　图 2-13

4. 缺乏培养促进教育水平提高机制

在被调查对象中,有 53% 的教师认为,学校相关的活动较少,教师工作压力过大,受到考试等制度的束缚,缺乏自我提升的动机。

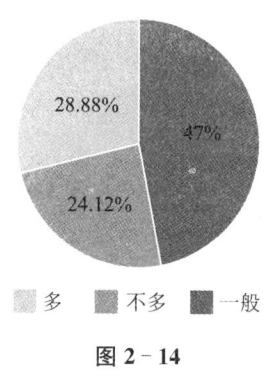

图 2-14

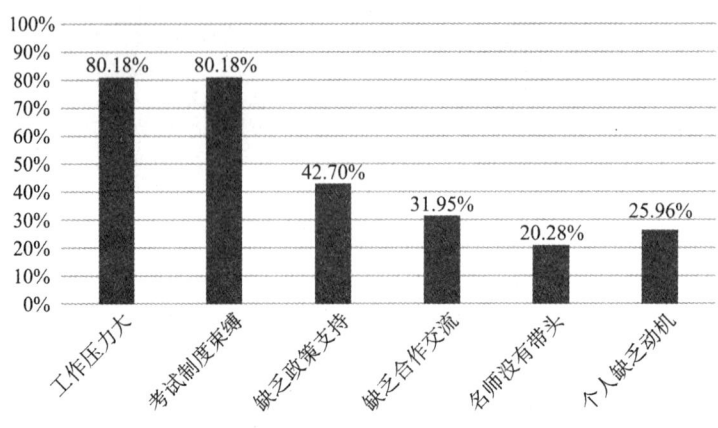

图 2-15

（四）促进教师专业发展的应对策略

针对以上现状，我们计划从以下四个方面开展研究和实践。

1. 充分发挥集体备课作用

我校以集体备课和半日研修活动为抓手，细化每一篇教案的打磨流程。

一是名师主备，集团成立语文、数学、英语和技能科等学科的26个名师工作室，由市县学科带头人、教学能手和教学骨干负责各学科教案的主备。名师们提前一周对教材展开研讨，梳理重难点，设计学习活动，完成教案初稿。二是组内试教，初稿出炉后，先在组内小范围试教，名师及部分教师参加听课，分别从"让""学""引""思"四个角度对课堂进行观察。课后，对教案进行评估、修改，形成教案二稿，上传学校网站。三是教者消化，各执教者及时下载教案，认真研读，在教案预留的空白处，写下建议和困惑，准备在星期日晚上的集体备课时段交流。四是全员议课，每周星期日晚，集团各组教师集中进行集体备课。先由主备人说备课的思路、重难点的突破策略以及学生活动的设计。然后随机抽签确定教师，以微课的形式展示教学流程。最后，大家针对教案提出困惑和建议，充分研讨后再次修改教案，形成教案三稿。五是半日研修，每周的星期二、星期三、星期四下午及星期五上午，分别进行各学科的半日研修。课后，教师展开评课，不讲空话，不讲套话，大胆质疑，反复推敲。经过"半日研修"后形成的集中众人智慧的教案四稿，交与全体教师在课堂执行。教师在"四轮备课"的不断否定与自我否定中，一轮一轮进步，一轮一轮提升自我。

2. 充分发挥名师工作室作用

名师引领方式多样化,开展"认徒拜师""青蓝工程"等活动,在名师与名师之间、名师与普通教师之间的相互交流、相互影响、相互促进的关系进行研究。其次以"送教下乡"等形式开展活动,带领名师、骨干教师等与乡镇教师以"同课异构"、研讨课等形式,诊断、指导课堂教学,对青年教师进行传、帮、带,在互动交流中深入推进课程改革,积极调动广大教师投身教科研工作的积极性和主动性,引领一线教师更新教育教学理念、改进教育教学方式方法、提升教科研水平、打造高效课堂。

对教师指导全面化,调查结果显示,名师对普通教师的指导与引领侧重点在教学技能,侧重点在备课、上课两大环节,相对弱化了对普通教师教科研能力、专注阅读、班级管理等方面能力的培养与指导,对青年教师进行撰写论文、撰写专题心得的培训。聘请在论文撰写方面有特长的名师指导青年教师学习撰写的技巧。如何取材、立意、论证,如何对自己教学经验进行总结提炼,从而提高青年教师论文撰写水平,满足广大教师们的迫切需求。

加大对教案执行质量的评估,侧重"三个强化":一是强化听课诊断,所有校区校长、班子成员每周都要推门听课,掌握教师教案执行情况,杜绝备课、上课内容不一致现象;二是强化导向调节,时刻围绕市、县教育局"让学引思""基础过关"和"大阅读"等工作重点,调整备课着眼点,切实带动质量提升;三是强化内化反思,定期检查教师教案,没有个人二次备课痕迹或达不到质量要求的,取消电子稿的使用资格。

3. 开辟城乡流动路径

(1) 建立城乡教研共同体。

根据本次调查,我们发现现有的顶岗、送教下乡、支教这三项活动的参与度相对较低。我们计划建立城乡教研共同体,教研活动不再仅仅局限于集团的六校区内,一学期举办两到三次联盟校间的教研活动或教学研讨沙龙。此举目的在于让全体教师参与到城乡教育教学交流的互动中,帮助有需要的教师提升专业能力与素养。

(2) 制订保障教师流动的激励措施。

调查结果指出,影响城乡间教师流动的因素主要来自于家庭,这就急需联盟校间制订相关的激励措施,鼓励教师们参与到联盟校间的师资流动中,如解决流动教师的住宿、子女读书、交通不便等问题。

4. 创新激励评价机制

(1) 多元评价。

根据调查结果,现有的评价机制,主要依据是教师的教学实绩,即用学生的考试成绩来确定教师们专业发展水平。根据相关访谈,在这样的评价机制下,广大教师的工作积极性被不断削弱。俗话说,金无足赤,人无完人,由此可见,我们需要制订一个多元的评价标准,不以考分论英雄,要放大教师们的优点,并对教有所长的教师加以激励、培养。

(2) 多课并举。

为青年教师提供教学实践锻炼的舞台。通过多种形式鼓励青年教师上汇报课。学校将给青年教师提供各种锻炼的机会,积极推选教师们参加各级各类的教学比赛。如"青年教师教学比武赛""创新教学设计赛""优质课比赛""现场说课比赛"。让教师们在实践中一步步得到锻炼,能够一步步成长起来。

(3) 营造良好的服务、合作氛围。

为激励教师提升教育专业水平,我们的具体做法是:① 邀请知名学者、教育教学专家举行读书报告会,激发教师学习与提升自我的热情。② 建立"联盟校交流会",要求每位教师每年做到"五个一":在研讨沙龙作 1 次发言、参与 1 次联盟交流活动展示课备课磨课环节,阅读 1 部教育专著并作读书交流、撰写 1 篇高质量的教育教学论文,职业生涯至少有 1 年参与校际派岗或支教活动。③ 对相应的优秀教师进行赠送书籍类的奖励。④ 积极参加有奖征文竞赛活动,形成独到的教育思考及相关理论成果。⑤ 联盟校间举行优质课展示活动,展示最美教师风采。

(五) 小结

本次的调查以问卷为主,结合小部分教师的访谈记录,加以分析、对比形成本次结论。问卷的设计从名师引领、区域流动、专业书籍阅读量、教师专业发展的内驱力、教师专业素养发展的全面性等维度入手,旨在找出阻碍教师专业成长路上的绊脚石,并提出相关的解决策略与建议,让联盟校内教师的专业水平踏上一个新台阶。

二、明确实施路径

基于前期的调查,我们确定了联盟校教师在名师引领下业务水平共同提高的实施路径。我们的研究注重在推动教师专业成长方面,发挥名师引领作用,注重教师个体的专业提升,并将两者有机结合,即在均衡教育背景下,充分发挥县域范围内名师的引领示范辐射作用,探究其辐射、示范途径和作用,促进教师专业成长,特别是农村教师专业成长,以此来提升学校教育教学质量。这方面的研究起步较晚,同时特别符合我们这样经济欠发达、教育发展不均衡地区学校联盟实际要求的成功经验和模式更少,为充分发挥名师引领教师专业发展的作用,阜宁实验小学教育集团制订了一系列政策和措施。

(一)名师支教

派遣集团优秀教师到师资力量匮乏地区进行支教。通过该项举措,名师可引领乡村教师在专业上有长足进步,为薄弱学校送去新的教育理念,提升薄弱学校的办学质量。支教者在支教学校带头开展教育教学创新实践,并发动农村学校教师广泛参与,以促进学校教育教学的改进与完善,促进农村学校教师的专业成长。通过师徒结对、指导校本研修、建立乡村教师工作坊等形式,帮助农村学校提升教师的教育教学能力,并逐步形成"造血"功能。

(二)进城顶岗

每年都有许多农村教师到阜宁实验小学各校区进行为期一年的顶岗培训,培训期间每位顶岗教师都有专门的师傅,师傅都是实小骨干教师,实行师徒结对,攻坚先进理念,共享教育资源,互惠互助,共同成长,期满后进行各项考核,设立等第,合格者准予结业,次年回原单位作为主流力量,从而使学校联盟的教学质量达到区域均衡。

(三)名师引领集体备课

成立名师工作室,名师引领专业教师团队集体备课。随着课程改革的不断深入推进,学科教师的专业成长正日益成为课程改革和教学质量提升所关注的焦点和推进的主要动力。如何在区域内构建一支优秀的骨干教师团队,通过不断提升他们的学科专业素养,并让他们带动整个区域的学科教师,从而使广大教师的专业水平和教学质量得到整体提升,已成为阜宁县近几年教育改革的一项重要议题。

为了加快阜宁县教育强县的步伐,县教育局在全县教育系统推进实施了"名师联盟"建设工程。旨在通过组建名师团队,把全县的名师、骨干教师分学科组织起来,给予他们更多的关注与支持,鼓励他们通过团队研修实践,进一步提高自己的学科专业能力,在促进其自身专业素养持续发展的同时,在全县同学科领域内发挥更重要的引领作用,辐射带动整个区域学科教师专业水平和教学质量的整体提升。

(四)名师讲座

定期开展名师讲座,邀请教育专家对教师进行先进教学理念的宣讲。名师讲座对于丰富青年教师的学习感受,鼓励教师理论研究和学术创新,具有良好的促进作用。指导性讲座能给教师以切实的业务指导,引导教师形成积极健康的教学方式和教学习惯。同时也开阔青年教师知识视野,优化理论的知识结构,对提升综合素质具有不可替代的作用。在讲座上,有机会分享名师潜心研究的成果,聆听他们的观点和见解,激发青年教师的学习信心。

(五)教学沙龙

定期开展教学沙龙活动,促进教师专业水平的提升。由于种种原因,各乡(镇)、学校难以做到对每位名师进行更高层次的引领及全过程的关注,许多优秀骨干教师缺少高层次专业成长的同伴和与同伴进行深层次思维碰撞的机会。"因为优秀,所以难以卓越。"进入名师行列的教师专业成长往往会出现职业倦怠的现象,没有了发展的动力从而导致止步不前,或失去方向在"高原"上徘徊,引导他们走出自身发展的瓶颈期、高原期,必须有新的兴奋点、突破口。通过组建"名师联盟",举办"教学沙龙"将名师们聚集在一起,相互影响,相互促进,其本身就具有一种潜隐的竞争力,并且这种潜隐的竞争力能转化为名师个人发展的内驱力,从而突破其自身专业成长的瓶颈。

通过营造浓厚的学习氛围,使教师快速成长和健康成长,因此有了好氛围和好环境,就会有好心态,也有了积极的前进动力,也就有了进步和发展的可能性。营造好的名师引领的学习氛围,对促进教师的专业成长具有极为重要的意义。

三、深入研究实践

经济虽有发展但优势未显张力的地区,县城的基础教育无疑是其举足轻重的标签。随着城市化进程步伐的加快,"上好学"成了生活富裕的人们最有潜力的现实投资,无形中给集中许多优质资源的学校因人才稀释带来空前的教学质量提升方面的压力。作为一所百年老校的江苏省阜宁县实验小学,用负责的工作态度消融了人们的顾虑,形成了府前街校区、向阳路校区、石字路校区、苏州路校区、新林路校区、长春路校区"一校六区"辐射南北新老县城三分之二区域的教育集团。在工作中,我们坚持"为师生终身发展奠基"的信念不动摇,重点围绕提升教师的教学素养、教研素养、管理素养,开展深入的研究与实践,推动各个校区的教育教学得到更好的均衡发展。

(一)强化顶岗职责,科学跟进,快速提升教师的教学素养

我们在总结以往校内"青蓝结队"做法的基础上,通过自愿报名、教研组推荐、学校考核相结合,精挑细选近80名年轻有为、思维活跃、业务纯熟的以市、县学科带头人和教学能手为主力的导师团队,与联盟校268名好学上进的教师结对。我校成立名师教师工作室,分管教学的校长抓督查,教科室具体实施,教研组积极配合。

1. 规范——在深化管理中提升

在"以人为本"理念下,我们本着实事求是、循序渐进、遵循规律的原则和对自身、学生、学校都高度负责的宗旨,通过"严、细、深、厚"四种渠道:严,严格要求自己,转变角色,按学校制订的一系列规章、制度来做事,不得随心所欲;细,备课要详案,课前要试讲,不上没准备好的课。批改作业要及时、认真,发现学生没掌握的,耐心讲析;深,教学不仅满足简单知识的领悟,还要加强书本知识与生活实际的碰撞,提高学生解决问题的能力;厚,重视针对性训练,形成有关联性的知识链条,让他们尽快适应岗位要求。

2. 放手——在强化实践中提升

在分课时,我们通过座谈会和基本功检测,初步了解各人的知识结构和能力特长,并根据学科需要和教研组人员概况,让他们留在适合的岗位。很多新教师能摆正位置,树立信心,虚心学习教学预案、批改作业、课堂教学,顶岗教师多次深入班级学习管理班级,通过努力,他们很快地融入了实小这个大家庭,适应了团结、紧张、充实、愉快的工作节奏和氛围。

3. 引路——在细化科研中提升

我们建立顶岗教师由所在教研组组长牵头，其他教师积极参与的，具有实小特色的集体合作机制，通过开展"五个一"活动来保证：每人上一节常态课，每人帮助准备一整节课的教学预案，推荐一本适用的教学书刊，协助一次评课，批改一篇教育随笔或论文，以此来缩短他们工作的适应期。石字路校区李运安老师刚开学两个星期，坚持每天听两节贾成林主任的课，一有时间还向贾主任请教教学设计、学法指导等与课堂教学密切相关的细节问题。无论工作多忙，名师都能在理论与实践中全面指导。在名师的帮助下，顶岗教师上课有了底气，教学能力有了提升。

没有规矩，不成方圆。我们把顶岗教师视为我校重要成员，全程参与管理，开展了顶岗教师教学业务考核和竞赛活动，与他们签订责任状。教导处、德育处注重平时巡查，确保和我校教师一同执行省"五严"规定，发现典型，及时宣传。期末教学实绩考核中，顶岗教师实绩快速提升。

4. 增强互动，在"实"字上做文章

我们改变过去"师傅待在家，徒弟跑断腿"的单一模式，在实效上下功夫，师傅们每学期至少到乡镇学校三次，帮助解决实际问题。石字路校区陈月巧老师克服困难，坚持到偏远的芦蒲一所村小听课、评课，活动紧凑，给基层学校送去最受用的科研信息服务。陈集中心小学顾香香老师深切地领会了备课、听课、评课要领。

上学期，在中心小学校长的支持下，每逢周一下午、周二上午，结对的教师到我校本部和石字路校区的听课活动从没间断。特别是我校进行"学辩式"课堂模式实践中，被结对的乡镇中心小学教师冒风雨、战严寒来取经。有时到了双周，好学的徒弟会到我校借师傅班上汇报课，接受师傅指点。一学期下来，结对教师听课节数及质量已超过县局规定的20节课的具体要求，师傅也完成我校布置的至少5节课的任务。

5. 搭建平台，在"学"字上下功夫

提高课堂教学质量的基础在备课，我们从提前备课入手，以学生为主的模块备课形式替代传统的课时备课模式，把学法列为重点，重视教师的评价语言，坚持把重点讲够，把难点说透。硕集中心小学的青年教师在石字路校区的名师指导下，课堂上授课时不再随意改变教案；提问时能用填空、判断等形式作准备，达到学生能够完整回答问题的目标；字词教学，形象记忆与默写反复交替，学生错别字数量明显减少;作文教学,重视设立图书角,写周记等课外实践,不少学生也养成了多读勤写的习惯,能写出令自己满意、令教师和同学也满意的作文。

我们是《江苏教育》杂志社的理事单位,每逢省教育报刊社领导、专家来学校传经送宝,定会及时通知乡镇学校组织广大教师来学习,结对教师除完成详细的笔记外,还按照专家指点写一篇教学论文,进行评比交流。本部杨清华老师把近几年在《小学语文教师》等重点刊物上发表的论文,推荐给罗桥青沟小学刘龙林教师阅读,提高其教育理论水平。有时结对双方还通过电话、网络等渠道及时交流阅读《中国教育报》《人民教育》等书刊的精彩内容,实现课外充电,提高"造血功能"。

6. 科学考核,在"促"上添压力

为了提高我校教师工作责任心,把惠及乡镇学校的事做好,我们用捆绑式考核来给师傅压担子;任教同一学科,开展师徒教学质量竞赛,不同学科的,与同轨班级比较。对无明显进步的,师傅降一档次计算实绩,这些举措丰富了"青蓝结对"的内涵。我校参加青蓝结对的教师,能在思想上提高认识,业务上不断进取,有100多人次在县内外各类比赛中获奖,有70多篇论文发表,有10多位教师成为新一批县教学能手和学科带头人。绩效考核中,他们摘金夺银。乡镇教师在期末师徒结对总结中反馈出的工作实绩也很突出。公兴中心小学陶汉淋教师上学期上了三节公开课,还撰写了《鞋匠的儿子》教学设计和教学随笔,争取在今后活动中取得更大的成绩。

(二)强化科研进修,课题引领,快速提升教师的教研素养

关注常态课,向有效课堂要质量,是我们实现质量均衡的战略选择。学校出台激励措施,鼓励市县学科带头人、教学能手到相对薄弱的学校任教,充分发扬"抱团"精神,从面上实施,点上突破,建立集团校、校区、年级组三级教研网络,充分发挥教师集体智慧,让集体备课成为教师梦想舞台,让理论深造、文本解读、教法辩论、学法筛选不只停留在表层、浅层,力求最大限度地调动学生积极性,提升课堂幸福指数,从而在理念共造、资源共享中,张扬教师的个性,提高课堂教学效率,促使每一位教师形成各自独特的教学风格。学校在单周统一安排分学科的大组教研,即周二上校级教研课,1—4年级在石字路校区,5—6年级在府前街校区;双周则在各校区进行教研。每天各校区还要进行"点、录、评"活动。我校提出"135"形态的行动研究,直接服务备课、上课。"1"指的是一个中心,即以教师和学生的发展为中心;"3"指的是三个结合,倡导每位教师做到读书、实践、撰写论文相结合;"5"指教

师反思的五种形式,即教学日记、教育案例、教育随笔、教育沙龙、教育论文。每周二、周四学生放学后一小时分别为教研时间、集体备课时间,我们分年级备课组按教学进度教研、备课。每次活动学校班子成员全员参加,负责主持、督促、检查工作。

为解决校区内、校区间教师业务水平参差不齐的现象,我校开展了"四大工程"活动。

一是师德工程。在校区内大力开展富有创造性、实效性的师德教育活动,遵守学校在社会上的"五条十不准"承诺,促使教师在思想政治上、道德品质上、教风学风上,以身作则,率先垂范。

二是名师引领工程。树立"名师发展学校"的理念,树立教师是"第一资源"的开发理念,构建个人成长、发展、自我实现的平台,通过校本培训,建设"名师工作室",完善"打造名师—锤炼骨干—培养新人"的分层服务体系。利用江苏省小学数学教研基地,采取"走出去、请进来""青蓝结对"等办法,聘请国内、省内著名专家和特级教师来校讲学、上课。

三是特色科研工程。各校区设立科研品牌专题研究组,建立"教育科研学科带头人工作室",确立"基础层—发展层—实验层"的研究模块,创立校本科研、人本科研特色,让薄弱校区的教师每一年都能出去学习一次,为教师业务水平的提升搭建平台。跨校区开展师徒结对活动,捆绑学习考核,人人上过关课,不过关的教师限期学习过关,不断提高教师的整体业务水平。

四是竞争发展工程。建立科学合理的竞争激励机制,对各校区教师的教育、教学和科研成果进行统一奖励,建立教师脱颖而出的培养机制,积极推行优秀骨干教师选拔培养工程,实施骨干教师动态管理措施,从学习、引领、科研、指导四个方面进行考核,奖勤罚懒,促进教师队伍整体素质的提高和教师资源的优化配置。

为发挥课题的导向作用,我们把省级"十一五"重点课题"小学生综合素质评价的研究"的子课题研究落实到六个校区每一位教师,形成人人有课题,个个在研究的"大合唱",阶段研究成果及年度评比是大家交流学习进步的全新课堂。在网站开辟"实小教科研沙龙论坛",制订实小教育集团第二个教科研三年发展规划,提升学科组地位,实行读书笔记、听课笔记、备课笔记质量和数量的有机统一,全员参与,领导示范,奖优罚懒。向阳路、苏州路校区的生源差,我们要求教师因材施教,分层教学,强化教研,关注课堂,研讨短期内提高教学质量的新方法。《学辩式课堂让孩子快乐成长》发表在《中国教育报》上,对所有教师有极大的鼓舞,各校区的教师可以完成每年在市级以上报纸杂志上发表教育教学至少一篇论文的任务。

(三)注重随机派位,统一考评,快速提升教师的管理素养

1. 随机派位,催生师资一池活水

校区间的均衡,班子是关键,教师是保证。在班子配备上,六个校区四套班子,都是由学校通盘考虑,做到优势互补,能级对应。学校派能人、强人担任主要岗位的工作。校区校长都是由管理经验丰富、年富力强的人担任,各个校区的教导主任都是市学科带头人或教学能手,确保领导班子坚强有力。

在教师配备上,六个校区一盘棋。为真正形成公开、平等、竞争、择优的充满生机与活力的用人机制,促进教师资源均衡配置,实现教师队伍管理上的创新与突破,我们首先从基础年级抓起,让孩子快乐地站在统一的起跑线上。每年的一年级招生都是先确定校区班级数,以班定岗,然后在县纪委、教育局、社区代表等监督下,学校进行随机派位。其他年级的教师根据教学的需要,由学校统一分配,遵循骨干教师优先的原则,青年教师优先的原则,奖励待遇优先的原则,原实小的教师每年流动率达到20%以上。鼓励教师到薄弱校区锻炼,2014年10名教师主动到新建的苏州路校区工作,从不为多跑路、生源差而叫苦、后悔,反而涌起奋发向上的动力,教师间合作意识有质的提高。

2. 考评评价,点燃教师的创新激情

均衡需要动力助推,教师需要时间展示。在保证人才流水线高位运转中,我们也用绩效考核杠杆来对教师辛勤工作进行科学认定和客观评价。其方案,先由全体教师反复讨论,后经教代会通过的,它体现了激励先进,奖勤罚懒,多劳多得的精神,是集体智慧的反映。我校坚持向一线倾斜的原则、向班主任倾斜的原则、向超工作量倾斜的原则。特别注重平时考核与结果考核相结合的原则。平时,加大过程考核的透明度,在执行课程计划中多权重,在"五严"中注重反馈信息,在考勤中随机检查为主,利用"校信通"及时公布。为提升质量,我们改革传统的基础学科考评法,以教学实绩的金银铜奖为切入口,以整体素质为参考,以缩小人为差距为目标,对学习能力较差的学生进行帮助,不让一个学生掉队是我们的追求方向,从而实现教育均衡。把专职技能常识课纳入考核内容,期中占30%,期末"六认真"检查

占30%,期末综合考核占40%。没有考试科目的,备课、期中"六认真"各占30%,期末"六认真"占40%。语文、数学、外语教师考核与所兼任的其他学科一同进行,平时考核20%,分A、B、C三类,分值分别为20,18,16,期末测试占80%,期中语文、数学、外语成绩占64%,兼职技能常识课的综合考核占16%,没有兼任技能常识课的按期末成绩排名分为A、B、C三类,分值分别为16,14,12。学校建立教学质量考核机制,引导各校区教师树立新的质量观,充分利用"飞行检查"和"督导评价家家到"活动,坚持定期对各校区的办学水平进行综合评估,互相督查,促进各校区端正办学思想,实施素质教育,推进各校区教育的均衡发展。

3. 一校一品,彰显校区办学高品位

集团校在县局提出的打造教育教学管理水平示范校、听课特色校、文明卫生特色校的基础上,提出各校区根据实际情况,每个校区确立一两个办学特色,培植壮大自己的校本特色,实现"一校六区,携手共进,不孚众望,共同跨越"的目标。学校带领四个校区的班子成员到苏南地区的学校参观学习,提出定期评比的要求。府前街校区继续发扬原实小的办学特色,保持"江苏第一操"的风范,强化学生的广播操训练,以操促行,以操冶情,使学生每个人有一个艺术特长、两项体能专长。评价改革再创新特色,继续实施"新三好学生"评比,使用学生成长记录袋,做好学校、家庭、社会三结合教育,让家长、社区、左邻右舍、同学都参与评价。苏州路校区建立开放的空间,营造读书的氛围。低、中、高年级都要有课外阅读参考书目,在校每天要安排半小时的读书时间,切实开展"读书小状元""书香班级""书香家庭"评选,让读书走进人生,让人生飘逸书香。向阳路校区,以县青少年活动中心培训基地为支撑,常年开设舞蹈、书法、绘画等40多个兴趣班,每年有4 000多人次青少年接受培训,狠抓学生"1+2"艺体特长建设,已形成"班班有特色,人人有特长"的局面。石字路校区原来是阜宁县双语实验学校,是我们集团校最大的校区,该校区坚持德育为首,突出"竹文化"的育人氛围,强化活动的育人功能,促进教学质量的提升。

教育均衡是阳光工程,充满了无限美好的前景,教师队伍是学校发展的引擎,也是学校竞争的名片,我们从人才战略的高度全力打造高素质的教师队伍,把教师专业成长纳入学校近五年发展规划,让这件实事真正为教育均衡作贡献。

四、形成价值追求

正是在深入研究与实践的基础上,我们深深地认识到名师引领联盟校教师专业发展的重要性,形成了推动教育均衡发展,促进教师专业成长,促进教师科研能力提升,推动教育教学等方面的价值追求。

(一)推动教育均衡发展价值

教育均衡是相对的,是区域性的,是不拒绝特色发展的,也只有这样的均衡教育才能成立,才能够发展,也才能实现。根据阜宁县发展实际因地制宜、实事求是地调整义务教育发展思路,实现城乡之间义务教育学校在办学条件和师资建设上的相对均衡,因此名师引领从而促进帮助青年教师和乡镇教师迅速成长,农村中小学教师的发展普遍存在被边缘化的倾向,教师的发展往往被视为已经完成的时态,造成教师发展的旁落与教师自我的迷失。有效地促进教师的专业成长,让教师在教学改革与发展中找到自己的位置,是青年教师、农村小学教师队伍建设不断加强的重要保证。

李岚清曾说过:"一位好名师,就能带出一批好教师;一批好教师,就能带出一批好学生,办出一所好学校。"名师能急教师之所急,想教师之所想,努力为他们搭建展示才能的平台,才能做到"教师要爬多高的楼,名师就要为教师搭多高的梯"。正确认识影响农村教师专业成长的诸多因素,积极探究促进教师专业成长的基本策略,对于推动教师专业成长和学校发展,对于促进新一轮课程改革,具有十分重要的意义。因此"名师引领"对于促进教育均衡,确保区域内的义务教育均衡协调高质量发展,确保不同的受教育群体在接受教育权利、条件等方面达到相对平等起到决定性的作用。

(二)促进教师专业成长价值

以名师工作室为核心,成立学习共同体,发挥名师的示范和引领作用,帮助年轻教师、乡镇教师成长。每周一次活动,由学校组织教学研讨,有主题、有记录,通过读书分享、成长之路、名师论坛等多种形式,促进名师与工作室成员共同提高。

1. 将名师工作室与"蓝青工程"相结合

在学习共同体内进行拜师学艺活动,让名师对学习共同体内的年轻教师进行指导,帮助青年教师尽快成长,在较短的时间内站稳讲台,站好讲台。

2. 将名师工作室与课程建设、课题研究相结合

在学校人人参与课题研究的指导思想之下,名师是我们课题研究的核心成员,是二级子课题与三级子课题的主持人,组成课题研究团队。在他们的带领下,所有课题组成员都参与到重点课题"九年一贯制学校课程整体建设研究"中来,以课题研究提升教师的专业素养和科研能力,为学校新一轮的课程建设作出贡献。

3. 将名师工作室与"百校帮扶"相结合

利用"百校帮扶"的平台,为学校名师工作室与名校名师工作室牵线搭桥,学习名校名师工作的方法和经验,促进学校名师的健康成长。

4. 将名师工作室与课堂教学模式改革相结合

学校大力推行课堂教学模式的改革,实行"小组自主合作学习"。为加强研究,以名师工作室为基地,以实证课例为材料,利用集体备课和科组活动时间,组织成员对课例进行思考、分析,努力解决改革中遇到的各种问题,极大地提高了教师的课堂教学艺术和效果。

学校创设氛围和创造条件,使教师能力不断更新、丰富和完善,强化教师教学成就感。学校营造一个宽松、开放的成长氛围,这对教师的专业成长有着很大帮助。随着新课程改革的实施,及时向教师传递新一轮课程改革对教师提出的挑战和要求,使教师产生来自于教育改革、课程改革的危机感和紧迫感。名师搭建平台,引导教师撰写教学反思、教育随笔、教学论文,把教学实践中的得失成败上升到理论高度,并积极推荐优秀文章在各种刊物上发表。对教师的成果进行宣传展示,无疑是他们扩大影响的"快车道",是提高工作热情的"助推器"。让教师体会到成功的喜悦,激发他们的自豪感和内驱力,增加每位教师的成功机会。

(三)促进教师科研能力发展价值

教科研学术研究是促进年轻教师专业成长最有力的平台,名师充分发挥教科研的示范引领作用,发挥教育科研专长,积极指导青年教师开展论文撰写、课题研究等教育学术活动。同时外聘专家来工作室开展指导课题研究、论文写作等讲座,提高年轻教师教科研水平。充分利用本校的名师,譬如,王海文校长,他是高级教师,市名师,盐城教师基本功一等奖获得者,曾参加课题"作文教学生活化"和"诵读经典诗文,培养学生的语文素养和人文素养"的研究;刘卫华主席,曾参加"盐城市关注常态课堂教学大赛"获一等奖,在2014年省师陶杯论文大赛中获一等奖。

这些成绩的取得基于工作室这个平台,让教师们找到了努力的方向,体现了人生价值。

1. 依托名师工作室,让教师在"科研氛围＋体验"中成长

名师工作室能为教师的科研活动开展营造良好的氛围,可以组织进行大范围的全员培训,可以以"精"为"神",根据需要分层学习。名师工作室创设各种有利于教师学习的氛围,让教师在学术氛围的熏陶下,通过自身的体验,达到专业的提升。

2. 依托名师工作室,让教师在"学术实践＋反思"中提高

名师工作室应积极为教师的学术实践活动提供反思机会。教师的科研活动对教师的成长非常重要,但是反思环节也同样重要。因为只有通过反思,教师才能比较全面地看清楚所开展活动中存在的问题和不足,然后大家一起进行商榷,商量解决问题的好办法,也才能促进大家一起取长补短,积累经验,不断成长,获得提升和发展。

3. 依托名师工作室,让教师在"科学研究＋转型"中收获

人们常说,"教"是为了"不教"。今天教师参加名师工作室的培养,是为了明天能培养更年轻的教师。名师在名师工作室中做好自身的科学研究,提升科研水平十分重要,名师的主要任务就是培养青年教师,让他们在明天也能成为名师。教师的成长过程不断实现从"被培养者"到"培养者"的转型,一环接一环,让教师在名师工作室的摇篮中,通过不断的身份转型,获得更多的专业成长。

4. 依托名师工作室,让教师在"学术行动＋展示"中发展

名师工作室积极创造条件,让全体年轻教师都有课堂展示的机会。开展全体教师挂牌课行动；名师示范课行动；骨干教师展示课行动；青年教师打磨课行动等等。除了课堂教学展示行动外,教师的科研成果、教学成果也要进行展示。教师的优秀教学论文、课题研究成果、教学体会反思等都通过名师工作室的平台进行展示、分享和交流,以促进教师的共同成长。

(四) 教育教学应用价值

"名师引领教育联盟"本身目的就是把骨干教师培养、名师培养有机结合起来,发挥骨干教师的传、帮、带、作用。推行青年教师培养结对制度,把有经验的中老年教师与青年教师结对,指导、帮助青年教师快速成才。以教研组为单位通过案例教学分析、同伴观摩课研讨、章节说课讨论、同课异构等方式,积极倡导"合作教研"

"自主教研""开放教研",教师之间在教学活动中进行专业切磋、协调和合作,共同分享教育教学经验和教育教学资源,互相学习,彼此支持,使教师在互补共生中成长,在互动、合作中成长。另外重视自我反思,促进教师专业成长。

学校要求每位教师的教案都必须有三分之一的自我反思内容。自我反思是教师与自我的对话,是促进教师专业成长的基础和前提。积极倡导每人每周写一篇教育叙事,每两周写一篇教学反思,在教师会上交流、点评,然后将优秀作品推荐到教育报刊上发表。学校坚持让教师完成叙事研究,叙事研究让教师在讲与写自己的故事中审视着自己的教育理念,品味着自己教育教学的成败,享受着工作的乐趣,并在逐步改进中不断丰富完善自身的素质和能力。教师在教学中,把自己作为研究的对象,研究自己的教学观念和实践,反思自己的教学观念、教学行为以及教学效果,形成自己对教学现象、教学问题的独立思考和创造性见解,使自己真正成为教学和教学研究的主人。通过名师带动,制度强化,让叙事研究、教学反思成为促进教师专业化发展的捷径。

近几年来,学校大力促进教师专业成长的实践探索使我们认识到:教师是课程改革与学校发展的主体,教师专业素养的高低直接影响着新一轮课程改革的成败和学校办学质量的高低,学校关注教师专业成长,从实际出发,实施有效的策略跟进。

第三章 名师引领学校联盟教师专业成长的应对策略

名师引领学校联盟教师专业成长的应对策略研究,是在教师专业成长概念、专业化理论以及教师专业发展力内涵研究的基础上,构建名师引领学校联盟教师专业成长行动模块,探索相应的路径,并挖掘了名师引领学校联盟教师专业发展的动力机制,形成了系统的、具有可操作性的应对策略。

第一节 名师引领学校联盟教师专业成长的研究基础

名师引领学校联盟教师专业成长的研究,关注教师专业化的概念辨析,并通过明晰教师专业化与专业发展的概念,确立了名师引领学校联盟教师专业成长的行动模块。

一、名师引领学校联盟教师专业成长的文献研究

我们通过文献研究,查阅大量资料典籍,对研究的核心概念即"教师专业化"进行精准化的定义与辨析,以便紧紧围绕教师专业成长这一核心概念加以探究。

（一）教师专业化的概念辨析

1. 专业化与专业发展

专业化是一个社会学概念,其含义是指一个普通的职业群体在一定时期内,逐渐符合专业标准、成为专门职业并获得相应的专业地位的过程。与专业性职业这一概念的两个维度相似,教师专业化这一概念也有两个维度:地位的改善与实践的改进。前者作为满足一个专业性职业的制度,从地位方面要求的过程,关注的是将教师作为一个职业,在多大程度上获得作为专业性职业的地位问题。后者作为通

过改善实践者的知识和能力来改进所提供服务的质量的过程,关注的是教师在实施教育行为时使用了多少专业知识技术问题。前者一般包括提高学历要求、建立自我管理团体等要素,后者的专业化实际上等于教师专业发展。

关于教师专业发展,由于研究者的视角不同,因此对它的理解也就有所不同。华东师范大学叶澜教授将其归纳为以下三类。

第一类是指教师专业成长过程,如霍伊尔认为,"教师专业发展是指教学职业的每一阶段,教师掌握良好专业实践所必备的知识和技能的过程";佩里认为,"教师专业发展意味着教师个人在专业生活中的成长,包括信心的增强,技能的提高,对所任教学科知识的不断更新、拓宽和深化以及对自己在课堂上为何这样做的原因意识的强化";富兰和哈格里夫斯指出,"教师专业发展既指通过在职教师教育或教师培训而获得特定方面的发展,也指教师在目标意识、教学技能和与同事合作能力等方面的进步";格拉特霍恩认为,教师发展(teacher development)即"教师由于经验增加和对教学系统审视而获得的专业成长";台湾学者罗清水认为,"教师专业化发展乃是教师为提升专业水准和专业表现而经自我抉择所进行的各项活动与学习的历程,以期促进专业成长,改进教学效果,提高学习效能"。

第二类是指促进教师专业成长的过程。如利特尔指出,对教师专业发展的研究有两种截然不同的路径,路径不同在一定程度上也反映了"教师专业"一词含义的两方面:其一是教师掌握教学复杂性的过程,这些研究主要特别关注特定的教学法或课程革新的实施,同时也研究教师是如何学会教学的,他们是如何获得知识和专业成熟,以及他们是如何长期保持对工作的投入等;其二是侧重于研究影响教师和学习机会的组织和职业条件。斯帕克斯和赫什表示在文章中将专业发展(professional development)、教师培训(staff development)、在职教育(inservice education)相互代替,台湾学者罗清水也指出专业发展(teacher development)一般常与专业成长(professional growth)、教师发展(teacher development)和教师培训(staff development)等交互使用。

第三类通常兼有第一类与第二类的特点。如威迪恩指出,教师专业发展有以下五层含义:① 是协助教师改进教学技巧的训练;② 是学校改革整体活动,以促进个人最大成长,营造良好的气氛,提高学习效果;③ 是一种成人教育,增加教师对其工作和活动的了解,不只是停留在提高教学效果的层面上;④ 是利用最新的教学成效的研究以改进学校教育的一种手段;⑤ 专业发展本身就是一种目的,协助教师在受尊敬的、受支持的、积极的气氛中,促进个人的专业成长。

2. 教师专业化

所谓教师专业化(teacher professionalization)是指教师职业具有自己独特的职业要求和职业条件,有专门的培养制度和管理制度。教师专业化的基本含义是:第一,教师专业既包括其学科的专业性,也包括其教育的专业性,国家对教师任职既有规定的学历标准,也有必要的教学知识、教育能力和职业道德的要求;第二,国家有教师教育的专门机构、专门内容和措施;第三,国家有对教师资格和教师教育机构的认定制度和管理制度;第四,教师专业化是一个发展的概念,即教师专业化既是一种状态,又是一个不断深化的过程。

叶澜认为,专业性职业至少有三个方面的规定:第一,作为专业的职业实践必须有专业理论知识作依据,有专门的技能作保证;第二,作为专业的职业,承担着重要的社会责任;第三,作为专业的职业,在本行业内具有专业性的自主权。就后者而言,一般认为,教师专业化包含两层含义:教师职业成为专门职业并获得应有的专业地位的过程以及教师成为专业人士的过程。前者主要是从外在的体制、制度层面进行探讨,后者则从教师内在的专业素质结构来研究。从目前的文献来看,大多数研究者是从"教师个体专业化"角度展开论述的。例如,中国教育学会第15次学术讨论会的综述中提到,与会专家、学者认为,教师专业化是"教师在整个专业生涯中,通过终身专业训练,习得教育专业技能,实施专业自主,表现专业道德,并逐步提高自身从教素质,成为一个良好的教育专业工作者的专业成长过程"。

英国教育社会学家莱西认为,教师专业化是职业专业化的一种类型,是指教师"个人成为教学专业的成员并且在教学中具有越来越成熟作用这样一个转变过程"。也有学者认为,教师的专业化可以从两个方面来理解——广义的专业化和狭义的专业化。广义的专业化指的是改善专业人员的能力,使他们的知识合理化,它主要关心教师在对学生开展教育行为时运用了多大程度的专业知识和技术,它将教师的专业知识与专业实践结合起来审视教师专业化的问题,关注教师的任务、角色、实践;狭义的专业化指的是从集体的前途和战略出发,提高一种专业的社会地位,它着眼于教学工作在多大程度上获得了作为专业性职业的地位。

从教师专业化这一术语本身来看,"化"既包含了过程含义,又包含了性质含义。一个是一种过程，另外一个是一种结果。一个大家完全一致认同的教师专业化的概念是不存在的，但是根据以上对专业化的理解，教师专业化是指教师个体专业水平提高过程以及教师群体为争取教师职业的专业地位而进行努力的过程，前者指教师个体的专业化，后者是指教师职业的专业化。教师个体专业化与教师职业专业化共同构成了教师专业化。教师个体专业化是教师职业专业化的基础和源泉，是教师专业化的根本方面。它是指教师在整个专业生涯中，依托专业组织，经过终身训练，习得教育专业知识技能，实施专业自主，表现专业道德，逐步提高自身从教素质，成为一个良好的教育专业工作者的专业成长过程。教师职业专业化是教师群体专业化发展和社会承认形式，因此，教师职业专业化是教师群体专业化发展的必然结果。

（二）有关教师专业化的理论

教师专业化的理念有新旧专业主义之分。较之旧的专业主义理念，新的专业主义更强调知识是教师基于实践的主观建构与整合，强调教师参与教育改革的社会责任，不局限于知识传递，更重要的是带动学生共同参与知识的再建构。在新专业主义理念推动下，人们对教师专业化的意义认识更为明确，即把历来被教育改革活动所忽视的教师群体推到了改革的前台，重新审视与发现教师存在的意义，而且还充分肯定教师自身发展的现实意义。

关于专业化发展的实现模式，华东师范大学钟启泉教授认为有两种：技能熟练模式和反思性实践模式。现在人们更多地倾向于后者，认为该种模式将更有利于教师专业化发展。然而，实现专业化却是很长的过程，首要的是专业标准问题。近几年学者们研究的共识是，教师职业劳动具有不确定性和情境生成性效果滞后等特点，不能简单套用医生、律师一类技术性与实证性很强的专业标准。因此，应在注重专业共性的同时，强调教师专业的特性，将教师视为一个特殊专业，建立自己的专业标准。然而，这一套标准该如何建立，能否得到社会的承认与接受，还是一个亟待深入研究的问题。教师专业发展的评价问题随着教师专业化呼声渐高而日益突出。研究者对该项评价作出狭义和广义的区分。狭义上的评价是指对教师个体的专业发展予以评价；广义上的评价还包括对教师专业发展的背景条件和保障机制进行评价，以保证教师个体专业发展得以实现。学科知识能力专业化、教育理论素养专业化、教学实践专业化以及教学品质专业化是教师个体专业发展评价四个方面的内容。教师专业发展评价主体是多元的,但教师自评是一条认识自己、分析自我、促进提高的路径,是教师专业自主发展的内在动力机制,因此被认为是核心。

二、名师引领学校联盟教师专业成长行动模块研究

学校联盟是基于县域一定范围内教育发展的需要而设立的教育共同体,它是以优质校为龙头,使优质资源和优秀管理经验等辐射周边多所普通学校,往往以名师引领为撬动学校发展的着力点,进行统一管理,促进区域教育发展水平的整体提升。此举解决了学校教师专业发展不力,特别是农村学校教师专业发展缺少机制的困境,同时也契合了十九大报告中优先发展教育的号召:建设教育强国是中华民族伟大复兴的基础工程,必须把教育事业放在优先位置,加快教育现代化,办好人民满意的教育。要全面贯彻党的教育方针,落实立德树人根本任务,发展素质教育,推进教育公平,培养德智体美全面发展的社会主义建设者和接班人。推动城乡义务教育一体化发展,高度重视农村义务教育,办好学前教育、特殊教育和网络教育,普及高中阶段教育,努力让每个孩子都能享有公平又有质量的教育。完善职业教育和培训体系,深化产教融合、校企合作。加快一流大学和一流学科建设,实现高等教育内涵式发展。健全学生资助制度,使绝大多数城乡新增劳动力接受高中阶段教育、更多接受高等教育。支持和规范社会力量兴办教育。加强师德师风建设,创建高素质教师队伍,倡导全社会尊师重教。办好继续教育,加快建设学习型社会,大力提高国民素质。

其中,"推动城乡义务教育一体化发展,高度重视农村义务教育""加强师德师风建设,培养高素质教师队伍""努力让每个孩子都能享有公平而有质量的教育""推进教育公平"正是以名师引领学校联盟教师专业发展为研究对象,坚持问题导向,采取行动研究的研究背景。在研究的基础上,我们挖掘名师影响联盟校教师专业发展力的关键因素,构建联盟教师共生场域,探究名师引领联盟校教师专业发展的策略和路径、动力机制,确立了名师引领学校联盟教师专业成长行动研究模块。

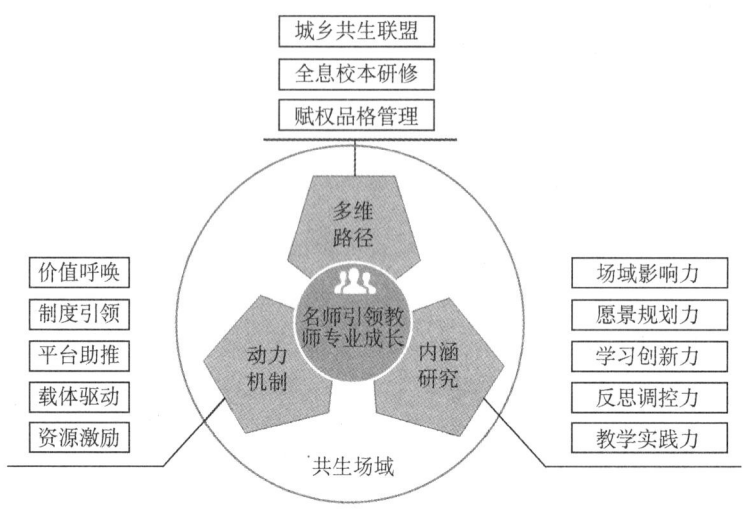

图 3-1 名师引领联盟校教师专业成长示意图

第二节 教师专业发展力的内涵研究

2012年2月10日,教育部颁布了《中学教师专业标准(试行)》,从教师的专业理念和师德两方面,规定了基本的专业伦理内涵,从教师的专业知识和专业能力两方面,规定了教师专业发展的基本内容。其实,教师专业标准就是"好教师"的基本标准,其中蕴含了教师应该有的专业素养。《中学教师专业标准(试行)》的出台,反映了教育界为教师职业寻找真正的专业形象,也反映出社会对教师素养的科学界定,相当于给教师的专业发展确立了一个立体的坐标,让每一个教师以更加标准的姿态和专业的素养,为学生的健康成长保驾护航,并引领教师以此为标准,践行完善自己,做学生健康成长路上合格的引路人。

教师专业发展力是现代教师专业素质的重要组成部分,具有综合性、实践性和持续性的特点。我们立足教师专业成长的实际需求,依据马斯洛需要层次理论,明晰了教师专业发展力内涵,构建了教师专业发展力模型,从教学实践力、反思调控力、学习创新力、愿景规划力、场域影响力五个重点要素入手,以名师引领为着力点,提升联盟校教师专业发展力水平。当然,教师的愿景规划力、教学实践力、人际沟通力、反思调控力等内在要素也包含在教师专业发展中。在名师引领的实践中，我们关注教师的生涯管理、知识管理、效能管理、关系管理、压力管理和品格管理，在促进教师发展的同时提升教师的专业发展力水平。

一、教师专业发展力开发的意义

教师专业发展力是指教师在职业生涯中，不断提高专业水平，逐渐形成职业成就，充分获得社会承认、全面实现身心发展的能力。教师专业发展力具有实践性、综合性和持续性的特点。教师专业发展力是在教师职业发展的实践中形成并体现出来的，离开了教师的发展实践，教师专业发展力就没有展示的载体和存在的价值。教师专业发展力是各种能力互相影响、共同作用的结果，既涉及教师能力的多个方面，也渗透于教师职业生涯的各个环节。教师专业发展力的形成是一个持续累积的过程，其影响也是一个逐渐彰显的过程。

当前，我国的教育改革发展已经进入了内涵发展的新阶段，对教师提出了更高要求。在这种背景下，教师专业发展力应该成为现代教师素质结构的重要内涵。因此，提出教师专业发展力概念，加强教师专业发展力的开发与培养，具有十分重要的理论意义和实践意义。

（一）教师专业发展力的开发是实现教育现代化的需要

教育现代化是一个特定历史时期的相对描述，应该有丰富的指标体系，包括教育观念现代化、教育内容现代化、教育装备现代化、师资队伍现代化、教育管理现代化等多个方面。显然，教师队伍的现代化是重要的核心内容。因为教师是教育观念的承载者，是教育内容的传播者，是教育装备的应用者，是教育管理的实施者。教师是实现教育现代化过程中不可替代的、能动的核心因素。教师专业化是教师队伍现代化的显著特征和必然要求，是世界教育发展的趋势与潮流，也是我国教育实践的呼唤与理论回应。教师专业发展力的开发，促生了教师发展的外部要求与内生需求的有机结合，发展动机与发展能力的有机结合，职业胜任能力与自身发展能力的有机结合。教师专业发展力的开发，能唤醒教师的发展意识，使教师明确发展目标，提高发展能力，加快发展速度，从而推动教师专业发展进程，提高教师的专业水平。从某种角度来说，教师较高的发展能力本身也是教师现代化的重要内涵与特征。

（二）教师专业发展力的开发有利于改善教师的职业生存状态

尽管近几年教师在经济待遇上有了较大提高和明显改善，但是，有研究表示，很多教师还处于倦怠的、被动的和疏离的状态，很多教师都不同程度地存在着感情耗竭，逐渐丧失了职业自我、自主、自由，在精神、情感、体验上与其他客体疏远、分离和隔阂的现象。造成这种异化的教师生存状态的主要原因是片面强调教师的"工具性"价值取向，只重视教师胜任教学能力的培养，只关注教师发展的结果，忽视了教师本身的发展。教师专业发展力的开发将以教师自身的视角，通过引导教师发展意识和能力的提升，经过自己的努力，将内在的成就和自我实现需要与教师工作的需要有机结合起来。实际上，教师专业发展力开发的过程是一个教师职业成果不断积累的过程，是教师职业生涯中各种矛盾自我化解的过程，也是教师职业价值不断实现的过程。这个过程能增强教师对职业的感情与依恋，加大职业的自主权和自由度，使教师在职业生涯的发展中发现和实现自身的生命价值，树立坚定的职业理想和信念，提升职业幸福感。

（三）教师专业发展力的开发有利于丰富和完善教师素质结构理论

在我国，有关教师素质的研究成果显著，比较有代表性的研究有：叶澜（1998年）将教师的素质结构分为专业理念、知识结构和能力结构三方面；唐松林（2000年）将教师的素质结构分为认知结构、专业精神和教育能力。这些研究成果都将教师素质指向教师能够胜任教学的能力结构，很少关注教师自身发展的因素。教师专业发展力的开发与研究，提出将教师实现自身可持续发展的能力作为现代教师素质体系的重要构成部分，同时对教师专业发展力的内涵构成进行分解和重构，形成了比较丰富的能力体系，并围绕这些能力提出了具有操作性的开发策略与路径。我们认为，将这些当前教师发展研究的热点内容，以教师专业发展力概念为主线，形成一个较完整的理论框架，将完善和丰富现有的教师素质结构理论体系，并可以为教师的发展实践提供理论指导。因此，教师专业发展力的开发还具有十分重要的理论研究价值。

二、教师专业发展力开发的内涵

教师专业发展力是一种综合的原动力，有着丰富的内涵。对教师专业发展力的内涵进行分析解构是进行教师专业发展力开发、培训和评价的重要环节。研究中,我们以美国心理学家、哈佛大学教授大卫·麦克里兰(David Mc Clelland)博士提出的能力素质模型理论为基础,将能力素质划分为知识、技能、自我概念、特质、动机五个层次,以优秀教师发展影响因素为观察点,通过调查分析,提出了中小学教师专业发展力要素结构。我们聚焦个人、校本、组织三个维度,构建了名师引领学校联盟教师专业发展力的核心模型,重点探索名师引领教师专业发展的教学实践力、反思调控力、学习创新力、愿景规划力、场域影响力这五大要素。

图3-2 教师专业发展力核心要素构成图

(一)效能管理:教师的教学实践力

教师的教学实践力是指教师把上级的教育政策与要求变成操作行动,再通过行动变成令人满意的结果,从而圆满完成各项任务的能力。教师的执行力体现在完成任务的意愿、完成任务的效能、完成任务的程度三个维度上。优秀教师的发展都建立在较好地完成任务的基础上,而且表现为教学任务与个人发展任务同时高效达成。这种高执行力实际上建立在良好的效能管理的基础上,他们能分清各种任务的主次,对其有效地进行整合,科学合理安排时间,取得事半功倍的效果。与此相反,很多教师无法从忙碌的教学事务中脱身,终日忙于应付,没有时间反思改进方法、提高效率,更没有时间思考自身的发展。教师的执行力也表现在对教师发展的执行上,有些教师虽然也有较强的发展愿望,有发展目标和计划,但没有立即采取行动,拖拉庸散,错失了发展机遇,降低了发展速度。通过有效的效能管理,改变教师不良的行为习惯,形成科学的行为策略,可以有效提高教师的执行力。

（二）压力管理：教师的反思调控力

教师的情绪控制力是指教师个人感受、理解、控制和运用自己以及他人情绪的一种能力。教师的压力是指在应对工作和生活中，遇到自认为超出自己承受能力的要求时，所产生的紧张和不安的心理体验。对于教师来说，压力无处不在，产生的原因也是多方面的。过大的压力会造成教师情绪的不稳定，如果不加以调节，时间长了还会导致心理健康问题。压力的本质是外部刺激下的个体反应，因此，压力也是可以管理的。压力管理并不是要消除压力，而是通过应对策略缓解、调节和分解压力，从而形成一种积极、乐观向上的心态。优秀教师都有较强的情绪调控能力，即人们所说的"情商"很高，都能有效地化解压力，变压力为动力，在职业中寻找到快乐与幸福。

（三）知识管理：教师的学习创新力

教师的学习创新力是指教师获取知识、应用知识和生产知识的能力。知识是能力素质模型中最上层的结构。人们对教师的知识要求经历了三个阶段：第一阶段要求教师是知识的拥有者，强调教师需要丰富的专业知识，并提出了教师应有的知识结构体系；第二阶段要求教师是知识的学习者，在知识爆炸和信息化时代，关键是教师需要有不断获取知识的能力，即教师不仅要有"一桶水"，还要有源源不断的"活水"；第三阶段对优秀教师提出了更高要求，要求教师成为研究者，这就是说，教师不但要会获取知识，更要会运用知识和生产知识，要求教师从知识的消费者变成知识的生产者，走向知识链的前端。调查发现，现在还有很多教师对英国课程论专家斯坦豪斯提出的"教师成为研究者"的概念持有怀疑态度，他们对教育理论有一种"本能的否定性"意识，局限于已有的、固定的、僵化的知识体系，在经验主义的沼泽地里不能自拔。因此，教师能不能通过知识的获取、整合、积累、存取、更新、创造等实现对知识的有效管理，是能否成为现代优秀教师的重要标志，也是教师发展力的主要内涵。

（四）生涯管理：教师的愿景规划力

教师的愿景规划力是教师对自己所从事职业的职业特点、职业理想、职业性向、职业环境、职业阶段的自我认识、自我调节、自我评价的能力。教师职业自觉能力是教师发展力开发的基础。调查发现，许多优秀教师都具有较高的自我发展愿望,能够以积极的方式看待自己,能够准确、现实地判断自己职业特长与短处,有比较明确的职业发展目标和计划,具有明显的高自觉力特征。反之,低自觉力的教师表现为对职业环境的盲从,要么过高地提出了自己的职业诉求,要么被动地"随波逐流",在发展的进程中丧失自我。教师职业自觉力的开发可以通过有效的生涯管理实现,通过让每个教师制订职业生涯发展规划,促使他们对自己的职业兴趣、性格特征、能力特长、职业价值取向以及教师的职业经历和职业环境进行客观全面的分析,提出职业愿景和制订具体行动方案,并在规划的实施中不断提高教师的自我评价和调整能力。

(五)品格管理:教师的场域影响力

教师的场域影响力是指教师用一种别人所能接受的方式,改变他人的思想和行动,以促进群体和他人达成预期目标的能力。教师的场域影响力是一种非权力影响力。教师的品格管理是指对教师的职业品位和性格进行分析、计划、塑造和评价的过程。每个教师在职业中都会表现出鲜明的性格特征,或独立,或顺从,或乐观,或坚强。教师在对自己的性格类型进行客观分析的基础上,扬长避短,形成了个性鲜明的、闪耀着人性光芒的教师品位。一个教师有了这些独特、高雅的品位,就会使其教学充满生机,也就会对群体产生重大影响。现实中可以明显地发现,能否形成自己的教学风格、职业品格,是区分优秀教师和一般教师的重要指标。教师的品位包括文化品位、人格品位、学术品位等内容,这些品位的设计与追求,形成了教师的新形象标识。这种影响力具有文化重塑的力量,决定了教师发展的方向、速度和最终的高度。教师的自觉力、创新力、执行力、沟通力、调控力、影响力构成了教师发展力的核心内涵,教师的生涯管理、知识管理、效能管理、关系管理、压力管理和品格管理是教师发展力开发的具体内容和重要抓手。教师的人际沟通能力是场域影响力的一个重要表现。教师的沟通力是在教师日常人际交往中体现出来的。丰富的人际关系是教师的职业特点,在教师的人际网络中包括教师与学生的关系、教师与同事的关系、教师与家长的关系、教师与学校管理者的关系、教师与专家的关系、教师与其家人的关系等。处理好上述这些关系是教师关系管理的主要任务。良好的关系有利于调动教师工作和学习的积极性,促使教师形成良好健康的心态,也有利于提高教师的教学质量和教学效能,还有利于促进教师职业生涯的发展。事实上,很多优秀教师的成长与学生、家长、学校领导、教学专家和教师家人的支持是分不开的。低沟通力的教师则会出现人际孤立和人际焦虑的状态。教师的沟通力与教师的个性有关,也与教师关系中的自我认知、人际认知、关系认识水平的提高来促进教师交往沟通技能的提升。

这五种能力和五种管理是相互包含、相互促进的,是具体可操作的,也是具体可测的。研究中,将教师的每种能力按照一定的指标可以大致测出教师该种能力水平,再将教师的五种能力水平相连,就形成了每位教师的"发展力模型图"。我们发现,每位优秀教师都有至少一个以上的突出"高值",这个值往往反映了教师发展力的类型,比如有些教师的发展是"计划"出来的,有些是"干"出来的,有些是"写"出来的。对于一般教师来说,也往往存在着明显的"低值",改变张力图中的"低值"相对容易,能起到"立竿见影"的作用。

三、教师专业发展力开发的方式

显然,教师的发展需要教师个人、所在学校和有关管理培训机构的共同努力,而且只有这三者形成合力,才能实现教师发展的重大突破。但是,现实中三者往往是分离的,教师强调职业的回报,学校强调教师任务的完成,管理培训机构强调教师变革的期望。因此,在教师专业发展力开发的过程中,三者合力的形成是一个重要策略。就提高教师专业发展力的行为而言,主要路径包括个人方式、校本方式和组织方式。

(一) 个人方式

教师个人是教师专业发展力开发的发起者、践行者、改变者和受益者,是教师专业发展力开发的基本路径,离开教师个体的自我努力,教师专业发展力的培养根本无从谈起。首先,教师个人发展力开发路径伴随着教师发展实践的整个过程,开始于教师发展动机激发,但调查发现,许多教师发展意愿不强,表现为对发展意义的认识不足,对教师职业的情感不深,因此,唤醒教师的发展意识是首要环节。其次,教师要将发展愿望转化为具体的行动计划,要对自己的职业性向特点进行科学客观的分析,要厘清自己的发展愿景和发展目标,要明确行动方案,制订切实可行的措施。最后,教师要坚持不懈地将计划转化为具体行动,在行动中不断提高教师发展力中的各种能力。教师在职业发展的过程中肯定会遇到挫折与困难,教师的意志品质,教师的自觉性、坚韧性和自制力将影响教师的发展水平。这其中,让教师在发展的过程中,通过自我评估、自我认同、自我实现,找到教师职业生涯的职业锚是实现教师持续努力、持续发展的关键。

（二）校本方式

学校是教师发展的主战场,教师专业发展力开发的校本路径就是要强调教师专业发展力开发中应坚持"为学校发展、在学校中发展、由学校发展"的原则,既要强调教师发展与学校发展的对接,也要强调学校在促进教师发展中的责任。首先,教师专业发展力的校本路径开始于学校对教师发展的认同和接纳,有些学校只重视学校的发展,忽视了对教师的培养,甚至认为教师的发展不会影响学校的发展,克服这种认识偏差的关键是要引导教师将自身的发展与学校的发展有机结合起来,使之形成相互融合的共同发展愿景。其次,学校要了解教师发展的需要,要出台鼓励教师发展的制度和营造良好的发展环境,给教师发展以切实的帮助。再次,学校要给教师发展提供公平的机会,要加强校本培训,要给教师搭建展示其才能的舞台。另外,学校还应对教师的发展进行客观的评价,施予教师一定的压力,督促教师不断发展。

（三）组织方式

这里的组织是指学校以外的教师管理和服务机构,包括教师培训机构和行政管理部门。理论上说,教师作为一种职业,就要有专业的服务机构和专业组织对其进行管理和监督。学校组织主要体现在工作职能上,教师的发展除了需要学校的支持外,还需要得到外界专业部门的专业支持。对行政部门来说,主要是为教师的发展设计好合理的制度体系,通过完善教师的评价制度,开展发展性评价,打通教师的职业上升通道。培训机构在当前我国教师专业机构还不完善的情况下,承担着重要的专业指导责任。它主要通过为教师提供优质高效的培训,发挥专业组织作用,帮助教师形成学习研究的共同体,为教师构建起开放的、适合教师专业发展的支持体系。另外,培训机构为教师开展教师发展力开发进行针对性培训,并对教师的专业性向分析、专业计划指导、发展力评价进行专业指导,这也是促进教师专业发展力提高的重要环节。

专业发展是教师终生追求的职业过程,需要持续推进。教师专业发展力是教师专业素质的重要组成部分,我们聚焦个人、校本、组织三个维度,构建了名师引领学校联盟教师专业发展力的核心模型,重点探索名师引领教师专业发展教学实践力、反思调控力、学习创新力、愿景规划力、场域影响力等要素。

第三节　名师引领学校联盟教师专业发展的路径研究

名师引领学校联盟教师专业发展的路径研究,是以设立名师工作室并开展引领教师专业成长实践为基础的,在多年的研究中取得了一定的经验,探索出了名师引领联盟校教师专业成长的路径。

一、名师引领的实践

师资是学校发展的第一动力源,一群好的教师就会构成一所好的学校,名师是一所学校的名片。阜宁县实验小学作为县域十几所学校的联盟龙头校,拥有多名市县学科带头人、教学能手,学校先后走出3位特级教师。2012年,学校成立名师工作室,并不断在学科和集团校际、联盟校际扩展,充分发挥名师的引领、辐射和示范作用,凸显名师效应,以此促进教师专业水平的发展,推进区域教育公平。

从2012年起,学校就成立名师工作领导小组,由特级教师、学科带头人、教学能手亲自任组长,形成了教科室负责管理、领导小组成员负责考核的管理模式;同时,制订了"名师考核办法",通过"名师活动安排表""名师活动记载表"中的要求来落实名师日常工作与管理。制订了"学校教师梯级发展规划",搭建"教坛新秀—骨干教师—教学能手—学科带头人—教学名师—特级教师"梯级教师培养平台,使名师管理进入常态化,日趋完善、规范、科学。

为充分发挥名师作用,有效激励名师工作热情,树立教育的楷模和标杆,成立名师工作室是有效的途径。联盟校先后成立26个名师工作室,工作室内配备教学研究所需的硬件设施、多媒体设备还有理论书籍等,确保学科全覆盖、年级全覆盖,这种挂牌上岗既是一种荣誉,更是一种压力和动力,让所有的名师在感受到教育所带来的荣耀与幸福的同时,也让他们意识到自己应承担的责任与义务,鞭策他们与时俱进,在做好本职工作的同时,还要成为同事的表率,为学校发展作出更大的贡献。

在开展名师引领工作时,我们结合联盟校情,将名师工作室的工作与学校各项工作进行有机整合,为名师引领工作的常态化奠定坚实的基础。

一是将名师工作室与学科组理论学习相结合。以名师工作室为核心,成立学科组,发挥名师的示范和引领作用,帮助年轻教师尽快成长。每月一次活动,由名师自己组织,要求有主题、有记录,通过读书分享、成长之路、名师论坛等多种形式,促进名师与工作室成员共同提高。二是将名师工作室与"青蓝工程"相结合。在年级学科组内进行拜师学艺活动,让名师对学科组内的青年教师进行指导,帮助青年教师尽快成长,促使他们在较短的时间内站稳讲台,站好讲台。三是将名师工作室与课题研究相结合。在学校"时时教研、处处教研"的科研指导思想之下,名师是学校课题研究的核心成员,是各级课题的主持人,组建课题研究团队。在他们的带领下,所有课题组成员都参与到省市级重点课题研究中来,以课题研究提升教师的专业素养和科研能力,为提升学校整体教科研水平做出贡献。四是将名师工作室与改薄相结合。根据学校学科教师教学实绩相比薄弱的情况,利用名师资源,发挥名师诊查与调控功能,让名师听诊这部分教师的课堂,查看教师的课后辅导等情况,纠偏教师在备课、上课、辅导等方面的不足,并制订切实可行的措施,提升这部分教师的专业能力并促进学校整体教育教学质量的提高,同时,也促进名师的能力提升。五是将名师工作室与课堂教学模式改革相结合。近年来,学校大力推行课堂教学改革,践行"让学引思"实效、高效的课堂理念,强化"组内异质、组间同质"的小组自主合作探究式学习活动。为加强研究,以名师工作室为基地,以实证课例为材料,利用集体备课和科组活动时间,组织成员对课例进行思考、分析,努力解决改革中遇到的各种问题,极大地提高了教师的课堂教学艺术水平和效果。

经过多年的实践,名师引领教师专业成长取得了丰硕的实践成果。

1. 推动了区域教育均衡

名师引领联盟校教师专业发展的创新路径实践以来,教师的专业水平普遍提升,促进了教育教学质量的提高,推动校际间、城乡间教学质量逐步趋于均衡。我们对比了2013年与2016年三年级语文期终学情调研成绩,发现集团内各校区学科平均分从10分缩小到2分以内,实小集团与乡镇联盟校分差从25分缩小到5分以内。随着联盟校内管理力量、名师数量、整体师资水平实现基本均衡,各学校的办学水平明显改善,彻底改变了一批薄弱学校的面貌,推动了教育教学公平的发展。在城乡区域内缩小了教学质量差距,普遍提升了乡镇联盟校的教师专业水平。

2. 催生了教科研成果

在成果研究的基础上,学校的江苏省"十二五"规划课题"教育均衡背景下名师引领联盟校教师专业发展的实践研究""小学生数学开放性作业的实践研究"均顺利结题。中国教育学会"十三五"规划课题"基于核心素养提升的探究讨论式阅读教学研究""基于书法学科核心素养提升的探究讨论式教学的实践研究"均已开题,集团联盟校古河中心小学申报的中国教育学会"十三五"规划课题"让每一个学生都出彩:小学融合课堂教学新范式的校本研究"也成功开题。

集团教师围绕"名师引领教师专业发展"主题,发表了近百篇论文。在《人民教育》《中国教育学刊》《中国教育报》等国家级核心期刊上分别发表《名师团队:集团化办学的"智慧火种"》《名师引领促成长,尚美花开别样红》《加强教研组建设,促进教师发展》等多篇论文。研究组核心成员多篇相关论文发表于《吉林教育》等省内外核心期刊。同时,集团青年教师围绕"开放性作业设计"主题撰写的多篇论文也已发表于核心期刊。

名师引领联盟校教师专业成长的实践成果不仅提高了教师专业发展水平,也提升了学校的办学品质。2017年7月,我校的《小学生"尚美德育"的实践研究》喜获四年一届的江苏省教育教学成果二等奖。《名师引领联盟校教师专业成长的实践研究》获得盐城市第二届基础教育、职业教育教学成果奖特等奖。

3. 助力了教师专业成长

在名师的引领下,一批青年和骨干教师快速成长,近百位教师在省、市、县基本功竞赛和教学大赛中获奖。在江苏省"杏坛杯"教学大赛中有6人次获奖,3人获得省级一等奖,还有12名青年教师分别获得盐城市小学语文、数学、英语等学科教学优质课大赛一等奖。目前,集团的青年教师中共有228名市、县学科带头人、教学能手和教坛新秀,业务骨干占集团教师的比例,由项目实施前的14%上升到32%。近年的"一师一优课"评选活动中,数十名教师的课获得部优课、省优课。

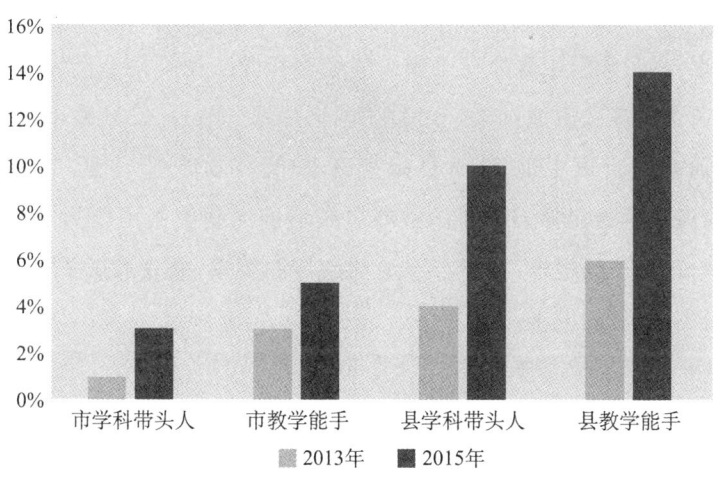

图3-3 骨干教师所占比例对比图

4. 扩大了辐射示范场域

名师引领联盟校教师专业成长路径研究的实践成果,在省、市乃至全国范围内形成了一定的影响力,教师专业成长的特色品牌日益放大,研究成果被越来越多的学校和教师所认同和接受,青海、新疆等地的多所学校的专家学者来我校考察、学习名师引领教师成长的成功经验。

报刊报道:《中国教育报》《江苏教育》(封面介绍)《盐城教育》等多家媒体,介绍了名师引领教师专业成长方面的经验做法;《新华日报》对阜宁实小教师关爱留守儿童举措进行了专题报道;《江苏文明网》对阜宁实小"尚美德育"活动进行了报道。

活动展示:2015年12月,全国六省一市近千名教师齐聚阜宁实小,开展"射河问道语文——指向言语运用的生本课堂"著名特级教师课堂教学观摩活动。联盟校教师代表与省、市名师同台论教,教师们的专业理念与素养得到淬炼。2014

年4月,盐城市德育创新品牌"好妈妈信箱"现场会在集团校召开,阜宁实小教师关爱留守儿童的创新举措在全市得到推广。2014年10月,盐城市"茉莉芬芳"校园文化展示活动在集团校召开,充分彰显学校师生风采。2017年10月,盐城市小学内涵发展现场推进会在我校召开,我校的"尚美花开点滴成蕴"活动现场受到与会的全市各县区领导和同行点赞,尤其反映教师专业发展的创新亮点的"四轮备课",反响热烈。

讲座报告:名师引领教师专业成长的经验和做法在省内外产生了广泛的影响。成果负责人多次应邀讲学,分别在"国培计划(2014)"安徽省小学语文骨干教师高级研修项目班主讲"擎举目标意识,护航高效课堂"专题;在"国培计划(2015)"青海小学语文骨干教师访省外名校培训活动中做了题为"砥砺教师素养,生长学校品质"的报告;2016年应省教育厅的要求,赴青海做了"提升职业素养,铸就崇高师魂"的讲座。

5. 提升了学生核心素养

一位学者曾说过:教育就是一棵树摇动另一棵树,一朵云推动另一朵云,一个灵魂召唤另一个灵魂。近年来,教师专业的快速成长,也使联盟校内学生的核心素养不断提升。2016年12月,我校五年级组在盐城市阅读水平抽测中获得第三名;2017年春,盐城市小学三年级学业水平调研,我校获第四名的好成绩。我校多名学生获省"美德少年"称号,2016年,殷雨轩同学作为江苏省"美德少年"代表,参加四年一届的江苏省少代会。在国家、省、市、县体艺竞赛中,我校每年都有数百人获奖。

表3-1 阜宁实小教育集团名师引领教师专业成长考核表

类别	内容	赋分标准	考核方法	备注
课题研究	参与情况	承担校级课题得5分;承担县级课题得10分;承担地市级课题得15分;承担省级及以上课题得20分。	看课题立项材料	参与研究降一级别
	研究成果	成果在县级、市级、省级及以上发表或获奖分别得2分、4分、6分。	看材料	不在级别及篇数上累计

续表

类别	内容	赋分标准			考核方法	备注
行动研究	均衡交流	凡到地处偏远、教学师资薄弱学校参加支教流动的,按照教学实绩发放金、银、铜奖,分别得30分、20分、10分。				累计满30分为止
	参加教研活动	在校级、县级、市级、省级教研活动中踊跃发言一次分别得2分、4分、6分、8分。			看活动组织者出具的证明及相关材料	累计满10分为止
	读书活动	读书笔记在校级评比获奖得5分,在县级评比获奖得10分。			看资料	
	信息发送	有自己的教学网页或教育博客,且能达到每星期更新一次的得5分。			查看相关网页	
	公开教学	执教校、县、市、省级及以上公开课一次分别得3分、5分、9分、12分。			看资料	可累积计分
	基本功比赛	奖次	一	二	三	看证书	省级（含省以上）
		校级	5分	3分	1分		
		县级	12分	9分	6分		
		市级	18分	15分	13分		
		省级	25分	22分	19分		
	参加会教	奖次	一	二	三	看证书	省级（含省以上）
		校级	5分	3分	1分		
		县级	12分	9分	6分		
		市级	18分	15分	13分		
		省级	25分	22分	19分		
	论文发表	在县级、市级、省级、国家级刊物每发表一篇学科教学专业论文分别得2分、5分、10分、15分。			看资料	必须达到600字及以上
	论文获奖	奖次	一	二	三	看证书	各级教育主管部门
		县级	3分	2分	1分		
		市级	6分	5分	4分		
		省级	10分	8分	7分		

续表

类别	内容	赋分标准	考核方法	备注
辅导学生	指导发表文章	指导学生在县级、市级、省级及以上发表一篇文章(含各种类型),分别得1分、2分、3分。	看资料	只认一个指导教师
	指导参加比赛	指导学生在县级、市级、省级及以上各种比赛中获奖,分别得3分、5分、8分。	看证书	
教学常规	日常管理中	在学校组织的各种形式的"教学六认真"检查活动中,被点名表扬一次得5分。	看记录	
	上级检查中	在各级教育主管部门组织的各种形式的教学视导等活动中,在教案撰写、课堂教学、作业批改、个人成长、活动辅导等方面被点名表扬一次得20分。	看交换情况时的会议记录	
教	平时调研	与原有位次相比,每上升(降)一个名次得(扣)2分。	看统计	
	期末调研	与原有位次相比,每上升(降)一个名次得(扣)4分。	看统计	
	各级抽测	距市平均分每升(降)一个百分点加(减)10分。	看统计	
其他要求	学历进修	45岁以下且未取得本科学历者不参加学历进修的扣5分。		
	个人表现	年度考核为不合格或被有关部门通报批评、处分的扣50分。		
总分		等级		

注:各学校依据个人总得分,按教师总人数的10%、20%、65%—70%、0—5%的比例确定优秀、良好、达标、待整改各人等级;每个学年度结束时,按教师人数的2%,确定人选上报参加市"教师专业成长先进个人"的评比。

表3-2 名师工作室名师考核评估标准

工作室名称		姓名		
考核项目	考核细则	分值	自评得分	复核得分
一、个人基本表现（20分）	1. 职业道德：无违反师德师风"十个禁止"行为或在年度考核中"合格"以上（5分）；有违反行为或在年度考核中"不合格"（0分）。	5分		
	2. 常规工作：有三年发展规划（1分）；年度计划总结（2分）；每季度上报工作绩效（2分）。	5分		
	3. 工作例会：每月参加一次"工作室"例会，并有研讨交流记录。每次活动时间不得少于2个小时。合计参与次数5—7次（2分）；8—10次（3分）；10次以上（5分）。	5分		
	4. 网站建设：积极参与网站建设，年度上传或提交资源5篇次以上（5分），3—5篇次（3分），1—2篇次（1分）。	5分		
二、工作绩效（55分）	5. 校本教研：本年度本校教研活动个人活动记录20次以上（10分），10次—20次（5分），10次以下（0分）。 说明：此项要有教研组长和教科研部门盖章。	10分		
	6. 示范课或讲座：每学年度，校内评课不少于8节（4分，无记录0分）；本年度在本学科范围内，县级以上示范课（或讲座）不少于3节次（6分），市级以上公开课（或讲座）不少于1节次（5分）。可累计加分。	15分		
	7. 送教下乡：有本人公开课（或讲座）经历，且有计划和教学设计（或讲稿）等相关材料，每次2分；无相关材料0分。可累计加分。	10分		
	8. 结对帮教：到农村学校或城镇薄弱学校结对帮教，每学年不少于4次，帮教对象明确，有计划、有落实、有成果且有过程性材料（每个帮扶对象5分）；对象不明确或无过程性材料该项为0分。可累计加分。	10分		
	9. 学科教育教学模式创新与应用：创新学科教育教学模式，受到学生和家长认可，在校内、县（区）内、市内、省内推广应用，分别计2分、4分、6分、10分（附推广应用材料）。	10分		

续表

考核项目	考核细则	分值	自评得分	复核得分
三、工作成果（25分）	10. 课题研究：参与市级以上课题研究，有阶段性成果或已结题，并通过鉴定或在市级及以上正式刊物（有CN刊号）发表与课题有关的教育教学论文。课题立项（1分）、阶段性成果（课题相关获奖或发表论文等）（2分）、结题（5分）。	5分		
	11. 论文发表或获奖：省级以上，有CN刊号的教育教学教研论文每篇4分，省级一等奖以上每篇6分，国家级一等奖每篇10分。可累计加分。 说明：同一篇论文在课题研究、发表或获奖中只能使用一次。	10分		
	12. 教学比赛：国家级一等奖以上10分；省级一等奖以上6分；市级一等奖以上4分；县区级一等奖或市级二等奖2分（含指导学生获奖）。 说明：同项比赛只取最高项，不重复计算，不同项比赛可累计加分。	10分		
总　　分				

二、名师引领的路径

针对联盟校内教师专业成长路径模糊不清、措施不到位等不足，我们探索了名师引领教师专业发展的行动路径：聚焦个人职业自觉力、校本研修实践力、组织场域影响力三个核心，开拓了城乡共生联盟、全息校本研修、赋权品格管理三个名师引领教师专业发展的成长路径。

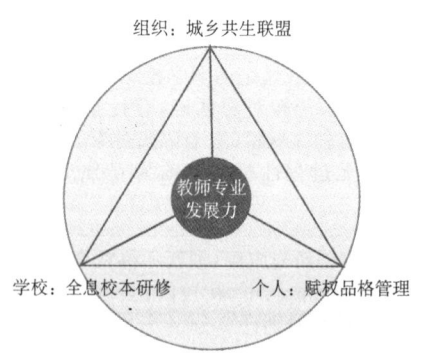

图 3-4　教师专业发展的多维立体路径示意图

(一)城乡共生联盟:发挥教师专业发展场域影响力

我们将城乡学校间、中心校与村校间、平行校际间、名师与普通教师间存在的相互影响、相互促进的关系称为共生。教师专业发展场域是指由多要素及组织机制构筑的客观关系网络,以促进教师从非专业化形态发展成为专业人士。

为扩大名师引领联盟校教师专业成长的深度与广度,推进区域教育均衡与公平,研究组建立了以校区、集团、城乡为场域的城乡教师共生联盟,积极探索提升教师专业水平、推进教育均衡发展的有效途径。

1."青蓝"精准结对

名师以"精准帮扶"的模式引领青年教师专业成长。学校成立名师工作室,在遴选名师时,关注名师特长,进行统计分类,评选出"管理名师""教学名师""教研名师""技能名师"等不同类型的名师,瞄准青年教师的"最近发展区",进行精准高效帮扶,搭建名师与青年教师间的个体共生场域,并定期组织优秀教案评比、课件制作比赛、课堂实录、教学反思论文评比,并择优参加各级教学基本功比赛。"精准帮扶"准确有效地解决了教师的短板,使教师的业务能力得到快速提升,有效地促进教师的专业成长。

2. 名师质数均衡

通过"轮岗"模式让名师流动起来,好资源、好教师源源不断地送到了集团校中的薄弱校区、乡镇联盟校,在名师质量与数量上实现城乡均衡,推进教育公平。联盟校内也考虑到管理平衡,派业务和管理上的"双优"型人才担任薄弱学校重要岗位的职务,并定期开展流动,为教师专业成长提供了有力的保障。集团校区间要实现办学水平均衡,教学管理资源是关键,教师专业水平是保证。按规定,在同一所学校任职满两届(一届任期为 3 年)的校长,须在集团校内的学校间进行流动。在领导队伍配备上,由集团校通盘考虑,做到优势互补,能级对应并定期开展流动。要求校长必须由管理经验丰富、年富力强的班子担任,学校的中层必须是市学科带头人或教学能手,确保领导班子坚强有力。

3. 城乡双向流动

为推进联盟校均衡发展,在区域主管部门的统筹下,联盟校每年选派部分教师到联盟龙头校进行顶岗培训学习,通过两年的学习,加速他们的专业成长,使他们回到原学校后能成为学校的业务骨干。参加顶岗的教师,在顶岗学校同教研、同考评,回原单位后在职称评定和"评先评优"中予以倾斜,激发联盟校教师顶岗交流的积极性,促进顶岗制度健康有效地推行。顶岗制度推行以来,一批批联盟校优秀教师的到来,为学校注入了新鲜的血液,激发了教师的潜能,促进了学校的发展。交流到城区学校的教师,在新的学校里认真学习、虚心请教、自我加压,快速提高了教学水平,拓宽了视野,有效提升了自身的综合素质,促进了优质教育资源的均衡。一位顶岗教师在回校后写了一篇顶岗心得,里面说道:"虽然工作近十年,但是教学中还是有不少困惑,在教学方法和策略上思路狭窄。在顶岗交流的这一段时间,我边教边学,取得了很大的进步。我觉得参加顶岗交流,既是我们个人专业成长难得的机会,也是促进学校共同提高的良好途径。"由此可见,轮岗流动的常态化,不仅有效促进了优质教育资源的均衡,而且加快了教师的专业成长。

同时,联盟龙头校会派遣优秀教师到师资力量匮乏学校进行支教,立足课堂,发挥示范引领作用;夯实教科研措施,为薄弱学校输送新的教育教学理念,促进了农村学校教师的专业成长,同时也提升了自身专业发展水平。

城乡共生联盟教师流动的常态化,加速了教师的专业成长,推动了校际与区域教育均衡,实现了教育公平。

(二)全息校本研修:提升教师专业发展实践力

全息校本研修,是指立体式的、全方位的校本教研活动,通过由名师引领的四轮备课、上课、听评课、教科研等活动,让教师在名师引领、同伴互助、个体反思实践中实现专业全面发展的校本研修模式。从线上、线下两个层面出发,线下指:组织线下特色教研活动,联盟校际内开展了"四轮备课""四步教学法""课堂听诊"等活动,从备课、上课、听评课三个方面,助力教师专业提升。线上指:开辟线上学习研修特色路径,联盟校际利用"互联网+"技术,协同设立名师工作坊,利用资源云平台提供丰富的学习资源,开放"尚美BBS"论坛让教师互动交流。我们采取线上线下交互进行、两线并举的策略,全面提升教师专业素养。

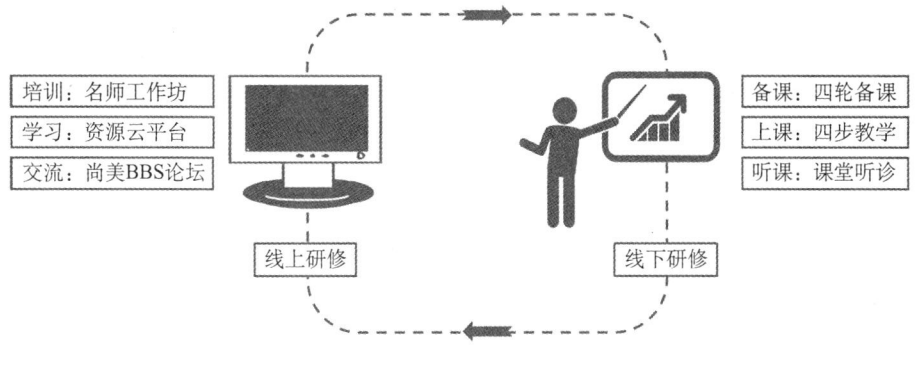

图3-5 全息校本研修示意图

1."四轮备课",提升教师的学习创新力

备课指教师根据学科课程标准的要求和本门课程的特点,结合学生的具体情况,选择最合适的表达方法和顺序,以保证学生有效地学习。备课分个人备课和集体备课两种。集体备课能够集思广益,采撷备课组全体成员的长处,互相借鉴,让教师抓住教学以及学生的共性问题,发现规律,更有效地指导学生,解决教学实践中的问题,实现组内资源共享,共同进步。集体备课有利于年轻教师的专业成长。人们常说:师指一条路,烛照万里程。听师一席话,胜教几年书。从某种意义上说,集体备课是年轻教师成长的"摇篮"。集体备课的过程实际上是教师的研讨过程,是教师用研究的眼光来看教材、学生和教师自身的过程。这也符合新课程对教师提出的高要求,即教师要充当研究者的角色,这样有利于教师的专业化发展。因此,针对联盟校内教师构成复杂、教学水平参差不齐以及假备课、假教研现象的问题,现已打造名师主导、全员参与的集体备课新模式,成为促进教师专业水平提升的有力保障。近年来,联盟校创新备课模式,探索出了"四步走"战略,也称为"四轮备课法"。

(1) 第一步:名师主备。

联盟校语文、数学、英英和音体美等26个名师工作室负责人,每人带领一个5人左右的学科团队,分别负责本学科教案的初稿主备。要求名师们提前一周,在各自的工作室钻研教材,梳理重难点,设计学习活动,制作教学课件,形成教案初稿。名师备课时坚持做到"七备五让","七备"即备理念,备目标,备教材,备学生,备学法,备引语,备生成。"五让"即为,一是要让"预习权",我们要把预习作业的设计,纳入备课中,让学习在走进课堂前就已经发生。二是要让"研讨权",我们主张每节课至少应该有两次以上的学生自主学习的活动设计,展开生生、师生多向互动,教师要走下讲台,参与、指导学生讨论;学生要走上讲台,展示、交流和接受质疑。三是要让"话语权",要把学生与教师的对话权、学生与学生的对话权、学生的阅读展示权、学生的动笔时间权交给学生,教师做到能不说的坚决不说,能不讲的坚决不讲,只有这样学生才能敢说、能说、会说、善说。四是要让"沉默权",我们认为"让学引思"理念下的课堂,不仅是学生言说和争辩的场所,也是学生倾听和沉思的旷野。在教学中,应该送还给学生聆听时的沉默权、提问后的沉默权、深思时的沉默权。每节课至少留五到八分钟让学生静思默想。五是要让"质疑权",教师应把"质疑权"交给学生,教给学生学会质疑,让学生在质疑中学习,在质疑中提升,在质疑中探索,在质疑中创新。

(2) 第二步:组内试教。

名师主备形成初稿后,先在学科组内小范围试教,组内名师及部分骨干教师参加听课,分别从"让""学""引""思"四个维度对课堂进行研判。针对教案实施情况进行审议,形成初稿修改意见。着重围绕"三引"对教案初稿进行评估,即:一是要巧设教学情境,引发学生学习兴趣。教师要在创设生活化、游戏化、探究化的教学情境上下功夫,兴趣是最好的教师,学生只有对学习的内容感兴趣,才会产生强烈的求知欲望,积极主动地参与教与学的全过程。二是要精化课堂提问,引导学生的学习方向。教师要精心设计不同层次的问题引导、启发学生,问题的难度应处在学生的最近发展区,要有利于拓展学生思维的深度与广度,点拨的时机要在疑难之处,在思辨之处,在学生心有悟而不得,口欲言而不能之处。三是要创设交流空间,引发学生自主体验。学生要发展,就必须体验学习的过程。通过组织生生合作探究、小组合作探究、班级集体探究,使学生互相促进,共同提高。在活动中,学生体验到的不仅仅是对知识的感知和认识,更是同学之间情感的交流,思维火花的碰撞。之后主备人根据评审组的意见,修改教案,形成教案二稿,上传至联盟校学科邮箱。随后,各执教者及时下载二稿教案,在熟悉教材、熟悉学生的基础上,认真研读教案,提出建议和困惑,在初稿预留的空白处,写下自己的思考。

(3) 第三步:全员研讨。

第三轮备课分两次进行,一次是"周日讲堂",每周的星期日晚,联盟校所有教师集中到中心校区,按年级分学科在相应的 26 个教室,主要研讨下一周周一、周二、周三的教学内容。"周日讲堂"的基本流程是:先由主备人说备课的思路、重难点突破的策略以及学生活动的设计;然后随机抽签确定教师,以微课的形式展示教学流程,同时演示教学课件;最后,大家针对教案提出困惑和建议,充分研讨后形成二次修改意见。主备人再次修改教案,形成教案三稿。第二次是"半日研修",每周的周二、周三、周四下午及周五上午,分别进行各学科的半日研修。每半天为一个学科,教者分年级集中借班授课,主要研讨周四、周五教学内容。研修的基本流程是,先由两位教者根据三稿教案上课,随后展开评课,评课时要求大家大胆质疑,反复推敲,形成三次修改意见,再由主备人修改定稿,统一印发执教者。两次全员研讨确保做到课程全覆盖。全员研讨重点研究如何催生课堂"学思和鸣"。

一是把握好学生学习的时间。在伏尔泰的作品中曾经提到过一个谜语:"世界上有一样东西,它是最长的也是最短的,它是最快的也是最慢的,它最不受重视但却又最受惋惜;没有它,什么事也无法完成,这样的东西可以使你渺小地消灭,也可以使你伟大地永续不绝。"没错,它就是时间。一节课只有 40 分钟,学什么,如何学,教师要在备课时充分考虑。教学目标的确定要准确,重点、难点要把握精准。教师的"讲"和"引"要恰到好处,留出更多的时间让学生自主学习和思考。不能人为的规定一节课教师讲多少时间,学生思考多少时间,而要根据不同学科、不同课型来把握。

二是要研究合作探究学习小组的搭建。合作探究学习小组是班级授课最基本的单位。学习小组的构建对学生的学习至关重要。首先要科学、合理地组建学习小组,促进学生共同参与。每个学习小组要注意组内异质、组间同质,分组体现民主性和科学性,要在小组的人数上、座位上研究。其次要明确合作学习小组功能。学习小组要能解决学生疑难问题,互帮互学,达到"兵教兵"的目的。差生在优生的帮助下得到提高,优生在倾听差生的发言中,自己得到进一步的巩固和提升。学习小组要有检查纠错功能,教师不可能一一解决学生不同的问题,当学生有难题时,因为他们思维接近,更愿意在小组中交流、解决问题,达到事半功倍的效果。

三是教师驾驭课堂的教学能力要加强。课堂是千变万化的,学生思维是千姿百态的,课堂是动态生成的,不是按照备课事先设想好的、一成不变的,需要教师在课堂上动态把握,高屋建瓴,随时发现学生思维的困惑点和闪光点,适时调整教学进度和方向,更有效地引导学生深层次地学习和思考。这就需要教师不断地学习,深入体会"让学引思"课堂教学改革的精髓,提高业务素养,轻松自如、高效地驾驭课堂。

(4)第四步:个性备课。

第四轮备课要求各位教师根据名师工作室提供的三轮备课稿,结合班级学生实际和个人的教学风格,加入自己的思想,形成教案四稿,交学科组审核批准后,在课堂上予以实施。经过多轮磨合,确保教案的实用性和规范性,体现教师教学的共性与个性,既实现保底,又体现拔尖,切实提升了集体备课成效。个性化备课,还要"备"中有"法"。在一节课的学习中,哪些知识点是本班学生最容易混淆或出现错误的,都要在个性化备课时精心安排和细心思考。在个性化备课中,我们探索出"五大"基本完善方法,即"标、增、改、删、调"。具体做法如下,标:标记导学案中的重点环节、重点问题、主要知识点以及典型性、易错性等内容,以便在导学进程中引起注意。增:增加自己认为必要的导学内容、导学方法,对原导学案中有关环节进行具体的补充说明。改:改换导学案中的一些不符合本班学生水平实际,不适应本班学情的教法和学法。删:删除导学案中自己认为不必要的导学内容环节。调:根据需要调换导学内容及导学环节的呈现形式,调整原导学案导学过程设计的先后顺序。

为了保证"四轮备课"的教案在课堂发挥最大效能,还应采取一系列措施:一是强化教案内化,课堂授课前,要求所有教师必须对"四轮备课"终稿反复研读,做到对基本环节了如指掌,重难点突破方法牢记在心,确保课堂脱稿授课。二是强化听课诊断,学校要求管理班子所有成员每天坚持推门听课,时刻防范备课、上课"两张皮"现象出现。三是强化导向调节,紧紧围绕课程目标重点,认真分析每一堂课的教学得失,随时调整备课着眼点,让教师切身享受到"四轮备课"带来的质量成果。

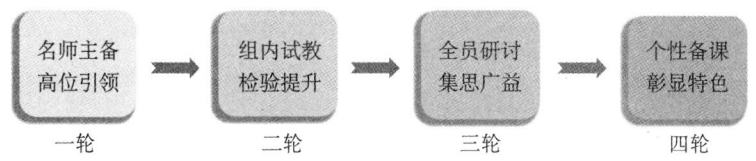

图 3-6 四轮备课流程图

实践证明,"四轮备课"的创新之举,产生了资源共享、理念共建、群体共进的效应,有效地提升了课堂教学质量,缩小了区域校际间差距,助推了教师的专业成长。

2."四步发现教学法",提升教师的教学实践力

备课是基础,课堂才是教育教学的主阵地。在实施"四轮备课"的基础上,为提升教师专业成长的实践力,依据"让学引思"课堂教学理念,名师团队创立了"四步发现教学法"。

一是依据学情,发现学习点。找准学情,精准定位学习目标,发现学习点是"让学引思"课堂的关键。学习目标是建立在充分了解学生学情和学生学习需要的基础上,由师生共同发现的。"教什么,怎么教""学什么,有什么收获"是师生课堂的落脚点,整个课堂学生学有目标,教师的教才有方向。

二是合作探究,发现探究点。学生是课堂的主人,课堂学习就是让学生亲身经历学习过程。构建"组内异质,组间同质"的学习小组,在课堂上,让出时间、空间,让学生带着目标中的问题开展合作探究,通过合作探究活动的开展,教师要发现有价值的探究点,培养学生自主学习能力、团队意识以及探究精神。

三是课中问诊,发现生长点。教师是课堂教学的组织者、引导者,驾驭课堂、把控学生的学习状况,关注课堂生成体现教师的课堂实践能力。课堂上,教者适时评价,问诊学生学习状况,发现新的学习疑点、难点、生长点,通过激励、引导、点拨,让学生"跳一跳能摘到桃子"。

四是当堂检测,发现收获点。当堂检测环节,教者要分析学生课堂检测状况,全员达标是课堂教学的追求,检测内容必须与目标相吻合,要做到"一课一得",课课有收获,确保每个学生学有所获,并及时对课堂进行调控。

联盟校内"四步发现教学法"的推行,有效地践行了"让学引思"的教学理念,极大地提高了课堂的效率,促进了城乡联盟校教师课堂教学水平的快速提升,推动了

教育的均衡与公平。

3."课堂听诊",提升教师的反思调控力

课堂是检验教师业务能力的实践场。听课是一种对课堂进行仔细观察的活动,它对于了解和认识课堂有着极其重要的作用。课堂上许许多多司空见惯的问题经由听课者自觉地观察,就可洞见到很多值得探索、深思的地方。听课是提高教师素质,提升教学质量的重要方式。评课是指对课堂教学成败得失及其原因作中肯的分析和评估,并且能够从教育理论的高度对课堂上的教育行为作出正确的解释。具体地说,评课是指评者对照课堂教学目标,对教师和学生在课堂教学中的活动以及由此所引起的变化进行价值的判断。评课是教学、教研工作过程中一项经常开展的活动。评课的类型很多,有同事之间互相学习、共同研讨评课,有学校领导诊断、检查的评课,有上级专家鉴定或评判的评课,等等。落实课堂听诊,注重教师专业发展反思调控力的提升,是催化教师专业成长的重要路径。

一是名师听诊课。名师是引领联盟校内教师专业成长的核心,名师在上好示范课的同时,还要听诊普通教师的课堂,构建"两问两看"听评课模式:一问教师让得是否充分,二问教师引得是否得法;一看学生学得是否扎实,二看学生的思维是否得到发展。从这四个维度听诊课堂,不断对照反思,取长补短,优化课堂设计,提升专业素养。

二是微格研讨课。微格教学,是师范院校中常用来帮助师范生学习教学或者检查师范生教学的一种方式。由于指导教师不可能用一个上午检查4位师范性,每人各45分钟的一节课,于是就借微格教学的方式,即用20—25分钟上一节微格课,检查师范生的教学基本功。一般20—25分钟的课堂也应该算是结构基本完整的一节小课,按自然流程实施,应有明确的教学目标和完整的教学程序以及恰当的教学手段、方法等,包括充分的学生活动。

在名师引领的教学研究中的微格研讨课指对名师和青年教师的教学过程进行录像,然后微格分析,帮助教师发现课堂亮点,提炼教学策略,吸收他人教学经验,从而快速提高教学水平的一种方式。

三是教法争鸣课。联盟校积极鼓励教师进行创新教学理念的实践,举行教师"创新课"大赛,鼓励有思想、有特色、有鲜活力的课堂呈现在大家面前,经过研讨、

检验、鉴定,收获课堂教学方法与经验,百家争鸣,百花齐放,激发教师张扬教学风格,形成教学主张。

(三)赋权品格管理:催生教师专业发展职业自觉

教师的品格管理是指对教师的职业品味和性格进行分析、计划、塑造和评价的过程。"赋权品格管理"就是让教师获得自主权和行动权,将自我发展和提升的权利还给教师,助力教师职业自觉力的形成。联盟校开展了"四大工程"来催生教师专业发展职业自觉。

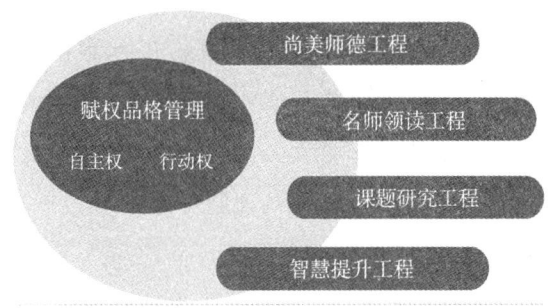

图 3-7 赋权品格管理示意图

1. 尚美师德工程,提升教师专业发展内驱

人格精神是教师专业成长的内驱。联盟校在"尚美德育"的前瞻理念引领下,广辟师德培养路径:以"尚美教师"系列评比、宣讲活动为载体,培植师德文化,蕴化"尚美师心";立足铁军精神,广汲红色乡土资源,丰富师德内容,铸造"尚美师魂";优化学校、家长、社会"三位一体"师德模式,陶冶"尚美师情"。

2. 名师领读工程,引领教师专业发展学习提升

联盟校以名师工作室为载体,设立书友会,开展名师领读活动,制订个人发展规划,强调读书学习的重要性,定期进行读书交流活动,定期举办沙龙培训。名师工作室经常发起、组织读书交流活动和好书漂流活动,加强联盟校级读书交流,让教师们把自己学习的心得体会与其他教师交流分享,引导教师们在互动与碰撞中形成教育共识,共同提升。落实有知名度的名教师牵头,通过微信群建立教师阅读书友会,每周确立读书主题,积极组织教师讨论,要求每位教师都要在群内留言发声,畅谈自己的阅读体会。如,读《诗经》主题,从释义考据、技巧揭秘、古意新解等

多维度对经典篇章进行品析,既积淀了人文素养,也训练了文本解读的能力,另外可以在教师间掀起学古诗、吟古诗的热潮,引领教师不断提高知识水平,提升教师专业发展学习能力。

3. 课题研究工程,提高教师专业发展研究能力

研究能力是教师专业发展职业自觉力的重要组成部分。教育家苏霍姆林斯基曾说:如果你想让教师的劳动能够给教师带来乐趣,使每天上课不至于变成一种单调乏味的义务,那你就应当引导每一位教师走上研究这条幸福的道路上来。科研,使教师获得一种智慧的生存方式。没有研究,教师就不能将自己的教学专业化。教师要从教育教学课题研究中出现的问题和现象出发,根据自己的切身经验、心得、教训以及接触到的有关材料,梳理出来一些具有共性或重要的问题,尽其所能地提炼出最为普及的方法和道理。联盟校围绕教学实践中的真实问题,以课题研究为抓手,成立以名师为核心、全员参与的课题研究组,通过观察、调研、合作等形式开展研究,引导教师从学习型向研究型提升。

4. 智慧提升工程,激发教师专业发展反思调控力

反思调控力是教师职业自觉力的重中之重。教师的反思力是教师在职业活动中,把自我作为意识的对象,以及在教育教学过程中,将教育教学活动本身作为意识的对象,不断对自我及教育教学活动进行积极、主动的评价、反馈、控制和调节的能力。反思力是教师多种能力的综合体现,也是教师专业持续发展的一种必备素质。学校开展课堂反思、班队管理反思、观摩学习交流反思等自我思考活动,课课反思,处处问学,激发教师自我成长。

第四节 名师引领学校联盟教师专业发展的动力机制研究

教师专业发展主要包括内驱力与外驱力,教师专业发展的动力来自外界环境的"促动"与内部自我的"重构",这两种力量推动教师专业发展的过程就构成了"专业发展动力机制"。无论是发展内力还是发展外力,都需要教师专业原创力的支持与奠基。教师专业发展的内力与外力是生长在其专业原创力的根基上的。教师专业发展动力的主要机制有以下三个方面。

（一）教师专业原创力生成机制

"原创"就是原始创造性活动，即创造出世界上独一无二的新生事物的实践活动。原创力是事物发展的根本动力，是事物永葆青春活力，呈现出与他物之间的差异性，确保自身的新颖性与独特性不断涌现的一种力量。从新事物的生成方式来看，大致有两种：一种是原创，另一种是拼接，即对原始创造进行重新组织与加工。相对而言，前一种生成方式具有突发性、涌现性、不确定性，后一种生成方式则具有一定的确定性与技术性。可见，后一种生成方式相对原创方式而言，具有衍生性与附属性。教师专业发展也是如此，教师如果没有足够的原创动机，不掌握一些原创的思考与实践方式，不能给教育实践提供一些原创的图式，教师的专业发展就可能始终处在模仿、跟随阶段，其专业发展的高峰期就很难出现。教师的专业原创力来自教师以一种独特的角度看待教育问题，用一种个性化的方式应对教育实践问题，用一种常人不敢想、不敢做但又合乎教育规律的方式参与教育活动。正是在这一系列独一无二的想法与做法中，教师的原始成长力得以产生与形成，这种力量构成了教师一切发展力量的总根源。

（二）教师专业发展动力转化机制

教师生活在教育环境中，受到教育环境的影响与促动，这种影响关系构成了教师自身与教育环境间的动力关系。这种动力关系的实质即"转化关系"，即外力向内力的转化。无疑，任何专业发展外力都作为教师的"专业成长环境"而存在，都无法转变成直接增强教师专业发展强度、改变教师专业发展方式方向的物质力量。究其原因，主要有两个：其一，教师任何一个专业行为的改变都源自个人的自愿、情愿、自主，没有任何力量能够直接改变教师的自我选择与自我行动；其二，教师专业发展的外力与内力是两种不同性质的力量，其中，"发展外力"是一种迫使教师专业自我改变的强迫性力量，而"发展内力"是一种自愿改变专业的、自我的力量。故此，两种力量只有通过转换这一环节才能实现对教师专业自我的实质性转变。

教师专业发展外力向发展内力转化的途径是多样的，譬如教师对外界教育环境要求的体验、接受、理解、认同，对各种外力的积极评估等，都可能促使这一转化过程的发生。当然，影响这一转化机制正常进行的因素是多样的，如教师自身的专业知识储备与理解能力，教师的价值立场与专业水平、教师的专业实践经验，教师对社会、学生的换位理解能力等,都构成了制约教师顺利将外力同化、内化为内力的因素。无疑,一旦这种转化过程完成,教师专业发展的内力就可能大大增强,其专业发展的实力与潜能就会被大大激发,教师专业发展的前景就会变得日益敞亮与辉煌。对教师而言,一切专业发展外力、环境只是"耳边风",被他们所"熟视无睹",始终处在教师专业发展眼光的阈限之下。

(三)教师专业发展动力复合机制

教师专业发展动力既需要转化又需要复合,前者改变发展动力的性质,后者则将各种发展力量聚合成为强大的现实性专业发展力量。在教育实践中,教师每一个教育行为的产生都是多种专业发展动力驱动的结果,譬如,教师想教好书、提高教学质量,不仅是个人专业自我超越的内在需要,也是社会、学校、家长外来压力在教师身上转化而成的外来动力,更需要教师具有一定的原创力来应对,并确保形成有效力的教育教学方式与策略。因此,教师专业发展动力在具体教学实践中的复合是一种常见现象。在教师专业发展动力的复合中,最重要的一个问题是以什么为基轴复合。教育行动是教师教育实践的原始构成单元,每一个教育行动都是一个矢量,由两个部分构成:其一是教育策略,其二是教育方向。前者构成了教育行动的内容,后者构成了教育行动的向度。在教师专业发展动力复合中,针对具体教育目的而展开的教育行动是实现各种教师专业发展动力复合的一个纽结或纽带,是加速教师专业成长力聚合、聚焦,形成最大化专业发展合力的关节点。在工作中,围绕特定教育问题的解决,首先,教师需要一种原创性的思维力与创造力,得出对于该问题解决有特殊效力与针对性的行动图式与行动策略;其次,教师需要将来自工作任务的压力与挑战专业自我的能力融入自身的专业行动中,实现对整个工作过程的有力配合与参与,达到对具体教育工作的胜任和最终取得成功。因此,教师专业发展动力复合的主要目的有两个:一是"三力同向",即确保教师的三种专业发展动力与具体工作目的协调一致;二是"合力增大",即减少三股力量间的内耗,努力实现有效专业发展动力的最大化。

根据以上理论基础,名师引领联盟校教师专业成长的动力机制主要侧重于以下五点。

1. 价值呼唤

集团校先后安排国家、省、市等各级名师为一线教师组织师德师风及业务技能培训,发挥榜样引领示范作用,呼唤教师的职业价值情怀。通过活动让教师明白自己是继承和发扬文化遗产的桥梁,连接过去、现在和未来,明白"学高为师,德高为范"的重要性,深刻认识所从事职业的价值和意义,坚定职业信念。

2. 制度引领

联盟校制订了轮岗制度、教科研奖惩制度、绩效考核方案、顶岗教师考核方案等各项制度,为教师专业发展力的提升提供经费保障、时间保障、智力保障。联盟校设立教师专业成长专题研究组,确立"基础层—发展层—实验层"的研究模块,建立"教坛新秀—教学能手—学科带头人—名教师—特级教师"的名优教师发展梯次,并以此为参照评定名师引领教师专业成长的效果,让教师专业成长的进度看得见、摸得着。

3. 平台助推

联盟校为教师搭建一系列自我展示的平台,如骨干教师微格研讨课、青年教师教法争鸣课、"让学引思"优质展评课、"尚美"教师基本功大赛等,促进教师专业发展力提升,一大批教师脱颖而出,走上了县、市、省的展示舞台。

4. 载体驱动

集团校先后邀请南京师范大学徐雁教授、著名教育家成尚荣教授、特级教师孙双金等为联盟校教师开设示范课或讲座。联盟校还多次安排教师去北京、南京、徐州、无锡、张家港等地参加国家、省、市级教学研讨活动,将高质量的学习资源带给教师,鼓励教师淬炼自己的专业素养,充盈自身的教师专业内涵。联盟校组织名师工作室定期开展教育教学工作研讨沙龙,探讨教学中的得失;利用"互联网+"技术组织网络沙龙研讨,在网络平台及时交流对专业发展的思考与困惑;每周两次集体校本研修,即听即评即思,化解疑点难点。这一系列举措为联盟校教师实现线上线下资源共享、理念共建提供了高效的载体。

5. 资源激励

联盟校通过名师引领的方式,为教师专业成长提供充足的物化学习资源。名师工作室环境温馨,各级各类学科前沿报纸杂志齐全。咖啡小屋式的阅读书吧,让教师在休闲中获得提升。联盟校际还利用网络平台,建立电子图书馆、备课资料库、优质课视频库等,为教师提供丰富的学习资源。

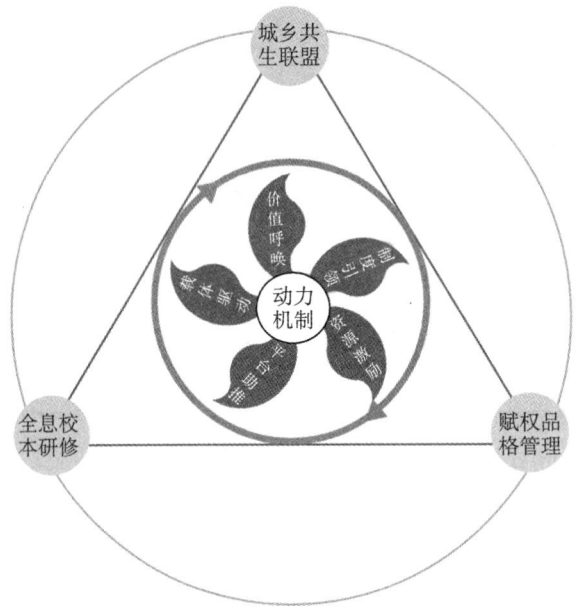

图 3-8 教师专业成长动力机制示意图

阜宁实小教育集团教职工绩效工资考核方案

为建立符合义务教育特点的收入分配制度,依法保障教师的收入水平,充分发挥收入分配的激励导向作用,调动广大教职工的积极性、创造性,根据《教育部关于做好义务教育学校教师绩效考核工作的指导意见》(教人〔2008〕15号)和《江苏省义务教育学校教职工绩效考核工作指导意见》(苏教人〔2009〕24号)、《阜宁县义务教育学校绩效工资实施办法》精神,结合我校实际,拟定《阜宁实小教工职奖励性绩效工资考核方案》(以下简称《方案》)。

一、指导思想

教职工绩效工资考核工作以科学发展观为指针,以提高教师队伍素质为核心,以提高教师工作绩效为导向,着力构建符合教学规律和教师职业特点的导向明确、标准科学、体系完善的教师绩效考核评价制度,促进教师的全面发展,促进素质教育的全面实施,促进教育教学水平的全面提高。

二、基本原则

1. 分类绩效的原则。把在编在职在岗的县财政供养人员分成各个类别进行考核。

2. 向教学一线倾斜的原则。把教学放在首位，突出教学的实际表现和贡献。

3. 激励性原则。为调动教职工的工作积极性，单位绩效工资总额中提取5%部分作为超工作量的补贴。

4. 客观公正、简便易行的原则。根据学校以往考核的实际和经验，坚持民主公开、科学合理、程序规范、量化积分、讲求实效、力戒烦琐。

三、考核范围与对象

按国家规定执行事业单位岗位绩效工资制度的正式工作人员（包括顶岗教师）。

四、绩效工资的构成和发放办法

绩效工资分为基础性绩效工资和奖励性绩效工资两部分。

（一）基础性绩效工资

基础性绩效工资占绩效工资总量的70%，根据县有关规定按月考核发放。

（二）奖励性绩效工资

奖励性绩效工资占绩效工资总量的30%。由政府人事、财政部门以绩效工资总量的30%测算，而不是按30%标准对应发放到每个人，与职称、工教龄不相对应。奖励性绩效工资主要体现工作量和实际贡献等因素。在项目设置上，包括校长奖励性绩效工资、班主任津贴、教职工奖励性绩效工资及不低于5%部分作为超工作量的补贴。

1. 校长奖励性绩效工资。由教育局制订实施办法，报县人事、财政部门审批后实施。标准由县人事、财政、教育部门核定，经费在全县核定的奖励性绩效工资总量内列支。具体见《阜宁县义务教育学校校长奖励性绩效工资实施办法》。

2. 班主任津贴。原国家规定的班主任津贴与绩效工资中班主任津贴归并，不再分设，纳入绩效工资管理，义务教育班主任津贴按规定标准执行，学校出台具体考核办法，经费在单位核定的总量内列支。具体见《阜宁实小班主任津贴实施办法》。

五、分类及分配办法

1. 在编在职在岗人员（包含顶岗教师）分五个等级，语文、数学、外语教师分为A、B、C三类，非语、数、外任课教师分为B、C、D三类，后勤人员分为D、E两类。

2. 三类均以校区教研组为单位,各占每组人数的1/3。

3. 根据绩效总数确定平均工资的数目,公式为:

$$平均数 = \frac{(学校总额-班主任津贴-校长绩效-特殊人员安排-5\%超工作量的补贴)}{剩余的总人数}$$

4. 浮动基数:每学期每相邻两个等次之间差额为绩效工资人均平均数的3%。

六、教职工绩效考核内容

在学校人均平均数的基础上,每人每学期拿出人均平均数的15%分别进行师德规范考核、常规飞行检查考核和集体备课考核。

(一)总体考核

以学校考核的金、银、铜奖为主要依据,各占三分之一。

1. 分校区实行考核,各占三分之一。

2. 后勤人员以测评为依据,金、银奖比例各占1/2。

(详见集团金、银、铜奖考核办法)

(二)师德规范

主要考核教职工遵守《中小学教师职业道德规范》的情况,特别是为人师表、爱岗敬业、关爱学生的情况。

凡爱岗敬业,品德高尚,一学年无违反师德师风相关条例的教师,即为考核全奖;有下列情形之一的,一经查实视情节轻重处罚:

1. 不服从学校合理工作安排的;

2. 讽刺、挖苦、侮辱学生的;

3. 利用学生座位安排谋取私利的;

4. 工作日中午饮酒以及酒后进教室,酒后辅导学生的;

5. 乱推销资料,乱收费的,除退还相关费用外还要扣罚;

6. 有偿家教的;

7. 接受家长馈赠和吃请,参加家长出资的高档娱乐活动的;

8. 体罚变相体罚情节严重造成负面影响的;

9. 不遵守社会公德、家庭美德,在生活中或网络上恶意攻击他人,搬弄是非,闹不团结和故意损害地方及学校形象的。

未尽事宜,参照上述条例考核。

(以上条款仅限于教师绩效工资考核,不包含实小集团对违反师德师风的处理规定的内容)

(三)集体备课

根据教师二次备课情况、出勤情况、承担备课工作和教研课情况、发言情况,由各教研组进行总体评价,分为A、B、C三类,各占三分之一,A和C的数量相等。

(四)集团随时检查

详见考核细则,凡在集团随时检查中被查到的违反校纪校规的人和事都要按照考核细则执行。

七、教职工绩效考核程序和办法

(一)考核办法

1. 绩效考核分学期考核结算,年终一次性发放。

2. 考核要做到过程性考核和阶段性考核相结合。

3. 考核要做到自评与互评相结合。工勤和教辅人员要听取服务对象的意见。

(二)考核程序

个人自评。教师个人进行总结和自评,填写考核的相关表册。

综合评定。学校考核小组按照考核标准,结合教师自评,提出考核等次意见。经学校考核领导小组审核,综合评定考核的得分及等次。

校内公示。对考核领导小组综合评定的考核得分及等次进行两天的公示。

对公示无异议者,按考核得分等次兑现绩效工资,并按管理权限报上级主管部门备案。

八、其他有关问题的处理意见

(一)下列人员不发放奖励性绩效工资

1. 师德考核不合格的;

2. 年度考核不合格的。

(二)相关特殊人员处理

1. 批准歇岗人员。经县教育局批准歇岗人员,其奖励性绩效工资按县局绩效工资规定的最高标准执行。

2. 病事假人员。

① 对长期病假的教职工(每学期病事假在15天—1个月的),经过有关部门批准的,绩效工资每学期发放人均平均数的30%,每学期在1个月以上,3个月以下的,经过有关部门批准的,绩效工资每学期发放人均平均数的20%,每学期连续达3个月或一年达6个月以上的,经过有关部门批准的,绩效工资每学期发放人均平均数的10%。未经批准却长期不上班人员不享受奖励性绩效工资。

② 重、大疾病教职工。经诊断为恶性肿瘤、精神病、重症肝炎以及其他经主管部门认可的县级以上权威部门鉴定丧失工作能力的重症病人,奖励性绩效工资按我校教职工奖励性绩效工资的平均额发放(平均额见第五条学校平均数的计算方法)。

3. 原学校领导班子,到龄后同意退居二线的人员,奖励性绩效工资按我校教职工绩效工资的平均数发放(平均额见第五条学校平均数的计算方法)。

4. 经学校和教育局批准的脱产进修人员,不享受奖励性绩效工资。

5. 对中途退休人员、调出人员按学校平均数的标准按月照实计算。

九、考核工作的组织领导与监督

(一)成立校长任组长的绩效考核领导小组,制定学校教职工绩效实施办法,并组织实施。学校考核组成员必须严格执行考核规定,认真进行考核。对不按规定程序考核的,将责令按照规定程序重新进行考核。在考核中凡有徇私舞弊、打击报复、弄虚作假等情况出现的,将从严处理。

(二)本方案经教代会讨论通过,经县教育局审批,报县人事局备案后实施。实施过程中一般不许改动,需变动修改完善的,仍按上述程序进行。

(三)实施考核的全过程公开透明,随时接受教职工的监督和质询。对考核量化分数及绩效工资分配结果进行公示,有意见的要及时核实,考核分值有误的,必须重新确定考核分值。当事人可在规定的时限内提出复核、申诉。各责任部门必须严格执行规定,认真做好复核、申诉的答复工作。

表 3-3　阜宁实小顶岗教师学期考核积分细则

类型	子项	细则	材料提供
基础类	听指导教师课(10)	一次 2 分,要求项目填写完整,内容翔实。	顶岗教师个人
基础类	随堂听课(15)	每学期不少于 30 节,随感、建议充实。少 1 次扣 0.5 分。	顶岗教师个人
基础类	上汇报课(10)	每学期至少 1 次,提供教案、反思、评价表。	顶岗教师个人
基础类	读书笔记(10)	每周 1 次,每次不少于 300 字,字迹清楚、端正。少 1 次扣 0.5 分。	顶岗教师个人
考核类	师德师风 服从管理(0.5)	服从学校工作安排,遵守师德规范。	教科室
考核类	师德师风 班主任(4)	班主任工作按校区分学期考核,一等奖积 4 分,二等奖积 3 分,三等奖积 2 分。副班主任折半积分。	德育处
考核类	师德师风 教研组长(1.5)	年级组长、教研组长,或承担专项实验研究任务的每学期积 1.5 分。	教科室
考核类	过程管理 考勤(1.5)	每学期病事假累计不超过 2 天积 3 分。每学期病事假累计超过 2 天后,每迟到、早退一次扣 0.2 分,病、事假 1 天扣 0.5 分,旷职 1 天扣 1 分,扣完 3 分为止。	德育处
考核类	过程管理 六认真(1.5)	每学期检查考核获一等奖的积 1.5 分,二等奖的积 1 分,三等奖的积 0.5 分。	教导处
考核类	过程管理 课时量(1)	所承担的课时量达到校区平均课时数,积 2 分,不足不得分。	教导处
考核类	教学实绩 基础实绩(25)	按校区分学期进行考核,以集团及县级以上教育主管部门组织的调研考试为准,每学期分三个档次,分别计 25、20、15 分。	教导处
考核类	教学实绩 比进步(10)	按"2017 年阜宁县县城小学选调优秀顶岗教师考核方案"有关条款执行。	教导处

续表

类型	子项	细则	材料提供
考核类	教科研 基本功、赛课(3)	省、市以上一等奖积3分,二等奖积2分,三等奖积1分;县一等奖积2分,二等奖积1分,三等奖积0.5分;集团一等奖积1分,二等奖积0.5分,三等奖不计分。此项按最高级别计入,不累计积分。	顶岗教师个人
	论文(3)	在各级教育主管部门组织的论文(含教学设计)比赛中获奖的,省级以上一等奖3分,二等奖2分,三等奖1分;市一等奖2分,二等奖1分,三等奖0.5分;县一等奖1分,二等奖0.5分,三等奖不计分。论文发表在教育教学类杂志上(杂志不超过130页,且知网可查),评分办法按相应级别论文获奖的一等奖计分。此项累计积分为3分。论文必须与本学年任教的学科或承担的教育教学任务相关的教育教学类论文。	顶岗教师个人
	课题研究(2)	省级课题担任主持人,并已经结题的积2分,未结题的积1分;市级课题担任主持人,并已经结题的积1分,未结题的积0.5分。主持人外的核心组成员折半计分。此项累计积分,2分封顶。课题管理单位必须为省规划办、省教科院、省教育学会、市教科院、市教育学会(省、市教育学会二级学会的不计分)。	顶岗教师个人
	表彰奖励 表彰奖励(2)	集团表彰积0.5分,年度考核"优秀"积0.5分,县局表彰积1分,县委县政府嘉奖、市局表彰积1.5分,市委市政府、省教育厅及以上表彰积2分。此项不累计加分,按最高奖项计入。	顶岗教师个人

说明:1. 基础类为顶岗教师学期过程材料,未交材料的考核等第为C,缺交材料考核的等第降一级处理。2. 考核类中的"教科研"和"表彰奖励"按年积分,其他项按学期积分。

第四章 "四轮备课"引领学校联盟教师专业成长

阜宁实小教育集团在原来集体备课的基础上,经过10多年的精心打磨和实践探索,形成了"四轮备课"的备课模式。其创新点是:一轮名师主备,凸显了名师的高位引领;二轮组内试教,突出观察、检验、提升的功能;三轮全员研讨,突出集思广益的效能;四轮个性备课,彰显教师个人教学特色。联盟校的教师在"四轮备课"模式的引领下,业务水平快速提升。本章节主要介绍了名师引领联盟校教师"四轮备课"的实效性研究,对在"四轮备课"中积极推进"让学引思"课堂教学改革进行了探索,研究了语文、数学、英语学科"四轮备课"引领教师专业成长的个案,提供了"四轮备课"中名师引领教师专业发展的典型案例。

第一节 名师引领联盟校教师"四轮备课"的实效性研究

集团化办学和学校联盟校教育可以把各校的名师集中起来,成立名师工作室,集体备课,集中教研,实现人力与资源的最佳组合,达到资源共享,理念共建,群体共进的目的。阜宁实小教育集团从2012年开始,在面临名师逐渐稀释,顶岗教师不断增多,新教师人数逐年增加的困境的同时,还面对教师业务水平参差不齐,教研水平、教学质量可能下滑的困难,我们在传承中不断创新,创新中不断细化,形成了"四轮备课法",真正将集体备课落到实处,教学质量掌控在手中。

一、名师主备,形成一稿

集团语文、数学、英语和音乐、体育、美术等学科的共计26个名师工作室负责人,每人带领一个5人左右的学科团队,分别负责本学科教案的初稿主备。按照要求,名师团队提前一周,在各自的工作室钻研教材,梳理重难点,设计学习活动,制

作教学课件,形成教案初稿。过程中做到"三个强化":

1. 强化名师的遴选

名师工作室的带头人非常关键,我校各学科工作室的带头人是在市、县学科带头人、教学能手的基础上选择出的业务精湛、敬业奉献的教师,让他们成为名师工作室带头人。成员的配备注重同组异质,由在备课、上课、课件制作、研修上有一技之长的教师组成名师团队,以便发挥整体效应。

为激励名师工作室成员尽职尽责,调动名师的工作积极性,我们制订了奖励措施:一是经费上倾斜,每个名师工作室每学期教研经费15 000元,用于研讨学习;二是提干评优优先,凡是学校班子成员任用都必须在名师工作室成员中提拔;三是职称评聘优先,在量分时参加名师工作室成员,每学期加2分。

2. 强化初备的质量

名师备课时坚持做到"七备五让","七备"即备理念,备目标,备教材,备学生,备学法,备预习,备生成。"五让"即一是要让"预习权",我们要把预习作业的设计,纳入备课中,让学习在走进课堂前就已经发生;二是要让"研讨权",我们主张每节课至少应该有两次以上的学生自主学习的活动设计,学生要走上讲台,展示、交流和接受质疑;三是要让"话语权",要把学生与教师的对话权、学生与学生的对话权、学生的阅读展示权、学生的动笔时间权送还给学生;四是要让"沉默权",我们认为"让学引思"理念下的课堂,不仅是学生言说和争辩的场所,也是学生倾听和沉思的旷野。备课时,要预设学生聆听时的沉默权、提问后的沉默权、深思时的沉默权;五是要让"质疑权",教师要预设质疑的话题,教给学生学会质疑,让学生在质疑中学习,在质疑中探索,在质疑中创新。

3. 强化多媒体课件的实用性

每节课都有多媒体课件,每个课件都要给所有教师使用,必须强调它的实用性,并要求达到"三个便于":一是课件便于修改,因为每位教师要根据自己的教学风格和班级实际情况来教学,课件不是一成不变的,每位教师要修改课件,所以必须便于修改。二是便于操作,我们的课堂是开放的课堂,教学是根据学情来制订的,课件不能按照一个顺序做到底,要有开放性的选择按钮,让教师随着教学的推进自行选择教学片断。三是便于突破重难点,课件要围绕重难点的突破来制作,名师工作室的成员在深入解读教材和了解学生的基础上,选择最佳的方案做成课件,要直观明了地帮助学生突破学习的瓶颈。

二、组内试教,形成二稿

名师主备形成初稿后,先在学科组内小范围试教,组内名师及部分骨干教师参加听课,分别从"让""学""引""思"四个维度对课堂进行观察。针对教案实施情况进行审议,形成初稿修改意见。主备人根据评审意见,修改教案,形成教案二稿,强调"三个必须"。

1. 每节课必须试教

试教是对名师初稿的检验。我们要做到教师随机上课,班级随机产生,通过试教,听课评审小组的人员才能发现教案的不足,发现课堂中"让学引思"存在的问题,以便于进一步修改教案。

2. 每篇教案必须经过评审

评审小组成员在听试教课时我们提出了"五看、五记、五评"的要求,即看教师的教:看组织能力、调控能力、教学机智、练习设计、教学效果;记学生的学:记录参与状态、认知状态、情绪状态、小组活动、互助情况;评教学过程:评价教学思想、教材处理、教法运用、学法指导、教学效率。听课评审组成员将意见反馈给主备人,对教案进行修改。

3. 每位教师必须提前思考

所有教师对所上课的内容在教法和学法上要提前预习,一方面,要求教师深入钻研课程标准和教材,认真学习《教师参考用书》,选择最优化的教学方法,并思考教法组合上是否有特色、关键问题、拓展延伸的每一个知识点是否科学,以及用什么样的方法、手段调动了学生学习的积极性。另一方面,要求教师摸准学情,在学法指导上,思考如何调动学生学习的主动性、自主性,体现动手、动口、动脑的多维思维训练。

三、全员研讨,形成三稿

全员研讨分两个部分:一是周日讲堂,二是半日研修。

周日讲堂的时间在每周日的晚上,集团所有教师集中到石字路校区,按年级分学科在相应的 26 个教室进行集体备课。集体备课的基本流程是:先由主备人说备课的思路、重难点突破的策略以及学生活动的设计;然后随机抽签确定教师,以微课的形式展示教学流程;最后大家针对教案提出困惑和建议,充分研讨后形成二次修改意见。主备人再次修改教案,形成三稿。

半日研修的时间在每周的周二、周三、周四下午及周五上午,分别进行语文、数学、外语及技能常识课的半日研修。每半天研修一个学科,教者分年级集中在授课教室。研修的基本流程是:先由两位教者根据二稿教案借班授课,随后展开评课,评课时要求大家不讲空话、套话,大胆质疑,反复推敲,形成三次修改意见,在修改过程中达到以下"三个注重"。

1. 注重主备人的理念引领

主备人主要从教材分析、教法运用、学法指导、教学程序等方面介绍教学的目标、重点和难点,编者的意图以及本课在单元中的地位,并介绍自己的理念与设计。畅谈怎样对学生进行学法指导和组织学生学习,在课堂上怎样调动优秀学生积极思维,激发差生的学习兴趣,会取得怎样的课堂效果,交流自己对各个教学环节的设计,如导入、问题设计与实施、训练、板书、布置作业,如何采用现代教育技术手段突破重难点提高教学效果等。

2. 注重随机抽签者的微课质量

随机抽签让教师脱稿上微型课是落实备课实效性的重要环节,各名师工作室成员对教师的微型课都要进行评价。一评教者有没有事前认真钻研教材,吃透教学用书;二评教者对教案的熟悉程度,对教案的重难点、教学环节是否了然于胸;三评教者对教学课件的操作熟练程度;四评教者在微型课中加入了自己的哪些思考,如教与学和教学内容与教学手段的有效组织,教学活动中处理学生回答问题、激发学习动机、提示信息、搜集和处理信息、引出见解、做出结论等策略的运用。该评价结果直接纳入教者的年终绩效考核,奖勤罚懒,有效地激发教者钻研教学的积极性。

3. 注重研讨的深度和广度

着重围绕"三引"对教案进行评估,一是要巧设教学情境,激发学生学习兴趣,教师要在创设生活化、游戏化、探究化的教学情境上下功夫,兴趣是最好的教师,只有学生对学习的内容感兴趣,才会产生强烈的求知欲望,积极主动地参与教与学的全过程;二是要精化课堂提问,引导学生学习方向,教师要精心设计不同层次的问题引导、激发学生,问题的难度应处在学生的最近发展区,要有利于拓展学生思维的深度与广度,点拨的时机要在疑难之处,在思辨之处,在学生心有悟而不得,口欲言而不能之处;三是要创设交流空间,引发学生自主体验,学生要发展,就必须体验学习的过程。通过组织生生合作探究、小组合作探究、班级集体探究,使学生互相促进,共同提高。在活动中,学生体验到的不仅仅是对知识的感知和认识,更是同学之间情感的交流,思维火花的碰撞。

四、个性备课,形成四稿

我们要求各位教师根据集团提供的三轮备课稿,结合班级学生实际和个人的教学风格,加入自己的思想,形成教案四稿,交学科组审核批准后,予以在课堂实施。经过多轮磨合,确保教案的实用性和规范性,体现教师教学的共性与个性,既实现"保底",又体现"拔尖",切实提升集体备课成效。在具体实践中,我们做到以下"三个结合"。

1. 教案与本班实际相结合

个性化备课,还要"备"中有"法"。在一节课的学习中,哪些知识点是本班学生最容易混淆或出错误的,都要在个性化备课时精心去思考。在个性化备课中,我们探索出"五大"基本完善方法,即"标、增、改、删、调",具体做法如下,"标":标记导学案中的重点环节、重点问题、主要知识点以及具有典型性、易错性等内容,以便在导学进程中引起注意。"增":增加自己认为必要的导学内容、导学方法,对原导学案中有关环节补充具体说明。"改":改换导学案中的一些不符合本班学生水平实际和不适应本班学情的教法、学法。"删":删除导学案中自己认为不必要的导学内容环节。"调":根据需要调换导学内容及导学环节的呈现形式,调整原导学案导学过程及板块设计的先后顺序。

2. 听课与诊断相结合

我们强化听课诊断的功能。在授课前,要求所有教师必须对"四轮"终稿反复研读,做到对基本环节、板块设计了如指掌,重难点突破方法牢记于心,确保课堂脱稿授课。我们要求所有校区班子成员坚持每天推门听课,关注教者对教案的执行率,对执行率达不到80%的教师要谈话学习,时刻防范备课、上课脱节现象的发生。

3. 反思与调节相结合

我们坚持研讨与教学反思相结合,以评促思。在研讨环节中,要求教师做到正面反思、负面反思、对比反思相结合,加深对教学问题的认识和思考能力。为此我们构建"三问三思"研讨模式,"三问"即教者对教材为何这样处理?教者是如何把复杂问题转化为简单问题的?重难点是如何突破的?"三思"是指思考教者的教学有什么值得自己学习的?换成自己如何处理?怎样对"经验"活学活用?教师通过互动反思,快速调节自己的教学流程,提升自己的业务水平,提高自己驾驭课堂的能力。

实践证明,阜宁实小教育集团通过五年多的实践与探索,名师引领下的"四轮备课法"取得了显著的效果,教师的业务水平大幅提升,多名教师在省、市课堂教学比赛中荣获一等奖,集团的教育教学质量得到稳步快速的提升,集团办学迈上了高速发展的快车道。

第二节 "四轮备课"中推进"让学引思"课改实践

近年来,随着"让学引思"教学改革的推进,我们的课堂教学也一步步地发生着变化,但仍存在着诸多的不足:一是让不充分;二是学不扎实;三是引不得法;四是思不深入。让学生"站"了起来、"动"了起来、"高"了起来,是我们课改的目标。我们阜宁实小作为盐城市"让学引思"试点学校,在践行"让学引思"方面也做了一些有益的尝试,正在不断寻找适合我们实小集团校情的"让学引思"课堂教学模式、听诊路径和评价方式。

一、以"四步教学法"为导向,引领教师"让学引思"

早在20世纪90年代,"目标教学法"就是阜宁实小的教研课题。在老校长仓定成的带领下,我们曾六次代表阜宁县在盐城市教学改革成果汇报会上展示目标教学示范课,我们目标教学法多次在市级会议上被当作经验进行介绍。经过多年的实践,我们全体实小人不断对目标教学法去伪存真、去粗取精,提出了富有阜宁实小特色的"让学引思"课堂教学高效模式——"四步教学法"。

(一)依据学情,科学定标

找准学情,精准定标是"让学引思"课堂的关键,"让学引思"课堂首先要依据学生的学情,科学地制订课堂学习目标。以前的课堂上,教学目标一直藏在教师的心中,多数学生不知情。一堂课中,学生往往被教师牵着鼻子走,学生并没有真正成为课堂的主人。现在我们的课堂,学习目标是建立在充分了解学生学情和学生学习需要的基础上,由师生共同合作制订。这样的目标教师清楚,学生明白。整个课堂上,学生学有目标,教师教有方向。

(二)合作探究,自主达标

小组合作,自主学习是"让学引思"课堂的重要手段。学生是课堂的主人。"让学"就是让学生亲身经历学习过程。"四步教学法"的第二步就是让出时间、空间,让学生带着目标中的问题开展合作探究。我们要求集团每周的大组教研课、教师过关课都要有小组合作的环节,我们倡导教师们在每节日常课中的重点难点处也要开展小组合作。小组合作学习不仅培养了学生的自主学习能力、团队意识以及探究精神,而且使学生的学习学有载体,学有方式。

(三)课中问诊,点拨补标

及时反馈、适时点拨是"让学引思"课堂的重点,针对学生汇报交流情况进行问诊补标,对于小组合作探究情况比较好的,教者要从激励的角度加以表扬,激发学生求知的欲望。针对学生探究后的疑点、难点、生长点,教师要有智慧地引导、点拨。点拨时做到"三不讲":学生已经会的不讲,学生能学会的不讲,讲了也不会的不讲。教师要引领学生去"跳一跳摘到桃子"。

(四)当堂检测,全员达标

适时检测,全员达标是"让学引思"课堂的追求,在学生进行充分的自主学习活动后,必须开展当堂检测,检测内容必须与目标相吻合,要做到堂堂清,克服学生懒惰、拖延的不良习惯,争取不让一个学生掉队。

实小集团"四步教学法"的推行,有效地践行了"让学引思"的教学理念,极大地提高了课堂的效率,可以说是发生在实小校园里的一场静悄悄的教学革命。

二、以四轮备课为主阵地,推动教师"让学引思"

阜宁实小集体备课制度,为推行"让学引思"课堂改革提供了有力的保障。在四轮备课中,我们强调要做到"三点一线",即侧重强化三个备课点:强化课前预习,强化学生学习活动设计,强化当堂检测。"让学引思"的教学理念作为主线贯穿于"四轮备课"的始终。

(一)强化课前预习

课前预习是"让学引思"课堂高效的前提,"四轮备课"中,课前预习内容的设计要放在重中之重,所有学科都要让学生带着预习任务回家,带着疑难和困惑进课堂。教师的教案上,每节课后都要布置有操作性、层次性的预习题,充分培养学生自主学习的能力。

(二)强化学生学习活动设计

学生学习活动设计是"让学引思"课堂的智力支撑。备课中我们强化备学生的学,弱化备教师的教,所有教案都要强化学生学习活动的设计,达到"三备":教者要备预设生成;备师生、生生互动;备师生、生生评价。真正把学生推到课堂中央,让教师从台前退到台后,确保学生成为课堂学习活动的主体。

(三)强化当堂检测

当堂检测是"让学引思"高效课堂达标的有力保障。集体备课中,我们特别强化当堂检测的设计,当堂检测要紧紧围绕目标,在内容的设计上要有针对性,突出目标中的重点和难点;检测要有层次性,能够关注到所有学生。检测的方式要体现多元性:将口头检测与书面检测相结合,生生交流与师生交流相结合;当堂检测的设计要体现即时性、多元性,做到不让一个学生掉队,不把问题留到课后,要在课堂有效时间内完成检测,达到堂堂清、日日清、月月清。

这里要特别指出,实小集团每年有二百多名顶岗教师,一百多名新招录的大学生,教师构成极为复杂,只有将"四步教学法"在集体备课中强行入轨,才能保证课堂教学质量的均衡,推动课堂教学改革的深入。

三、以课堂听诊为抓手,促进教师"让学引思"

一种好的教学模式,一份好的教案,如果不落实在课堂上,那就是纸上谈兵,如何让好的构想真正在课堂上实现,班子成员就要走进课堂,听诊课堂。

(一)夯实班子推门听课

班子成员是学校课堂改革的中坚力量和带头人。首先,我们要求班子成员率先垂范,带头上"让学引思"研讨课,引领教师进行"让学引思"课堂改革研究。其次,集团要求所有班子成员必须深入课堂一线,随机听课督查,看教师有没有在课堂上践行"四步教学法",看集体备课中"三强化"措施,是否在课堂教学过程中落实到位。一旦发现问题,开展跟踪听课,并限期整改,杜绝备课、上课脱节现象。

(二)夯实集团大组教研课

集团的大组教研课代表着我们阜宁实小课堂改革的方向,是我们"让学引思"课堂的风向标。对集团教研课的评价,着力构建"两问两看"听评课模式:一问教师让得是否充分,二问教师引得是否得法;一看学生学得是否真实扎实,二看学生的思维是否有一定的广度和深度。从这四个维度听诊课堂,不断对照反思,取长补短,优化课堂设计,提升专业素养。

(三)夯实教师全员过关课

从本学期开始,集团要求全体教师上"让学引思"过关课。目前,集团 40 岁以下的教师已全部进行了过关检测,对于课堂教学还未过关的教师,评委组及校区班子成员与其约课进行再次过关,确保每一位教师不掉队。在此前过关的基础上,又有 146 名教师参加"让学引思"课堂教学校区选拔赛,最终筛选出 43 名教师,对集团开放"让学引思"展示课。下一步将对 264 名顶岗教师和 157 名老教师开展过关听课。

四、以变革评价方式为动力,激励教师"让学引思"

评价是最有力的指挥棒。要想让"让学引思"的课堂在阜宁实小校园内生根、开花、结果,就必须有与其相匹配的评价方式和机制。

一是要改革命题方式。近期,阜宁县教育局组织的期中五年级学情调研中,有一道《水浒传》的阅读题,要求对武松的故事进行排序,过去学生不去真阅读,而是热衷死记硬背,碰见这种题不会了,这样的命题导向逼着教师认真上好阅读课,让学生去真读书,让学生去真思考,让学生去真交流。我们实小集团也要紧跟阜宁县教育局步伐,改变命题的方向。

二是改革考核方式。阜宁县教育局开展的课文朗读过关活动,让我们的教师更加重视朗读,校园响起了琅琅的读书声。举行的汉字书写大赛也让我们的教师更加关注孩子的书写,课堂上学生们有了练字的时间。这提醒我们评价方式可以是书面的,也可以是口头的,评价要注重结果,也要注重过程。

第三节 名师引领联盟校教师"四轮备课"的个案研究

在名师引领联盟校教师"四轮备课"的实践研究中,我们借助"周日讲堂""半日研修"两个教研平台,在横向上重点研究语文、数学、英语学科比赛课、研讨课、复习课、阅读课、习作指导课、预习检测课等各种课型的"四轮备课",在纵向上研究名师引领教师"四轮备课"的方式方法,希冀通过个案研究,将"四轮备课"促进教师专业发展推向深入。

一、构架高效研修范式,引领教师专业成长

作为一名教师,要提高教学质量,要对学生负责,那么认真备好课绝对是关键。我校狠抓备课质量,推行集体备课,集众人智慧于一体,强势推进"四轮备课",让课堂更高效,更精炼,更出彩。只有经过一轮一轮的锤炼,才能见证"四轮备课"的魅力。下面将结合具体的课例,介绍"四轮备课"模式。

一轮备课:定难点,奠定情感

在《锄禾》一文备课中,情感态度和价值观的体现较难,怎样才能让学生理解古诗所饱含的情感。因为现在的学生衣食无忧,大部分都没有农田耕作的生活体验,相当一部分学生甚至连我们吃的米饭从何而来都不知道,更何况现在农村也是机械化耕种,他们更难以感受"汗滴禾下土"的辛劳。让学生体验农民耕作的辛劳,从而教育他们珍惜劳动果实,是这首诗教学的难点。为了突破难点,我们在第一轮备

课中设计了这样的教学环节——给学生播放这样一段录像:农民伯伯起早摸黑地播种、插秧,顶着烈日挥汗如雨地除草、松土、施肥……最后画面定格在"锄禾日当午,汗滴禾下土"上,无需过多解释,学生便深深地体会到米饭的来之不易以及诗人对农民的感情,激发学生对劳动者的敬佩与热爱之情。

二轮试教:议难点,激发情感

课备好之后,就到了试上的环节,当在课堂上放这段录像的时候,学生看得津津有味,感受不一样的生活体验。当教师问到"看到这样的劳动场景后,你有什么感受"时,大部分同学回答:"农民生活很辛苦。"这时有学生提出疑问:"为什么他不用机器耕田,不用机器收稻子呢?他这样亲自动手,自己很辛苦,效率也不高。"一石激起千层浪,学生纷纷举手:"为什么不用无人机洒农药?""为什么不用抽水机灌溉农田?""现在有高效除草剂,不需要他在烈日下除草。"……课堂偏离了原先设计好的"剧本",教者傻了眼,只好对他们说:"古代的农村很落后,没有现在的机器。"因为这样的插曲,直接影响后面的教学流程,对于"珍惜每一粒饱含农民辛苦汗水的粮食"的思想教育就大打折扣了。

在评课环节中,听课教师就这种现象展开热烈讨论。毕竟《锄禾》所描写的年代、场景都离孩子们生活实在太远,再加上孩子年龄小,现在肯定理解不了。该设计怎样的教学环节,让学生切实体会粮食来之不易,真正从内心、从实际行动上能爱惜粮食呢?大家群策群力,各抒己见,最后一致觉得这样的方案比较好:在看过古代人"锄禾日当午,汗滴禾下土"的录像之后,再出示现代农村劳动的场景,种子种下之后,农民伯伯定期施肥,定期洒农药,定期浇水(虽然有机器,但也要自己操作,必须一次又一次地劳动);干旱时灌溉,雨水多时排涝;收获时操作机器的工人一天忙到晚,开着机器不停奔波;粮食晒干,入库,销售,去皮,变成米饭……通过这样的画面,让学生直观地体会到:不管是在古代,还是在现代,每一粒粮食都是来之不易的。

三轮定稿:破难点,体验情感

修改教案后,再次试上时,先出示画面:"太阳火辣辣地炙烤着大地,辛勤的农民手拿锄头用力地耕种,大颗大颗的汗珠从额头滚落下来,滴入稻田里。"此情此景,学生已有深刻的感性认识,然后出示现代农业耕种镜头,最后定格在一碗白花花的米饭上,这时顺势而问:"小朋友,现在你们都知道了这碗米饭的来历。一粒种子从种下去到收获,历时半年之久,饱含农民的汗水,你有什么话要说呢?"学生们争先恐后地回答,"农民伯伯真辛苦""古代农民很辛苦,现在农民也很辛苦""粮食真的来之不易",紧接着画面一转:一个学生将吃不完的馒头随手扔到河里;一个学生将一大碗白米饭倒进垃圾箱;几名学生在秧田里玩,踩坏了秧苗……看了这几个生活中实际发生的小镜头,有的学生低下头露出羞愧之色,有的学生露出生气愤怒的神色。"看了这些情景,你想对这些小朋友说些什么呢?""谁知盘中餐,粒粒皆辛苦。"学生们异口同声地大声读起来。他们的表情是那么严肃,那么认真,这是学生对浪费者也是对自己最深刻的教育。古诗《锄禾》所包含的情感教育自然而然地渗入他们幼小的心灵。

四轮上课:化难点,升华情感

在随后的课堂听诊环节,笔者不由感慨:一千个读者就有一千个哈姆雷特,一千个教师就有一千节精彩的课!同样一份教案,经过二次备课,老师们上得各有各的特色。例如,在对学生进行爱惜粮食的思想教育时,有的教师让学生想象以下情景:农民酷暑时种下秧苗;刮风下雨天施肥拔草;秋凉天气收割稻子……启发学生想到粮食应该是"一粒一粒都饱含着老农的辛苦",利用想象把词与词之间的空白填补了起来。再如,有的教师让孩子们变成一粒米,自述自己成长的经过;有的教师布置孩子们开展实践活动,即回家在家长的帮助下,在花盆中种下水稻或小麦,写写种子成长记;有的教师布置孩子去一次乡村游,采访农民,聊聊种田的艰辛与快乐,从而从《锄禾》走到农村,从古代诗歌走向现代生活,让古诗中的情感指导自己的生活。

名师引领的集体备课让每一位教师取人所长、补己之短,互相学习、互相促进,能将教学过程中反馈来的信息进行及时处理,不断总结教学经验,充实教案,完善教法,在互动中提高工作效率。四轮备课,也让教师们与时俱进,给课堂增添新的色彩,让孩子们的情感落到实处。

"四轮备课法"是教师专业成长离不开的环节,是"实践反思、同伴互助和专业引领"的多维一体形式,是一个学习、研究、探讨、实践的过程。下面的案例呈现了青年教师在备课过程中,得益于名师工作室教师的指导,骨干教师的帮助,从而在不断学习与反思中受益匪浅。

1. 教学内容分析

这是一节以在野餐时谈论是否需要食物为主的英语课,学习的主要句型为"Would you like a...?""Yes,please./No,thank you."在认真钻研教材后,教师发现几个不利于教学的问题:

(1) 对话简单,新词却不少。

Story time 为对话教学,课文中语篇简单,句式单一,但出现了不少食物类新词,这对三年级开始才接触英语的学生来说是有难度的。因此教师需要在设计教案时考虑如何既引入并操练新词,又能进行对话练习,从而实现本课时教学目标。

(2) 课型模板多,难以出彩。

本课虽为新教材内容,但对话教学早已被熟知,如何在之前的基础模板条件下上出创意,这是困扰教师许久的问题。

(3) 文本枯燥,不易引起学生兴趣。

一般来说,Story time 比 Cartoon time 较为枯燥些,为了凸显本单元重点句型设计情景对话,并不能激起学生的学习兴趣。而三年级学生有其特有的学情,如果在课堂刚开始时不能成功抓住学生的注意力,那么这节课注定是失败的,学生只会机械地跟着教师走,而不会主动参与到课堂活动中来,成为课堂的主人。

带着以上的问题与困惑,工作室教师、骨干教师集体研讨,与教者从课堂的导入到情境的设计,从词语的教学到有层次有感情地朗读,从文本的解读到拓展文本的空白,从课堂的预设到课堂的生成再到教师的评价语言,进行了数次磨课,根据学生对教学的反馈不断完善教案。

2. 教学过程与反思

第1稿设计与分析

设计:为了更加贴近三年级学生的学情,教师添加了加菲猫 Garfield 的角色,将贪吃的加菲猫形象贯穿在整个 story 中。

(1) Warming-up.

课前欣赏与食物有关的视频,教师引出加菲猫角色:"Class begins. Good afternoon, boys and girls. Today I want to introduce a new friend to you. Who is he?"引导学生以新句型"Nice to meet you."与加菲猫打招呼。

（2）Presentation and practice.

借助加菲猫角色询问学生："I can remember the food in that song. What about you?"学生根据记忆回答歌曲中出现的食物类单词，教师通过触发器进行单词展示。但歌曲中的单词绝大多数都是课外的，为了成功引出课文中的单词，教师设计加菲猫问："Good. But I know lots of other food. What about you?"引导学生询问"Would you like a/an...?"教师通过点击触发器以加菲猫声音的形式回答："Yes, please. / No, thank you."

接着，通过 Look and say, Look and talk, Watch and choose, Read and imitate, Happy reading, Show time 等任务帮助学生理解课文。

（3）Production.

设计加菲猫在野炊后依旧很饿，大家一起来到 Snack bar，引导学生以此为情境运用本课所学的句型进行对话问答，最终以加菲猫吃饱了想睡觉为结束。

分析：第一稿由于加入了加菲猫的角色，就要加入许多加菲猫的配音，以及数十组触发器，从整理好思路到制作完 PPT，时间非常长。教师本以为有了加菲猫的串场后环节之间会更流畅，但在第一次试上后却反而觉得多此一举。工作室教师提出建议，课堂应该多一些师生间、生生间的真实对话操练，由教师自然过渡，不需要过多地加入第三方，这样学生的思维会被打乱，将加菲猫这一画蛇添足的角色去掉会更连贯一些。另外，在最后的"巩固拓展"环节中，Snack bar 属于最普通的拓展，基本所有有关食物的内容都可以通过 Snack bar 这一情境来操练，甚至将内容框死，非常不利于学生的自主发挥。

整节课学生的主动参与度不高，基本由教师"操纵"加菲猫领着走，看似充满童趣，但其实学生的语言运用能力并没有通过本课的学习有所提高。教师应该将课堂的主动权交给学生，充分发挥学生的主观能动性，避免第三方介入，直接运用所学知识进行交流。

第 2 稿设计与分析

设计：经过第一次试上的反思，教师对 Step 1 "Warming-up", Step 2 "Presentation"以及 Step 4 "Consolidation"环节做了较大的修改。

Step 1. Warming-up

(1) Enjoy the songs. (歌曲联唱,调动课堂气氛)

(2) Daily talk show. (Unit 5 Cartoon time)

Step 2. Presentation and practice

T:Do you have any questions to ask?

Bobby:What would I like?

T:What would Bobby like? (根据 Daily talk show 提问)

S:An egg.

T:Yes, Bobby is hungry. He would like an egg. I'm hungry too. Look. I have a magic box. There is lots of food in my box. Guess! What are they? (引导学生自主思考食物类单词)

T:Now, let's have a look. (展示本单元新单词并板贴、操练)

T:We have so much food now. I'd like a pie. Would you like a pie? (出示课题,领读并板书重点句型"Would you like ...?")

(通过移动单词板贴操练"Would you like ...? Yes,please."对话)

T(手拿"a cake,an egg"单词板贴):Great. But can you say it in this way?

(引入 chant)

Cake. Cake. Would you like a cake?

Yes. Yes. Yes,please.

Egg. Egg. Would you like an egg?

No. No. No. Thank you.

(通过教师与学生一起改编 chant、学生自主改编 chant 进行操练)

Step 4 Consolidation

T:We have so much food now. So it's our tea time. We can share the food with each other.

T:Hi. Would you like ...? What about ...?

Ss:Yes,please./No,thank you.

T:Here you are.

Ss：Thank you.

（与台下教师互动示范）

T：OK. Boys and girls, it's your turn to share your food with your partners and teachers. Go!

分析：舍弃加菲猫的介入，通过学生的表演 Daily talk show 自然引入本课主题，师生、生生之间直接进行对话交流。利用直观的板书引导学生自主进行 chant 改编，从而进行本课关键句型的操练。

原本设计的拓展活动为 Garfield 与 Mike、Helen 一起去 Snack bar 买食物并与服务员对话，在组内教师建议下改成了 Afternoon tea 的形式，教师简单示范，将对话的主动权完全交给学生，让生生之间甚至师生之间都能顺利且自然地进行对话，也正好能凸显"share"的情感主题。这种将学生"放出来"与在座听课教师进行真实互动的环节相对更能吸引学生，从而不需要刻意创设就形成了最真实的情境，让学生自主运用本节课内所学内容真正与人交流，培养其英语学习的成就感。

分析：第二次试上后也出现了相应的问题，如 chant 部分可以处理得再细致些，将关键句型"Would you like ...?"板书在黑板上后，教师可以适时拿出食物类单词直接板贴与更换，引导学生自主创编 chant，充分发挥板书直观性、互动性强的作用。

第3稿设计与分析

设计：

Step 1 Warming-up

Daily talk show.（同第2稿）

Step 2 Presentation and practice

（1）出示 Magic box.（同第2稿，每组都有一个装有真正食物的盒子）

（2）Let's chant.

T：I know you can read. But can you read in this way?

（出示 PPT）Cake. Cake. Would you like a cake?

（点头，出示）Yes. Yes. Yes, please.

（教师拿出 an egg 板贴于"Would you like ...?"空白处，引导学生自己说出

"Egg. Egg. Would you like an egg?")

T(摇头,出示):No. No. No, thank you.

T:Great! Now let's chant together.(融入节奏声)

Nice. This time let's make a new chant together. (随机拿出黑板上的食物单词板贴进行示范)

OK. It's your turn. Please work in groups and make a new chant.

(3) ① Let's look.

T:Look! They are having a picnic.

② Let's say.

T:Who is coming?(显示阴影)Can you guess who they are?

Ss:He's/ She's . . .

T:Thank you. How will Mike introduce Helen?

Ss:This is my sister, Helen. / This is Helen. She is my sister.

③ Let's watch and choose.

④ Let's repeat.

⑤ Let's read.

⑥ Let's act.

Step 3 Consolidation

(1) Let's enjoy.

T:You are so good at acting. I am so happy. And I want to share a song with you. Remember the food in the song please.

Ss:Candy, coffee . . .

(2) Let's share.

T:Now we have so much food! It's our tea time. We can share the food with each other.

(拿出 Magic box,与学生、在场教师对话示范)

Hi. Nice to meet you. Would you like . . . ? What about . . . ?

T:It's your turn to share with your partners and teachers.

（学生可以用本组魔力盒内的食物卡片或真实食物与同学甚至在场教师进行对话交流，分享食物）

T：Are you happy?

Yes, boys and girls. I think sharing makes you happy, right?

Great! You are so good.

So much for today. See you next time.

分析：以 Daily talk show 作为开场更能够吸引学生的注意，根据表演自主提问，自然引入课文食物主题；Chant 部分改为结合板贴分步出示后，学生参与率明显提高，更好地操练了本课重点句型；因为需学习的食物类歌曲中涉及的新词较多，因此调整后放在"巩固拓展"环节出示，作为学生对课文掌握较好的一种表扬，因此一起欣赏歌曲，能更好地调动学生的积极性；最终的拓展活动彻底舍弃了教师创造情境，而直接利用听课教师的客观条件，将课堂内容成功延伸至课外，听课教师全是英语教师，让学生拿着食物、糖果运用本课所学内容直接进行交流，如此真实的情境，互动尤为自然，也让学生感受到运用英语交流的成就感；课堂最后自然点出"Sharing makes you happy"的情感升华，相信学生能够很好地理解与体会。

二、搭建磨课平台，催化教师专业成长

"半日研修""周日讲堂"是"四轮备课"的展示平台，"让学引思"教学模式是我们课堂改革的重要措施之一，其作用是有实效的，其影响是深远的。为了更好地推广与实施"让学引思"的教学模式，联盟校从规范入手，有计划、有目的、有步骤地进行教学模式反复实践活动，加强了课堂教学改革研究，大大提高了课堂效率。

"周日讲堂"活动，给联盟校教师搭建了一个探究研讨的平台，从听课到评课再到上课，活动中让教师对"让学引思"有了更深的认识和理解。下面就以一节四年级数学教研课"被除数和除数末尾都有 0 的除法"中教者的收获来说明。

（一）活动"让"学生做，规律"让"学生找，收获"让"学生讲

在第一轮试教时，教者在教学中只是说明算式 900÷40 竖式上余下的 2 在十位上，表示 2 个十，是 20，所以余数是 20。孩子们当时看似明白了，可是在练习时就犯错了，因为他们没有经历一个探究、思考的过程，只是被动地接受，根本没有真

正地理解。怎样突破这一难点呢？如果教师放手让孩子们通过验算去发现余数 2 是错误的，应该会引起孩子们的思考，为什么余数 2 是错误的，正确的余数又该是多少，以此激发孩子们去探究，发挥他们学习的主动性，然后用孩子们自己探究的余数再去验算，看是否正确，这样孩子们一定会信服余数为 20 的结果才是正确的。教者把自己的想法践行到课堂中去，果然收到了意想不到的效果，最后教师还让孩子们说说这样的计算需要注意的方面，以引起孩子们的重视。同时，还引导孩子们明确：原来被除数十位上余下几余数就是几十，百位上余下几余数就是几百，并通过练习进一步强化，孩子们学得轻松而又愉快，理解得深入而又透彻，掌握得扎实而又牢固。

通过研修活动，这位教师感叹道：作为教师，我们要善于琢磨孩子的心理发展，善于把学习的主动权还给孩子，做到书让孩子看，思路让孩子讲，疑难让孩子问，规律让孩子找，课内让孩子练。要给孩子多一些思考的时间，多一些活动的空间，多一些表现的机会，多一些创造的信心，多一些成功的体验，从而最大限度地发挥孩子学习的积极性、自主性、创造性。

（二）课堂"引"导主动、互动学习——让问题"引"领课堂

教学的一开始，教师出示了两组算式，一组是 480÷60，780÷130，960÷80，3 600÷300，另一组是 36÷3，96÷8，48÷6，78÷13，要求孩子们分别算出这两组算式的结果，然后再观察这两组算式之间有什么相同与不同的地方。但是，在教师的启发下，孩子们始终未能说出第一组算式被除数和除数末尾都有 0，这样的算式可以简便计算。此处花了近 10 分钟的时间，当时听课的老师们也都觉得挺吃力，作为课堂的引导者，我们到底该怎么做？

教者做了深入的思考，重新设置问题，在课堂上出示了两组算式之后，便抛出了这样的问题："下面两组算式的商哪些是相等的？请用线连一连。"待学生连好后，教师追问："连线的两个算式为什么商相等？第一组算式的得数怎样算能简便些？"学生很快说出："根据商不变的规律，像第一组这样的算式，可以用第二组相应的算式计算得数，这样会变得简单些。"孩子们说得多好，教师顺势引入课题，今天就应用商不变的规律学习除法的简便计算。这一段引入大约只用了 3 分钟时间，轻松自如。孩子们也很快进入学习新课的环节，大大提高了课堂效率。

教者再次反思：教师是活动的组织者，是问题的设计者。教师要根据孩子的自身特点和教学内容，设计能引发孩子自主思考并能解决的有效问题，从而激发孩子的学习热情。利用问题引领教学能有效地提高孩子的学习兴趣，使每个孩子都能积极地参与到学习活动中来。科学的引领甚至能使孩子产生一个突破常规的思维，构思奇异的想法，并由此提出新的问题，发现新的知识，起到很好的创新教育的作用。

总之，我们每一位教师都应该把"让学引思"渗透到课堂教学中去，把课堂真正地还给孩子，让他们做学习的主人，从而让我们的课堂成为乐学的课堂、善思的课堂、主动获取知识的课堂。

三、强化课型研究，助推教师专业成长

（一）复习课

小学语文教学中新知的传递是最基础的目标，教者都会想方设法帮助学生保持记忆，防止遗忘。然而学生在课堂中接受的新知，在初始阶段只能成为一种感觉记忆，如若不经过大脑的加工，不能引起学习主体的注意，那么无法避免地便是遗忘。然而学生需要记忆的东西非常庞杂，如何高效利用阶段性复习来唤起学生脑中旧知，从而达到"温故而知新"的目标呢？

基于这样的思考，教师在备课时，会梳理平时教学中的重点、难点，借助现代化教学媒介，将复习要点一一罗列，帮助学生吸收学过的知识系统。可是第一轮的组内试上效率低下，问题多多。第一，预设内容太多，时间拖延太久。每一课的字词句段都要梳理，每一种句子训练都要体现，最后还有课内外阅读理解能力的提升，如此大的容量导致学生根本不能完成系统复习。第二，教师独掌话语权，学生不能成为复习的主体。教学知识点太多，为教而教，从头至尾都在赶进度，完全顾不上学生的接受程度。学生一直在教师的牵引下，盲目地读词语，读句子，读课文，做题目，根本不清楚自己是否完全掌握。第三，教学没有针对性。在检查课文背诵时，由于时间太紧张，教师采取了齐背的方法，导致之前没背上的学生仍在其中滥竽充数。一节课下来，教师疲惫不堪，既没提升优等生的能力，也没对后进生的弱项进行有效巩固。"温故"都没有做到，又何谈"知新"呢？名师团队在深入研讨的过程

中,将复习目标明确为"打牢基础,提升能力",原本的教学环节及学生活动设计被推翻,重新细化。

打磨后的第二轮试上果然初有成效。第一,字词巩固环节,由出示整个单元的词语调整为筛选出难写易错的字词,组织听写,互批纠正。第二,课文背诵检测中,指名学生以填空形式,回忆重点句段。第三,教师努力锤炼语言,每次引导都有的放矢,让学生有所思考与收获。例如,一名学生在使用"名副其实"造句时,仿照书中原文"变色龙,果然名副其实"。说到"杭州,果然名副其实"。教师及时引导学生思考:"大家觉得这个句子是否完整?有没有缺少些什么?"一个问题抛下,学生们议论纷纷,很快就得出结论:"杭州的什么名副其实没有讲清楚。"其实,通过思考,学生已经自主得出了"名副其实"的运用要点。这节课虽然有闪光点,但仍有许多不容忽视的问题。第一,教学的预设痕迹依旧很重,框架感太强。学生在教师的安排下,按部就班,从词到句再到段一一巩固,因而积极性不是很高。第二,学生在课堂上说起来都是头头是道,一旦动起笔来,依旧显得捉襟见肘。例如,在学生探讨出"名副其实"的造句要点后,教师引导学生动笔分别将"名副其实"放在句中及句末试着造两个句子,仍有很大一部分同学无法下笔。第三,课堂时间仍然不足,面对庞大的复习体系,教师难以取舍,也未能突出复习重点。与组内年轻教师交流研讨后,发现这些问题也普遍存在于其他班的课堂教学之中,名师团队必须再次研讨。

"复习课不是为了将自己想上的知识全部灌输给学生,而是要教给学生复习的方法""可以留时间给学生写一写,让复习课堂落到实处""复习课的随堂检测要有针对性,目标要更加明确"……名师的一番建议,让青年教师豁然开朗,一下子找到了课堂复习的重心,寻到了方向——缩减内容,提炼重点,教授方法。

基于以上名师的参与点拨,第三轮试上教师轻松了不少,学生的积极性也得到有效调动。首先,在课前交流时,教师引发学生自我反思:"你们在平时复习时,通常会抓住哪些知识点?"孩子们在分享中就主动说出了本课的重点。其次,设计有效的随堂检测。针对"名副其实"造句的巩固,出示"＿＿＿＿＿＿,真是名副其实!(将句子补充完整)",先训练学生说,再引导学生写,循序渐进。最关键的是,针对学生的课堂反应,随时总结复习方法,用鼓励性语言督促学生将复习活动延伸到课后。例如,课堂听写后,同桌互批发现不少错字别字,为了让学生正视自身问题,教师点评道:"只要你们勇于面对,及时订正,还能提醒其他同学避免出现同样的问题,那你的一时失误就会成为全班同学的财富。"这样一来,学生纷纷主动分析起易错点。由此他们不但了解了复习的方法,更是充满兴趣,积极参与到课堂的每一个环节。

简单来说,复习课对于学生而言,就是寻找不足,解决问题,获得巩固。而这四轮磨课对于教师而言,也是发现问题,寻求点拨,获得提升的过程。

(二)课外阅读课

《青铜葵花》是五年级上册的必读书目,是一部纯美小说,讲述一个男孩儿和一个女孩儿的故事,男孩儿叫青铜,女孩儿叫葵花,一个特别的机缘,让城市女孩儿葵花和乡村男孩儿青铜成了以兄妹相称的朋友。他们一起生活,一起成长。12岁那年,命运又将城市女孩儿葵花带回她的城市。男孩儿青铜从此常常遥望芦荡的尽头,遥望女孩儿葵花所在的地方。

曹文轩的文字,一如既往地带有强烈的画面感,雪中的芦花鞋,风中的纸灯笼,牛背上的小姑娘……文字很柔很软,苦难很重却又很轻,一展苦难中的温暖与从容。对五年级的学生来说,这部作品的故事情节并不晦涩难懂,但学生们很难理解作品中表达出来的"诗意的苦难、美丽的痛苦"这两组矛盾对立般的存在。

因此,名师工作室成员在备课之初就将"感知曹文轩纯美的文字风格,理解曹文轩想要表达的'诗意的苦难'"作为课堂教学的重难点,并通过对以下几个片段的读、悟、品,对学生的阅读加以引导。

1. 诉说"苦"

出示段落,全班齐读"青铜一家是大麦地最穷的人家,收养了葵花后,使原本贫穷的青铜家,生活更加艰难。因为穷,青铜失去了上聋哑学校的机会,让葵花一人上学,当葵花写作业的时候,青铜总喜欢在她旁边坐着,聚精会神地看她写字,他的眼睛里充满羡慕与渴望……"

提出问题一:因为穷,青铜家还经历了哪些苦难?请找出文中对应片段。

预设一:"青铜家夜里点不起灯,葵花只好到同学家写作业,那天晚上她去了两个同学家都遭到拒绝,葵花就沿着长长的青石路,一个劲地奔跑,泪水禁不住奔涌起来,一路的泪珠。葵花趴在石碾上,借着月光,非常吃力地写着作业。"

预设二:"为了盖房子,度过蝗灾,奶奶当了自己的首饰,为了给俩孩子做棉衣,她去妹妹家拾棉花,累倒后再也没有起来。"

预设三:"因为穷,其他小朋友都能拍照,可葵花没有,生怕别人看到,就沿着教室的墙根,溜出孩子们的视野,走到办公室后的树林里,等校园彻底安静下来才出来。"

预设四:"那天下了一夜大雪,积雪足足有一尺厚,早晨连门都很难打开,奶奶、爸爸、妈妈、葵花再三叮嘱:'今天别去卖鞋了!'可青铜执意要去卖芦花鞋,青铜把所带的芦花鞋全卖光了,可还有人要买时,竟脱下了穿在自己脚上的芦花鞋,赤脚走在了冰天雪地之中……"

此时,提出问题二:作者为什么要写这些苦难?

引导理解:通过"苦难"表现人物的内心"美",表现"爱"。

2. 欣赏"美"

(1)出示段落,女生齐读。

"太阳照着大河,水面上有无数的金点闪着光芒。这些光芒随着水波的起伏,忽生忽灭。两岸的芦苇,随着天空云朵的移动,一会被阳光普照,一会又被云朵的阴影遮住,云朵或大或小,或远或近,有时遮蔽了太阳,一时间,天空暗淡,大河上的光芒一下全都熄灭了,就只有蓝汪汪的一片……云、阳光、水与一望无际的芦苇,穷无尽地变幻着,将葵花迷得定定的。"

这是景美,但大麦地仅仅只是景美吗?孩子们可能会说:"人更美!"

(2)引导学生找出文中体现"人美"的片段。

预设:"葵花看到哥哥流血了,哭着要回家,青铜硬要葵花骑在他的肩上,青铜用双手轻轻扶着前面一个大人的后背,一点儿一点儿站起来,葵花也一点儿一点儿升高。"

3. 感悟"爱"

(1) 书中,作者写爱,都是至爱。

如:葵花执意要教青铜写字,摔了一跤还要抱紧了书本;奶奶为了凑租地打茅草的钱,放下了作为长辈的尊严,而且卖掉了陪伴自己多年的玉耳坠;青铜为了让葵花晚上能做作业,捉萤火虫做了最美的南瓜灯……

(2) 请同学们找出相关语段,并说说感受。

预设一:每天葵花骑着牛上学,青铜一路护送她。

预设二:看马戏时,葵花抱着哥哥的脑袋,就像春天在小河旁看河上的水鸟时,抱着岸边的一棵树。

预设三:为了让葵花和青铜穿上棉袄,奶奶去远处妹妹家收棉花,最后累倒了,而棉袄的钱和棉花也终于有了着落。

经过一轮试讲和组内讨论反馈,孩子们大都能理解文中的大爱,但对于苦难的理解仍浮于表面。正所谓"知人论世",文学作品也一样,因此备课组在二轮备课和实际教学中增加了介绍作者经历和时代背景的环节。

1. 水熏陶出的作家

曹文轩,1954 年出生于江苏盐城。他曾如此形容自己的家乡:"那里的房子依水而建,故乡的水影响了我写作的气质,那个地方是我巨大的写作资源仓库,这正是我的作品里没有肮脏意象的原因。"放眼望去,一望无际的芦荡、不见头尾的大河……这是一个欢乐的、没有孤独的世界。葵花和青铜一家毫无血缘关系,但胜似亲生。全书中没有一个邪恶的形象,唯一的"反派"人物嘎鱼也只限于男孩的顽皮。

2. 人在苦难面前应该有一种优雅的风度

曹文轩与和他同时期出生的中国作家莫言、严歌苓一样,他们的童年是在三年自然灾害中度过的,饥饿、贫穷、蝗灾是那个时代专属的记忆。苦难是刻在他们的骨子里,融于他们的血液中的。而这恰恰是《青铜葵花》虽被定位为儿童文学,但却刻满了时代烙印的原因。曹文轩从那样一个时代走过来,所以他的作品不可能是轻飘飘的。

修改后的这一轮教学实践中,能够明显感觉到学生的积极性一下子被调动了起来。大部分同学能够理解为什么在大麦地那样一片美丽的土地上,发生的却尽是悲惨的故事;为什么让人满含泪花的苦难,却又闪耀着爱和幸福的光芒;苦难中的大麦地人又是如何手牵手,坦然面对苦难的。这一轮的修改同时也给了教师一些启示:当学生的情感理解遇到瓶颈的时候,可以通过各种方式调动学生有限的生活经验,培养学生的推理能力,从而达到学习基本性知识和情感理解相平衡的目的。

(三)常态课

半日研修是四轮备课的重要环节。联盟校教师通过线上线下在指定时间先进行教师试教,然后在名师引领下进行评课、议课,反思,修改教案。通过此项活动,教师置身浓厚的教研氛围之中,学思结合,可以快速提升教学水平。课堂教学如何磨出精彩呢?下面以苏教版三年级上册数学第四单元第一课时"整十数、整百数除以一位数的口算"为例,谈谈该课在半日研修中是如何磨出精彩的。

1. 在名师引领中感悟

初看教材时,觉得教材中三种口算方法多余,学生只要掌握一种口算方法,会算就行。但是,名师备课组认为:教材不仅要教学生学会口算方法,它还承载着训练学生思维能力的重要使命。在名师教案引领下,教师对本课的内容在相对短的时间里有了较深的理解,对本课的教学目标有了精准的把握,对本课的教法有了初步的认识。名师的备课,把教师从无效的抄写工作中解脱出来,从而有相对多的时间研究教案。

2. 集体研讨中改进

每周星期日晚上,是周日讲堂时间。主备人讲解了本节课教学目的、重点、难点后,特别强调,在教学中,教师要适时引导学生,理解教材所呈现的三种口算方法,帮助学生建立三种思维模式,并形成正确的思维方式。建立哪三种思维模式呢?

经过大家讨论,建立了如下三种思维模式。

① "想乘算除法"或"逆向思考法"。"3个20是60",即$3\times20=60$,所以60除以3等于20,即$60\div3=20$。这种口算方法以乘法为基础,通过想乘法来算除法,训练了学生的逆向思维能力,让学生认识到除法和乘法互为逆运算。

②"转化思考法"。"6个十除以3得2个十,是20。"这种口算方法是把60用数的组成知识转化成6个十,从而使算式60÷3变成6(十)÷3=2(十),所以60÷3=20。这种把未学的算式转化成已学的算式的口算方法,称为"转化思考法"。

③"推理思考法"。由6÷3=2类推出60÷3=20,即被除数由6到60扩大10倍,商也由2到20扩大10倍。

通过主备人的讲解、引导,大家的讨论,教师们对教学"整十数、整百数除以一位数的口算"有了更深的认识。"众人拾柴火焰高",团队的力量是强大的。集体备课融入了联盟校名师的心血,融入了集体的智慧,也融入了教师个人的思考,为青年教师的专业成长不断地输送营养。

3. 教学实践中磨课

教案修改后,教师发现:① 虽然建立了思维模式,但是学生感到来得突然。② 口算的算理,多数学生不理解。③ 三位数除以一位数(首两位数能被一位数整除)的口算错误较多。

于是,备课组经过研讨,又做如下修改,进行三种思维的课前引导练习:2×4=8,8÷4=____;20×4=80,80÷4=____,以唤起学生进行逆向思维;20=____个十,2(十)÷2=1(十),20÷2=____,以此启发学生应用转化方法思考;8÷4=2,80÷4=____,引导学生进行推理思考。

每周周四下午,是联盟校数学课半日研修时间。评课组几位名师的点评,使教师豁然开朗,各人再次对这课教案进行修改。推门听课反应很好。课堂上,学生在教师的引导下,进行一次次思维碰撞,绽放一朵朵思维之花。例如:学生在全课总结时提出,把转化思考和推理思考结合起来。学生提出,先把口算当成表内除法来算。教师顺势引导,师生共同讨论得出:口算整十数、整百数除以一位数时,可以先把整十数、整百数除以一位数当作相应的表内除法,并用横线标出表内除法,算出商,再根据被除数末尾剩几个0,就在商的末尾添几个0。并举例:400÷4=100,160÷4=40,300÷5=60。

这样思考有四点好处:一是易想好算,降低难度;二是和以前的整十数、整百数加减整十数、整百数，整十数、整百数乘一位数的口算方法类似，便于知识的类化，便于学生形成良好的认知结构；三是这种方法以后还有继续迁移的空间；四是这种方法有利于笔算两位数、三位数除以一位数。

教师们感叹：教学实践出真知！四轮备课出效益！

参与磨课的教师反思道，教案几乎一样，为什么有的教师课堂时间够用，有的教师课堂时间不够用？原来是学生的基础不同，因为有的教师面向的是石字路校区的学生，有的教师面向的是向阳路校区的学生。由此想到：备课还要了解学生，才能备出最合适学生的教案。

在多次磨课的过程中，青年教师的教学能力不断提升。他们坚信，勤奋刻苦的实小教育联盟以"名师引领"为切入点，以"周日讲堂"为主抓手，以"半日研修"和课堂为主阵地，定能磨出课堂教学的精彩，必将迎来教学改革的春天。

（四）竞赛课

俗话说：一花独放不是春，百花齐放春满园。只有搞好集体备课，才能从整体上提高教学质量。集体备课是集众人智慧采众家之长，加强集体备课可以提高教学效果，实现资源共享。集体备课是实现资源共享的一种重要形式，围绕课堂教学，通过集体参与，共同讨论，互相启发，彼此交流，集思广益，有利于教师在备课过程中较好地掌握课堂教学的基本环节，提高课堂教学效率；有利于教师在备课过程中进行教学研究和讨论，改进和创新教学方法，整体提高学校的教学质量。

联盟校顾老师2015年参加盐城市小学英语优质课竞赛，课题是译林版小学英语五年级上册 Unit 4 "Hobbies"第一课时。这对于顾老师是一个很大的挑战。他在备课时遇到了很多问题。比如，这节课该用什么方法进行教学？该教给学生什么？全课又该怎样进行设计？用什么样的方法才能吸引五年级的学生？这一连串的问题困扰着备课组。备课组成员刘校长提出，小学课堂教学中必须创设有趣的情境，使课堂形象生动，引人入胜，才能把学生带入愉快好学的学习氛围中。余老师提出了教师不能满堂灌，应该放手，让学生自主学习、合作讨论的建议。嵇主任也提出英语来源于生活，也应该用于生活，最后在介绍爱好时，可以和学校的大课间联系起来,让学生介绍自己的爱好或者推荐他人来参加学校的俱乐部,这样就将本节课的内容和生活紧密联系起来。在这些意见的基础上,顾老师拟出了一份新教案进行施教,并参加市赛课获得第一名。

通过四轮备课,这节课的教学目标更准确,教学目标是:

1. 能听懂,会读,会说单词、词组 hobby, with, also, both, play the piano, watch films。

2. 能听懂,会说,会读句型 I like...He/She likes...

3. 能正确地理解并朗读课文内容,在教师的引导和帮助下尝试复述课文。

4. 引导学生了解不同的兴趣爱好可以丰富我们的生活,并热爱生活。

不同年龄的孩子有不同的心理特征,小学阶段的孩子大多还处于具体形象思维阶段,学习时注意力不够稳定,对于学习内容的抽象理解记忆很容易使他们上课疲劳。所以教者决定利用多媒体来辅助教学,让学生的眼、耳、口、手、脑等多种器官同时接受刺激进行学习,从而高效地完成这节课的教学目标。

亮点有以下几个:一是情境导入,吸引学生眼球。因为借班上课,学生和教师之间难免生疏,教师和学生先以谈话热身,接着教师以 chant 形式自我介绍,不仅拉近了师生之间的距离,而且用自己的爱好直接导入上课的话题 Hobbies,过渡自然,水到渠成。

二是改变传统教学方式,并不是教师一味地在教,而是引领学生自主学习。从文本的第一段教师的先教,到第二、三、四段的逐步放手让学生自主学习,促进了学生自主学习的欲望,为终身学习打下了坚实的基础,达到了有效学习。在阅读方式上,顾老师采取了教师示范阅读,学生自主阅读,以及小组互助学习的方法,并在阅读的过程中渗透阅读策略,引导学生将阅读策略运用到自己的学习中,并落到实处。

三是通过欣赏社团活动的图片,创设贴近学生实际生活的教学活动,激发学生学习的热情,从而积极参加到活动中,让学生在真实的语境中表达思想,锻炼学生的综合语言运用能力。

有一句话说得好:"一种思想与另一种思想交换,可以形成两种思想。"集体备课作为教师合作研讨的一种有效形式,对于发挥教师团队合作精神,集思广益,取长补短,具有不可或缺的作用。因此,集体备课在联盟校已成为教研活动中的重头戏和亮点,教师们在互动提高的过程中,不断形成具有个人特色的教学风格,增强了课堂的教学效果。

(五)预习设计与检测

语言环境的缺失导致小学生在英语学习方面困难重重,师生们往往会陷入"上课吃力,课后补习,越补越差"的怪圈。其实,教师完全可以变被动为主动,帮助学生做好课前预习工作。在上课之前,学生应该在教师的指导下,围绕课时目标,自学新课内容,通过少而精的练习,做到初步理解,做好上课的知识准备。

过去,教师布置小学英语预习作业往往是"老三样":(1)听磁带读课文;(2)抄写单词;(3)翻译课文。这样的预习作业没有针对性,不能有效地为课堂教学服务,并且形式单调,导致学生丧失学习兴趣,甚至对英语学习产生厌恶心理;教师检查作业的难度很大。教师要让课前预习收到理想的效果,就必须设计有效的课前预习作业。那么,应该怎样设计小学英语课前预习作业呢?通过四轮备课的打磨,引导教师关注预习作业的布置要注意以下两点。

1. 设计预习作业要有目的性、针对性,能切实为课堂教学服务

教师在设计预习作业时,一定要认真思考以下问题:下一节课教什么?学生应该掌握些什么?学生可能会在哪些方面遇到障碍?能否通过预习作业帮助学生突破障碍?在充分把握学生学情的基础上,教师应根据具体教学内容,设计有目的性、针对性的预习作业,确保所设计的预习作业能切实为课堂教学服务。下面以小学英语课的授课类型为例进行阐述。

1. **语法新授课**

以 6A Unit 5 "Signs Grammar Time"为例。该课的教学目标包括:认识公共标志,做到"四会";能运用句型"What does it mean? It means you can..."。根据以往的教学经验,学生容易写错的词组有"public signs, be quiet, keep off the grass, No littering, No smoking.",为此设计了以下预习作业。

6A Unit 5 "Signs Grammar Time"预习作业。

① 通过预习,你会读下列词组吗?知道它们的意思吗?请连线配对。

No smoking   保持安静

No parking   禁止乱抛杂物

No eating or drinking　　　　　　禁止践踏草坪

Keep off the grass　　　　　　　禁止停车

Be quiet　　　　　　　　　　　　不要触摸

No littering　　　　　　　　　　禁止吃喝

Do not touch　　　　　　　　　　禁止吸烟

② 下面的几个词很容易写错,你能将它们填写完整吗？请在括号里写出词组的中文意思。

(A) publ__c s__ __ns(　　　　)

(B) Be qu__ __t(　　　　)

(C) No litt__ __ing(　　　　)

(D) No smo__ing(　　　　)

(E) Keep of__ the grass(　　　　)

③ 下面的知识点介绍很重要哦,看完介绍试着填一填吧!

情态动词 can 的否定形式 can't,后面加动词原形。

It means＋"标志语"＝It means you/we can't ＋动词原形。

例:It means "No smoking"!（同义句）

＝It means you/we can't smoke.

(A) It means "No littering"!（同义句）

It means you _____ litter.

(B) It means "Keep off the grass"!（同义句）

It means you _____ walk _____ _____ _____ .

(C) It means "Be quiet"!（同义句）

It means you _____ make _____ .

2. 阅读教学课

以 6A Unit 4 "Then and Now Story Time"为例。该课的教学目标是:掌握词组 then and now, ago, use, mobile phone, telephone, office, anywhere, radio, e-book, newspaper, news, watch, make friends, all over world, do shopping;掌握 write, read, make, buy 等动词过去式发音及用法;能听懂、会说、会读句型"……year(s) ago……could/could not……Now……"等。教学的重难点为：识记 write, read, make, buy 等动词过去式发音及用法，能初步理解并朗读对话，理解文本主要内容，在教师的引导和帮助下尝试复述课文内容。根据阅读课的特点，安排了以下几项预习作业。

6A Unit 4 "Then and Now Story Time"预习作业。

① 模仿纳米盒的语音、语调，读课文三遍。

② 对照单词表，理解课文的大意。

但是教师在试上时，发现板书单词、教学发音时，学生反应迟钝，几乎没人达到教师预期的预习效果。学生对于新单词仍然很陌生，根本不知其词义。

后来通过名师工作室的研讨，思考什么才是学生喜欢并乐于去做的预习作业，而不是当成繁重的任务或草率地敷衍了事，然后教师把预习作业调整为：

A. 听纳米盒，跟读课文，模仿语音语调。

B. 自读课文。文中提到了 Mike's family 过去和现在的哪些变化？请用铅笔画出来。

C. 课文中 Mike's family 的变化多，你愿意填表整理一下吗？

		then	now
Mike	six years ago		
Mr Brown	twenty years ago		
Grandpa	thirty years ago		
Mrs Brown	twenty years ago		

与"老三样"的英语预习作业相比，上述英语预习作业的要求更加明确，学生知道自己该怎么预习，该做哪些事，哪些知识点很重要。配套的练习能为学生检测自己的预习情况提供平台，而教师也可以在批阅学生的预习作业后，根据具体情况及时修改教案，使得课堂教学的针对性更强，课堂教学的效果更好。

2. 设计预习作业要分层，兼顾趣味性与挑战性

很多教师习惯布置整齐划一的作业，因为这有利于教师用同样的尺度去衡量学生，也有利于教师批改作业。但这样做也存在不足：有能力的学生因为作业难度

低而得不到锻炼,有可能变得骄傲自满;能力不足的学生因为作业难度高而产生畏难情绪,甚至厌学。为了保证各个层次的学生都能保持学习兴趣,预习作业的设计应该有梯度、有层次,一般情况下可以将预习作业分为三个层次:第一层次是基础题;第二层次是提高题;第三层次是应用挑战题。以 6A Unit 4 "Checkout time"为例,这是一个比较容易的写作小练习,学有余力的学生会不屑一顾。为了激励这些学生,让他们认真预习,教师设计了以下作业。

同学们,老师认为 Checkout time 部分的写作比较简单,回去请找张自己小时候的照片,再对照现在的自己,写写自己过去和现在的变化,或者回去问问祖父母50年前或父母30年前的时候,他们的童年和现在的对比。如果你完成得好,教师上课时就用你设计的预习作业来测试其他同学!动手试试吧!

这种有挑战性的预习作业一下子就激发了学有余力的学生的积极性,收到了较为理想的预习效果。因此,小学英语教师的心中要有教学目标、有学生,才能设计出能切实为教学服务的预习作业。

通过以上案例的研究和反思,教师们在思想上提高了认识:无论从学生的学习效果,还是教师的教学效果而言,预习是最为有效的铺石路。好的预习能起到事半功倍的效果,否则就如逆水行舟不进反退。因此,积极探索有效的预习,能提高学生学习的自主性,发挥学生学习的主动性,是推动教师的教学活动、提高教学效果的法宝。

四、开展特色活动,加速教师专业成长

随着"四轮备课"法在联盟校的广泛推广,我们开展了四轮备课后的教案对比研究。从名师撰写的第一稿教案,组内试教后的第二稿教案,到全员研讨后的教案,再到个性备课后的教案这四轮备课稿的比较中,发现教师的教法不断优化,教师在四轮磨课中,教学设计能力、驾驭课堂教学的能力与反思能力都得到快速提高。下面以小学汉语拼音教学为例谈教法的优化。

在小学汉语拼音是学习的基础,可以说小学新生最重要的一件事就是学好拼音。这得先要让学生喜欢学习拼音,有主动学习的愿望,有了这种喜欢和愿望,才可以让学习拼音变得更轻松、更主动、更有意思。那么如何让孩子一开始接触拼音

时就喜欢上它,从而主动学习呢?教师们都知道不宜依靠简单重复、机械乏味的认读和大量的抄写来完成,而是要加强学生拼读能力的培养,采用相应的教学方法提高学习效率。这就要教师认真备课、认真思考,积极参与研究,找出最佳途径,让拼音教学有意思,激发学生学习拼音的兴趣,学生有了兴趣,就会全身心地投入到学习中。对于刚入学的儿童来说,汉语拼音的学习是比较抽象的,这就要求教师设计生动、有趣的活动,帮助学生在活动中学会学习,在活动中学会交往,感到学习汉语拼音是一件轻松、有趣的事情。我们时常发现,低年级的孩子只要提到做游戏,或者表演故事时,他们的积极性会特别高。教师要精心设计,在能让孩子玩中学、学中玩上下功夫。因为激活学生的快乐因子,对于培养学生健康活泼的个性,创建和谐活跃的课堂气氛很有好处。因此,我们开展"四轮备课",注重在比较中提高教师的备课能力。

(一)第一轮备课(主备人)

此环节主备人说微型课。

1. 激趣导入

师:同学们,你们喜欢做手工吗?让我们拿出剪刀动手做起来吧!(播放音乐《字母歌》)

2. 活动一

师:现在我们拿出事先准备好的硬纸片,动手剪两个短竖条和两个半圆。

(师示范,生模仿)

(1) 教师巡视,个别指导。

(2) 同桌互相帮忙完成。

3. 活动二

师:同学们,你们喜欢自己剪出来的半圆和竖条吗?想一想,我们剪出它们是用来干什么的?

(1) 指名汇报。

(2) 评议。

4. 活动三

师:现在用自己动手剪出来的半圆和竖条摆出我们所学的汉语拼音字母,同学们,你们能摆出几个?

(1) 自己动手摆字母。(分别摆出)

(2) 全班汇报。

(3) 按教师的要求摆出字母。

5. 活动四

师:同学们,你们还能用半圆和竖条摆出什么呢?请动手试试,好吗?

(1) 学生发挥想象力,自由摆图。

(2) 同桌摆图。

(3) 评议。

(二) 第二轮备课(组内成员)

此环节是请组内成员查漏补缺。

1. 活动一

引导学生先在小组内展示自己的作品,然后评议。(此活动的设计既训练了学生的动手能力,又让学生全身心地投入到活动中去,符合刚入学学生活泼好动的天性,使他们在活动的过程中团结协作,从而激发学生主动学习的欲望和热情。)

2. 活动二

请小朋友们想一想,在我们的日常生活中,什么东西是半圆形的?(请学生把自己的作品和生活实际联系起来,训练学生的观察能力和语言表达能力。)

3. 活动三

小朋友们想一想,除了摆汉语拼音字母,我们有没有好的方法记住b、p、d、q?(此教学环节一改过去乏味的教师教、学生学的模式,让学生在生活中寻找拼音。)

4. 活动四

要面向后进生。(此环节的设计,进一步拓展了学生的思维空间,使学生在动手操作的活动中感受生活,生活中人人动脑、动口、动手,全面调动了学生学习的积极性和主动性。)

(三) 第三轮备课(上组内教研课)

1. 活动一

说说我们剪出来的半圆和竖条。此时,课堂气氛融洽,充满了生活气息,学生们有的说自己剪的竖条像小棒子,有的说像数学课上学的数字1,有的说像爸爸抽的香烟,有的说像树枝……他们的思维被激活了,各种感官真正地被调起来,在活动的过程中既锻炼了能力,又提高了素质。

2. 活动二

你还有什么好方法记住"b、d、q、p"？孩子们有的说用手型来表示,有的说用儿歌来唱,有的说用笔顺来记,有的说用顺口溜来记……教师是孩子的引导者,孩子会的,要大胆放手让孩子自主学,最后教者总结:右下半圆 b、b、b,右上半圆 p、p、p,左下半圆 d、d、d,左上半圆 q、q、q。

(四) 第四轮备课(个人备课)

个人认为活动四后补充游戏活动。在轻音乐中带领学生做手指操,边做边说,右上半圆 p、p、p,右下半圆 b、b、b,左上半圆 q、q、q,左下半圆 d、d、d(汉语拼音的教学枯燥而乏味,而低年级的学生好动、活泼,教师可根据学生这一特点设计游戏活动,让原本枯燥乏味的汉语拼音变得生动、有趣,让学生学得轻松、学得快乐,从而让学生发现拼音就在自己的生活中)。这样的备课教案能让一年级的孩子在轻松、愉快的氛围中学习知识,发展能力,这也是我们最终追求的目标。

庄子云:水之积也不厚,则其负大舟也无力;风之积也不厚,则其负大翼也无力。教师缺失了学习与研究,备课只能是粗糙的、浅显的。学习永远是支撑我们事业发展的基石。长期以来,教师把大量的时间和精力都花在了一些形式上;机械地、低效地抄写案例上,少了学习,少了研究,因而也少了专业发展。只有彻底革除长期依附在备课上的痼疾,教师们不再把备课当成一种负担,而是一种主动的学习、愉快的尝试,教育才会还原生命本色,才会使教师和学生共同成长!

第四节　名师引领联盟校教师专业成长案例

阜宁实小践行的"四轮备课法",促使名师和青年教师在教育教学的道路上认真学习,不断反思,快速成长。通过"四轮备课"的磨炼,教师们的教学设计、教学组织、教学评价、活动开展、综合性学习方案设计等能力不断增强,教学反思、教学评价等教科研素养不断养成,既达到资源共享、理念共建、群体共进的目标,又实现联盟校互惠互助、教师专业共同成长。下面分别是刚毕业的新教师、顶岗教师、联盟校的青年教师、阜宁实小的教师在"四轮备课"中成长的案例,仁者见仁,智者见智,从中可见名师引领"四轮备课"对教师成长的作用之大、意义之深。

【案例1】

感谢有你,周日讲堂
——一位新教师眼中的"四轮备课"

一、阴差阳错,抑或是命中注定

依稀记得在 2010 年填报大学志愿的时候,家人都建议填写一些师范专业,而我固执己见,3 个志愿 24 个专业,没有任何一个填的是师范专业。在填完所有志愿之后,我毫不犹豫地点击了"提交"。

半个月后,当所有同学都查到了自己专业的时候,我在网上却怎么都查不到,于是打电话到苏州大学查询自己的专业。电话接通后,一个很温柔的声音传来,一番咨询过后,当时我听到"你的专业是物理学师范"这一句话时,不是晴天霹雳,而是哭笑不得。因为物理是我学得最不好的一门课程,师范是我最不想上的专业。(因所填专业分数都较高,并且服从调剂,最后被调剂到了师范专业。)

当我把这一消息告诉家人的时候,他们都笑了,就我一人哭笑不得。那一场景,现如今仍记忆犹新。

二、毅然决然回归家乡,开启人生新旅程

2014 年 6 月,我大学毕业后执拗地选择留在了苏州,踌躇满志地认为自己可以闯出一片天地,然而,现实让我发现自己仅仅是目标远大,却尚无足够的能力去完成。

2015 年 5 月的一天晚上,与妈妈通了很久的电话,知道了很多家里的事情,但是妈妈没有强迫我回家,而是让我按照自己的想法去选择。我思考良久,下定决心——回家!

6 月,我毅然决然辞掉了工作,收拾行囊,回到了家乡。回家后的一个多月里,拾起扔了很久的数学,埋头苦学,为 8 月份的教师编制考试做准备。

8月2日,我在学生时代结束后又重新踏入了考场。两天后,当查到自己的成绩的时候,我开心地笑了,爸妈也笑了。

8月下旬,我有幸加入阜宁实小这个大家庭,从此开启了我的教师之路,踏上了崭新的人生之路。

三、我的教学明灯:"周日讲堂"

九月的天,依旧有些燥热。

曾在脑海里一万次地想过如何上好课,如何与孩子们交流。然而,当我真正站到讲台上的时候,发现之前的想法都不切实际。那节课我用尽了全身的力气,慷慨激昂,下课的时候发现衣服已被汗水湿透。自以为讲得十分精彩,学生们也都听得很认真,然而,当第二天收上作业批改的时候,却发现学生错得一塌糊涂。当时,我便思考,这是为什么呢,我讲得挺好、挺详细的呀。后来,一连几天课下来,发现学生的学习状况始终不好。

很快,到了周末,迎来了教师生涯的第一次"周日讲堂"。依稀记得,那天晚上周校长讲了很多他教学方面的经验和他对一些知识点更深层次上的理解。

下面就具体的例子谈一谈"周日讲堂"给我带来的帮助。

例1:23×12。

当我拿到这个算式的时候,我的想法是教会孩子们怎么通过列竖式计算出正确的结果。后来事实证明自己的理解太浮于表面,连基本的算理都不清楚。记得当时那位教师是这么讲的:

方法一:$23\times 10=230$　　　$23\times 2=46$　　　$230+46=276$

方法二:$20\times 12=240$　　　$3\times 12=36$　　　$240+36=276$

当时我想这不就是我们口算的简便方法嘛,殊不知这是最基本的算理。

后来查阅资料我才知道,算理是算法的基础,算法是算理的抽象。当学生明白了算理后,教师要引导学生及时归纳、抽象算法,便于学生把握和应用。而大部分教师在处理有关计算内容时,很多时候是放弃对算理的讲解的,只是一带而过(当时的我就是其中之一)。多数教师以为计算就是一个熟能生巧的过程,算理讲得再清楚,学生在计算的时候也不会去想算理,计算的过程与方法才是学生把握的重点。

后来我发现,学生对算理的清楚理解为程序性知识的显现提供了必要性的预备,所以算理的显现有着它的不可或缺性。

这次备课之后我发现自己有太多的不足之处,回去便借了学生一、二年级的书,专门了解学生的基础。从这件事中我也明白了做任何事情都必须做充分的准备。

很感谢当时那位教师的详细讲解,点醒了我这个糊涂虫。也正是因为有了"周日讲堂",我才有机会发现了自己的问题所在。

例2:251×(　　)>1 000,(　　)里可以填什么数?

对于此题,有教师认为:必须填全,答案是5、6、7、8、9。也有教师指出:学生就填一个5,并不错。我把5带进括号里,细细一读,发现确实是对的。这个时候思想便碰撞出火花。

在自己的学生时代,我便喜欢揣测出题人的意图。这个题目,从出题人的角度去考虑,我个人觉得是考学生考虑问题的全面性。从学生角度去考虑,小学生考虑问题缺乏全面性,学生之间有差异性,所以觉得填不完整也可以理解。后来经过探讨,一致决定——填全。当时,我心中仍有困惑。

回到家里,我又思考了一番:在学生以后的学习生涯当中,必然还会遇到类似的问题,虽然孩子们还小,但是为了他们以后的发展,还是得教会学生全面考虑问题,顿时心中一股畅快。因为我的教学思想是,不能局限于教会学生书本中的知识,而是在教学中渗透生活知识,传授书本中没有的知识,帮助学生更好地掌握学习方法。

例3:下面几个数中最接近6的是(　　)。

A. 5.899　　B. 6.01　　C. 6.001　　D. 6.00

当这个题目展现出来的时候,教师们立刻有了"争执",选C还是选D?教师们各自提出了不同的意见:①"最接近"不可以相等,因为6.00=6,所以不能选6.00。②"最接近"就是指差最小,6.00与6差是0,所以选6.00。

我的意见是①。我是这么思考的:甲、乙、丙、丁四个人肩并肩站成一排,谁最接近乙呢? 个人觉得大家应该不会说是乙本身。而到最后,这个题目仍没有讨论出一个结果。问题虽然没有解决,但我觉得这是一件好事,是一个好现象,大家都投入到了备课当中,都投入其中进行思考交流。这件事也深深地感染了我,很多教得很好的前辈们都在认真备课、思考、交流,我这个初出茅庐的教师更应该投入十二分的认真才行。

上面三个例子是"周日讲堂"中给我印象最深的几个例子。

第一个教会了我要做一个有准备的人。

第二个教会了我要学会换位思考、要多角度思考,还要教会学生思考。

第三个教会了我要虚心学习,教学之路漫漫其修远兮,吾应上下而求索。

因为有了"周日讲堂",我才有了更多的学习机会,才有了更多与前辈交流的机会,才能发现自己的问题所在,才能走上正确的教学道路。也正是有了"周日讲堂",阜宁实小才会取得如此卓越的成绩。

感谢"周日讲堂"!

【案例2】

集体备课助我腾飞

——一位顶岗教师参与"四轮备课"的心得体会

来到阜宁县实验小学顶岗学习,我深切体会到,实小是个人才济济的大家庭。在这里顶岗学习期间,我受益匪浅,不仅业务水平得到了提升,更重要的是我驾驭课堂的能力得到了进一步提高。今天,我以苏教版二年级语文上册练习四《认识大写数字》这一案例,谈谈参与阜宁实小集体备课的收获与心得。

一、参与备课,形成总体框架

作为到实小顶岗培训的教师,为了紧跟步伐,让学生积极主动参与语文教学过程,我努力创设各种合适的情境,引导学生自己去观察,去实践,去思考,去探索,激发学生渴望参与自主学习语文的内驱力,从而发现科学的道理,体会探索的方法,品尝成功的喜悦。为了达到上述目标,在集体备课活动中,我每次都做到"三听":首先听主备人的备课思路,接着听微型课,最后听其他教师的补充说明。我做到笨鸟先飞,在聆听微型课之前,早已将教材钻研了许多遍,整理出自己的思路;集体备课时与主备人的思路进行比较,找到主备人的思路比我的思路好在哪里;然后再针对本班学生的实际情况进行第二次备课,形成一个总体框架。我深深地感受到,在备课中,关键要"备"学生,关键在教案中如何体现"让学引思"思想,如何让所有学生主动参与到合作、探究中去。

二、专心聆听,汲取丰富营养

教学思路有了大框架之后,我再结合每周二的半日研修课,认真聆听两位优秀教师的示范课,将他们每一句优秀的课堂导入语都记录下来,内化成我的课堂教学语言。每位优秀的教师都不是将知识生硬地灌给学生,而是充分调动学生的兴趣,让学生自主、合作、探究。

在《认识大写数字》的教学中,首先复习阿拉伯数字和小写数字,并自然过渡到大写数字的认识。其次,引导学生说说在哪里见过这些数字,根据学生的回答,用课件及时展示不同面值的人民币,学生从中认识了人民币上的大写数字和大写汉字"圆"。接着启发学生讨论:是怎么记住这些大写数字的?通过小组讨论交流,将记忆大写数字的方法大致分为五种:(1)大写数字中含有小写数字的:壹、贰、叁、伍、柒;(2)用同音字的方法记住的:玖、拾、圆;(3)在小写数字前加偏旁的:伍、佰、仟;(4)根据左边横的笔画数记住的:肆;(5)换字加偏旁的:陆、捌。最后把这些大写数字引入具体的情境中,帮助小黑熊汇款给大熊猫,要求学生写出"588元"的大写数字和附言的内容。一堂课,如果师生配合融洽,上课效果就会很好。

三、增加情境,构建有效课堂

恰当的课堂情境,能完全激发孩子们自主学习、主动探究的兴趣。在集体备课后,我按照全组教师讨论的意见,形成自己的教学设计,完善好课件。在教学《认识大写数字》伊始,我很神秘地对孩子们说:"今天老师遇到了一个困难,不好意思请别人帮忙,怕被别人笑话。亲爱的同学们,你们愿意帮老师这个忙吗?"在孩子们的学习欲望都被调动上来之后,我适时地出示了学习内容,再做拓展延伸。(1)在学生填写好汇款单,知道了"588元"的大写数字写法后,引导学生利用身边的生活情境说出商品的价钱,让学生写出相对应的大写数字。如:我买个玩具飞机73元(柒拾叁圆),妈妈买件上衣652元(陆佰伍拾贰圆),我家买台大彩电4 289元(肆仟贰佰捌拾玖圆)……这时与学生互动合作,既能把要表达的内容说具体,也能把大写数字写正确,这就验证了"眼看千遍,不如手写一遍"的道理。(2)附言的内容拓展为写话练习,让学生人人有话说,写出了小黑熊给大熊猫汇款的原因和用途——希望大熊猫他们买箭竹,祝福他们早日康复,健康快乐,从而帮助学生养成主动关心他人的优秀品质。是的,小学语文教学不仅要教会学生知识,还要教会学生做人的道理。总之,要想上好一堂语文课,应该根据情境激发学生的参与欲望,引导他们动手实践,自主探索,小组讨论,合作交流,激励学生主动看,主动说,主动做,主动想,让学生真正成为学习的主人,让语文课堂焕发出生命的活力。

阜宁县实验小学的顶岗培训生活是忙碌而充实的,我在忙碌中,各方面的能力得到了提升。我感受到人与人之间真诚相助的快乐,集体备课更是让我尝到了甜头,不用走出家门,我便能目睹优秀教师的风采,聆听到优秀教师的教诲。我为自己能在实小这个大集体中得以成长与发展倍感自豪与喜悦,同时更感恩实小集团给予我的营养,我将把自己的收获全部奉献给我的学生,为实小集团的教育教学工作贡献我的力量!

【案例3】

一路梨花一路开

——一位联盟校教师参加"四轮备课"的感受

1999年师范毕业,我被分配到边远乡镇(阜宁县芦蒲镇)一所村小一干就是十多年。长期与民办教师、顶岗教师生活、工作在一起,工作上的脱颖而出,让我自满自足。

2013年开始,我参加联盟校的"四轮备课"活动,心情激动之余,工作不敢懈怠。一星期后,周练小测验,结果出来,我吓出一身冷汗,优秀率、平均分、及格率与实小本土教师竟相差一大截。我内心惶恐,深刻反思,虚心求教。师傅周校长耐心指点,让我恍然大悟。原来,我只是靠自己已有的经验在教学,忽视了团队的力量。联盟校的集体备课,对我来说,形同虚设,反而成了自己不备课的挡箭牌。周校长的话让我明白了集体备课集中了大家的智慧,注重合作和共享,从而按照集体备课稿的节点、步骤按部就班、有条不紊地推进。

于是,认真研读集体备课稿,熟记每一个课时中的每一个环节成为我每天的必修课。又过了三周,周练的结果再次让我汗颜,差距依然很大。我深感茫然,再次反思,再次请教。原来集体备课是按照县城学校学生的一般水平而备的,我们位于边远乡镇,学生的基础相对滞后,要对备课内容、教学方法等做适当修改,要结合班级学生做个性化的调整。明白这一点后,我感到压力倍增,原来只是按照教案就上课的我,一时间还很难备出像样的东西,于是又不得不去找师傅同仁指点迷津,才知道要钻研教材,要了解学生,要从学生的实际出发,对教案做适当调整。

清楚地记得,第六周集体备课时,很"不幸"我被抽到上去说课,第一次站到几十个教师面前说课,"嗡"的一声,大脑一下子好像被全部清零,一片空白,只好读了一会儿教案就灰溜溜下来了,坐到下面听别人说。别人口若悬河,有理有据,娓娓道来,当时自己巴不得地上裂开一个缝好钻进去,一连好几天都觉得抬不起头来。星期四教研活动后,周师傅请我到他办公室谈心。本以为要受到一次严厉的批评,没想到师傅和我分享了自己的成长经历并给我安慰和鼓励。他告诉我,每一次集体备课都是集体智慧的碰撞,要以积极的行动参与到集体备课中,不仅活动前要做好充分的准备,活动后更要深入思考,这样才能把集体智慧的结晶内化为自身的教学行为,将集体备课的效果最大化。走出办公室,我的心情好像轻松了许多,但又觉得肩上沉甸甸的!

这次过后,每次集体备课前,我必深入钻研教材,做到教材熟透于心;活动后必反复思考,内化吸收。转眼到了期中考试后,该我上汇报课了,我心里想不能再出上次说课的洋相了,于是,在四次备课上下足了功夫,还请周师傅、刘老师帮忙指导,方始觉得万事俱备只欠东风。周四如期而至,下午我早早来到班级,和学生做了充分的互动交流。预备铃响后,我把孩子们带到多功能教室,插上U盘打开电脑,和师生问好后,打开课件,才发现原来排版好的课件全部错位(后来才弄明白是自己的电脑软件版本和学校的有出入),结果再一次慌了手脚。

再次的失败,让我不得不重新思考要学的东西太多太多,好在实小有近千名教师,各方面的人才都有,只要想学就能找到师傅。每每遇到困难时,我总能得到周师傅和备课组其他同仁的帮助。一学期结束后,我得了个银奖,一学年结束后,我得了个金奖,自我感觉业务能力和知识水平都有了大大的提高,给我一年的顶岗培训画上了一个圆满的句号。

转眼到了2014年的7月底,阜宁教育网公布一则消息:要从乡镇招聘三名数学教师进实附小,抱着"自古无场外举人"的心理报名参加了考试。等看到试卷的那一刻,我会心地笑了,一年的努力终于有了用武之地。再到公布分数的那一刻,我由衷地感谢实小的集体备课,感谢备课组的所有教师。这一年,改变了我的人生轨道!

成了实小的一员后,我主动要求加入名师工作室,参与一、二、三轮的备课。一个星期四的下午,集体备课如期举行,主备人姚校长谈要求、讲重点、说教法……邱主任谈思路、讲步骤、说知识点的编排……听得我心悦诚服。不久,姚校长和我做了深刻的交流,分析了名师工作室成员在集体备课中的重要性,让我既压力千钧,又信心百倍!回家后我从网上买回了几个不同版本的全套教材,逐一学习对照比较,做笔记、写心得,揣摩每道题每个环节的编排意图,再进行教学法的优化选择等。

记得有一次集体备课,我把一道题做了改编,原题是:"从一个棱长4厘米的正方体中截取一个最大的圆柱,这个圆柱的体积是多少立方厘米?"我把它改成:"从一个棱长4厘米的正方体中截取一个最大的圆锥,这个圆锥的体积是多少立方厘米?"讨论时备课组长指出这个改编的题目小学生没有办法解决,并说明了原因,我听后恍然大悟,原来题目是不能随便改编的;同时也感到了自己专业水平有点欠缺,现在想想都有些后怕,要不是集体备课,我可能将一个错误的知识点教给学生。很快又到了期中,备课组长让每个人出两个最容易考且学生最容易做错的题目,集体备课时交流。周四晚交流后,我发现有几个题型平时上课强调得不够,并及时进行了补救,结果期中考试试卷真的考到了。这时,我从内心感到集体备课真的很重要,真是"众人拾柴火焰高"。

实小的集体备课,让我重新认识了自我,重塑了自我,它还将引领我一路前行。

【案例4】

倾心　精心　慧心

——一位龙头校的教师在"四轮备课"中的成长感悟

"当手磨出了老茧,就会成为好的庄稼把式;当刀磨出了利刃,就会省去许多砍柴的功夫;当课一磨再磨,就会出更多的精彩。"这是特级教师王崧舟的精彩言论。作为青年教师,我们渴望得到更多指点和磨炼的机会,原本这样的渴望在实际教学中是难以实现的,但我校实施了集体备课模式,这使青年教师的成长受益匪浅。我因身在阜宁实小而备感光荣,同时也因学校实行"四轮备课法"使我与其他青年教师获得迅速成长而心怀感激。

2013年我初踏入教师行列,纵然在学校里学习了大量的理论知识,但在实际教学中却难以施展。一篇自认为设计比较理想的教学案例,在真正进入课堂后才发现操作起来困难重重。青年教师除了在教学环节设计方面考虑不周全,无法适应真正的课堂和学生发展的需要以外,还对于每一课时重难点的把握也是模糊不清。很幸运的是,从我入职那年起,学校开始实行集体备课模式,作为青年教师,在学校名师的引领下,每周都有机会帮我熟悉教材,打磨课时,让我更快更好地适应教师这一角色。下面以苏教版二年级数学上册"认识乘法"一课为例,谈谈集体备课伴我成长的历程。

一、集体备课引领,倾心准备

"认识乘法"这一课时是引导学生在认识几个几相加的基础上学习乘法。本课时数学书上提供了两道例题,起初我对本课时例题的理解仅仅是认为第一道例题是让学生根据已有经验用加法解决求总数的问题,然后带领学生学习由加法转化为乘法,我对教材的解读仅停留在基本层面。但是学校每周会提前发放下一周的集体备课教案,在名师组的教案中,我才更清晰地了解第一道例题重在指导学生学会几个几个地数,能结合已有的知识经验列出相应的加法算式;第二道例题重在指导学生实现从加法到乘法的转变,理解加法和乘法间的关系,并能熟悉乘法算式的组成。在集体备课稿的指引下,我进行了备课。在处理两道例题时,我由第一道例题先让学生说一说兔有几个2只,鸡有几个3只,学生在已有经验的基础上能够很容易地列出加法算式求出兔的总数和鸡的总数。在学生已经学会看图数几个几的基础之上,我再教授第二道例题,由 $2+2+2+2=8$ 这道加法算式带领孩子们学习乘法以及乘法的组成。

二、周日讲堂拓展,精心研讨

在周日晚上的微课研修中,我通过集体备课稿的学习并结合自己对"认识乘法"一课的理解,以微课的形式在二年级组所有数学教师面前进行微课展示。展示后,经验丰富的教师们给我提出两点重要的建议。

片段一：本节课例1设计的目的是指导孩子会数几个几，在图例视觉直观中能对相同类别的东西进行几个几个的数，大部分的学生是很容易接受的，那么处理例1后的"试一试"时，就应当在例1的基础上略微有一点提升空间，而不能只局限于同层次地数一数，所以摆小棒时在幻灯片上可以不必完全出示10根小棒（每2根为一组，有5组），可以先出示一组小棒，问一问学生："你们能看出小棒是怎样摆的吗？""你能按照这样的方法继续往下摆一摆，摆出5组2根小棒吗？"这样的摆小棒活动带领孩子们由起初直观的图示理解到借助操作加深理解的程度。

片段二：例题2中由加法过渡到乘法后，教师滔滔不绝地解释乘法如何写、如何读以及乘法各部分的组成，学生听起来既枯燥无味，也不能加深印象。这部分内容属于简单的认、读、写的学习，集体备课稿中的设计是从"让学引思"的角度思考，该放时则放，做到张弛有度。而我在备课时考虑到时间的安排比较紧凑以及认为低年级孩子自学很难有效果，所以企图讲解得面面俱到，却没有考虑到培养孩子的自学能力。所以这部分内容可调整为，由加法过渡到乘法后，让学生自学有关乘法的写法、读法以及各组成部分的名称。经过几分钟的自学之后，学生汇报2+2+2+2=8用乘法可以怎样写、怎样读，再说一说乘法算式中各个数字的名称。这部分内容的"让学"是学生完全有能力驾驭的，只要给学生提出明确的要求，学生带着问题可以主动获取知识，这样才能实现让学生做学习的主人。

三、半日研修提升，慧心独具

通过周日讲堂的演练，我对本课的教学设计有了更清晰的思路，带着对本课的理解我参加了学校每周四下午的半日研修，并且由我来示范上"认识乘法"这一节课。教研课后，教师们对本节新授课又进行了点评，在有学生参与上课的真实情境中，骨干教师们为我的这节课又提出几点调整建议。

片段一：例1的设计意图主要是带领学生学会几个几个地数一组一组相同的物体，只有在会数几个几的基础上才能帮助学生理解乘法的意义。因此本节课例1的重点不是引导学生列出加法算式求兔的总数和鸡的总数，而是带领孩子反复练习几个几个地数，课上这一练习的突出不够，只指名1—2个学生数了一下就随即开始列算式，这样导致班级的后进生还未来得及理解此部分内容，就已经切换到其他内容的学习，这将对他们后面理解乘法的意义带来很大的阻碍。因此课上在出示例题图中的兔和鸡后,可以先提问:"兔是怎样围在一起的?""你能像这样1个2,2个2……接着往下数一数吗?"至少指名4—5名学生练习数一数,然后再和学生一起数鸡的总数。学生在刚才数兔子经验的基础上就能很自然的几个几个地数鸡。这样的反复练习为后面的知识学习夯实了基础。

片段2:本节课在基础知识教学和练习方面都已到位,但是缺失了一个对乘法必要性的展示,整节课的教学都只是围绕数学书上两道例题本身开展教学,却没有带领学生真正体会乘法的优越性。既然这些问题都可以用加法解决,又为什么要去学习乘法呢?学完本节课后学生对乘法存在的必要性毫无概念,这也意味着学生对乘法的意义、加法和乘法间的关系理解不够透彻。一节课的学习决不能仅仅局限于书本知识的学习,知识学习只是最基础的部分,更应该注意帮助学生理清知识间的联系,理解知识的意义,建立知识间的框架。因此本节课例2结束教学后可设计一个拓展情境,即例2中的电脑图片只是学校机房的一小部分,整个学校的电脑有这么多台,教师随即出示图片,图片上展示了30组电脑,每2台电脑为一组,让学生用加法算一算一共有多少台电脑。要求学生说,教师板书,在学生口述、教师板书的过程中,学生们自然而然地就能感受到用加法计算的烦琐性。通过这样的探索过程,学生能更加清晰地明确乘法是加法的另一种表现形式,当表示几个相同加数相加时可以用乘法表示更方便。通过这一环节带领学生主动感受乘法较于加法的简便性,能初步用乘法概念观察现象,并在与加法的比较中体会用乘法写比较简便。

名师的引领让我在成长的道路上少走了许多弯路,许多课经过一次次的打磨,一次次的研修,让我理解得更加全面深刻,同时也在每天的实战练习中深深感受到书本上学到的理论知识,例如习惯培养、思维训练等不是形同虚设的,是渗透在点点滴滴的教学环节中的。在教学过程中,学生不只是为学习知识本身,更是要体会知识存在的必要性,从而培养运用知识的能力。对于教师而言,教学不只是简单的教书匠,更要努力成为集知识、技能、艺术于一体的有思想的教师。即使一份同样的教案,不同教师的驾驭,所展现出的效果也是完全不同的,学校为青年教师提供能促进青年教师迅速成长的集体备课平台,因此作为青年教师,只有多看、多听、多想、多练,才能真正成长起来。

第五章 学校联盟青年教师专业成长研究

本章主要阐述了当代青年教师成长的阶段特点、面临的专业发展困境以及促进青年教师专业成长的应对策略,通过对促进青年教师专业成长的有效策略和路径的探索,给青年教师的专业成长提供有益的启发和帮助。

第一节 青年教师成长阶段

教师队伍建设是学校管理的重点,青年教师的培养又是教师队伍建设的核心。为给联盟校青年教师的培养工作探索出一条有效的途径,笔者对联盟校内最年轻的40名骨干教师做了全面的调查和为期五年的跟踪研究,从中发现了许多规律性的东西。其中教师的成长具有明显的阶段性特点就是青年骨干教师成长过程的一个显著特征。

一、行为跟进:从行为模仿到观念转变

青年教师的自我专业发展涉及三个不同的阶段:一是行为跟进阶段,二是行为改进阶段,三是行为品质阶段。在行为跟进阶段,首先要澄清对行为模仿的片面认识,不要以为模仿就是不思进取,就是僵化教条。事实上,一个年轻的教师如果缺少学习模仿的对象,就有可能失却前进的方向与目标,在教学改革的思潮中无所适从,结果造成思想上的模糊和行为上的迟滞,要想进行行为创新也就无从谈起。

1. 踏着别人的足迹,磨砺自己的功底

当一名新教师从师范院校走出来踏上教学岗位的时候,他所面对的第一个现实的问题是,原先的师范教育阶段所形成的教学理念和教学理想,在严峻而残酷的日常教学生活中可能会遭到毁灭性的打击。面对复杂多变、难以适应的教学实践,

一些印象式的、现成的教育学知识几乎是不堪一击。于是,我们不得不让这些新教师寻找距离最近、时间最短的行为模仿对象。

教学行为模仿的第一种对象是自己学生时代的教师,当自己还是学生的时候,自己的老师是怎样针对学生的学习特点和学科特点进行有效教学的,可以采用回忆记录的方式进行筛选,从中选择优秀的教学者进行模仿,从而迅速改变自己教学的陌生感;教学行为模仿的第二种对象是所在学校教师中学有专长、教有特色的教师,以跟班听课、合作备课等形式先模后教,先学后练,不求神似,但求形像,逐步接近他们的教学特点;行为模仿的第三种对象是一些名师的教学录像资料,应认真揣摩他们的教学语言和教学经验,挖掘他们的教学风格和教学思想,不是被动吸收,而是找寻规律,合理有序地积累学习心得,落实于自己的教学实践中。

一些新教师由于缺乏教学的一般认识,对学生的认知水平、心理特点等把握不够准确,因此出现了贪多求快、一讲到底、重点不突出、条理不清晰等教学问题,他们无法把握和控制教学内容,机械地灌输书本知识,抹杀了学生主动学习自主思考的时间与权利,教学效果当然很不理想。因此,为了迅速提高专任教师课堂教学能力,首先要充分认识教学经验的获得是一个由浅入深、由简单到复杂的过程,随着教学实践活动的深入,认知水平和运作能力将逐步得到改善和提高。其次要合理安排教学模仿的阶段目标,一般以三年为期限,第一年学会上课,懂得怎么备课,包括怎么编制教学目标,怎么设计教学过程,怎么开展教学讨论,怎么进行教学练习,基本形成一种规范意识,明白不是自己传授得多么好,而是有本事让学生进入一种自主学习、自主琢磨的状态的道理。第二年学会说课,就是会分析教学设计,不仅知道上课的流程意图,而且能说出为什么这样上课的道理,及时补充具有针对性的教学理论与教学专业思想,学会"还原"式评析,拓宽自己的教学视野。第三年学会评课,这一阶段是在自己对本门学科特点初步认识的基础上,开展相互间的评课交流活动,能以客观理性的态度来评析大家的长短,关键是在交流中学会观察与分析,在提高感性认识的同时丰富理性认识,及时修正自己实践中的误差,体验成功的喜悦。上课、说课、评课,并非绝对地说在哪一年入门或过关,讲究的是在交叉进行中有所侧重;也并非只是时间的问题,一堂好课究竟有什么标准,还要教师经年累月地积累经验,判别真伪,形成自己的真知灼见。

2. 进入引领式学习，完成观念的转变

一个教师在五六年之后容易产生依赖性和惯性，尤其是形成了一定的教学经验之后就会把自己封闭起来，认为似乎可以应付日常的教学问题。这个时候，需要教师们深刻地追问自己：我明白了多少教学观念？仅仅是明白了教学观念还是在指导教学实践？怎样才能尽快转变教学观念？教学观念转变了，教学行为一定要改变吗？

为了解决以上问题，一个重要的建议是，通过不断地阅读，充实自己的头脑；借助知识的力量，丰富教学的思想。每位教师都应该明白，如果这个时期沿着惯性经验操作，那么一辈子或许就是一个"教书匠"，虽然"匠艺"也有高低之分；如果这个时期加强学习进修，自觉进行阅读，犹如重新确定人生观一样会获得一种全新的思考与认识。我们提倡教师要把精读与泛读结合起来，读什么呢？一是读经典著作，二是读专业理论（包含专业报刊），三是读文化知识。经典作品往往是名家名作，可以有选择地先吃透一两本或三四本书；专业理论主要挑选与所教学科有密切关系的书籍，可以特别注意新课程改革中的案例剖析和实践指导用书；文化知识指的是专业素养和社会性知识，为的是丰蕴自己的文化底蕴。作家贾平凹曾经说过："你若喜欢上一本书了，不妨多读。第一遍可囫囵吞枣读，这叫享受；第二遍就静心坐下来读，这叫吟味；第三遍便要一句一句想着读，这叫深究。三遍读过，放上几天，再去读读，常又会有再新再悟的地方。"虽然这里说的是文学创作和读书借鉴问题，但与教学突破是同一个道理，任何一位教师，哪怕一个名师，只有在阅读别人思想的时候才能明白他们走到了什么地方，留下了什么脚印，才能知晓怎样去继承、发展、改革和创新，人生阅历的一部分从自己的生活中来，另一部分从别人的书本中来。书读得多了，对教师的心灵健康、教学智慧的发育，起着巨大的推动作用。

先读书不思考，就无法提升自己的思想境界。读书不仅是为了寻找书中的乐趣，虽然许多书籍以愉悦身心的面貌出现，而且是为了寻找真正属于自己的思考与创造。读书的好处在于印证笛卡儿说的"我思故我在"的真理，不是躺在感知的温床上，而是走在智慧的道路上。思考成为验证"前见"式的尺码，演变成拔节抗争的竹竿，是一种生命激情产生的反弹。我们要站立在实践经验的平台上放眼看教学世界的天空，然后才能攀登教学观念的天梯，以此促进教学行为的改观。

当然,读书的同时其实是在读人、读思想、读人生。也就是说,读作者的生活经历与实践感悟,读作者的人生况味和精神风貌。为此,我们的阅读还可以拓展到读身边的人,读周围的书。在参与观摩、培训与研讨的一系列活动中,揣摩"活人活书",更直接地面对他们进行切磋与交流,在展示自己的同时打破"思维定式"和"习惯图式",攻克惯性和惰性,完成教学观念的转变。

1. 缺乏专业的行为反思易导致单调呆板的职业生活

关于行为反思的话题已经不再新鲜,人们围绕着"什么是反思""反思什么"和"怎样反思"三个方面展开了全方位的论述,不乏切身感受和创新思维,尤其是一些理论工作者的多维视角和新颖观点,更使我们大开眼界。因此,作为教师不必考虑要不要反思其专业行为,而应研究能不能反思其专业行为,从而改变日复一日、年复一年的单调乏味的职业生活。

既然反思是一种站立在自我之外的、带有批判性地考察自己的行为及情境的能力,那么反思者就应该不拘泥于现成的教学理论与现实的教学实践之间所产生的矛盾与困惑,而是应尝试对教学事件和教学行为进行解释和提供证据;对教学事件产生的可能性或必然性的原因进行分析、探索和批判,给出反思之后决断的理由和措施。因此,反思活动涉及反思者忍受痛苦的抉择和享受快乐的双重体验。

反思是个性成长中的必然经历,随着生命发展过程中文化知识、专业素养、社会责任等方面的丰富与提高,教师们逐渐注重在个体身上挖掘存在的问题和可供借鉴的价值,特别是在比较印证中探讨行为改变的方法。专业反思一是对教学技能的反思,二是对教学策略的反思,三是对教学理念的反思,归根到底是对自己教学行为的反思。为什么我们常常会反思乏力,实际上是缺乏对教学事件的敏感反应和反思自觉性。教师的反思绝不是说空话和套话,而是面对不同时期不同事件的审视与批判,是为了解决教学中产生的具体问题。我们可以经常问自己,现在的教学方法好吗,能不能换一种方法,有没有更好的方法?为了反思,教师必须读书、读人、读人生,从书籍和人际交往中寻找自己的精神同伴和人生范例,经常性地用读书笔记或教学笔记来记载反思内容,用换一个角度思考问题的方法来作出正确的选择和改变。这是一种经验的体悟,成败的关键并不取决于关键的教学事件,而是取决于日常自我澄清的思维过程。

需要特别强调的是,在自我专业更新中反思的重要方式包括两个方面:一是作为一种个人的独立活动进行反思,是自我内部的认识与思考;二是作为一种组织共同体的公共反思,需要教师间坦诚交流,促进个人信念的发展。如果要让反思具有深刻性、发散性和持续性,群体反思来得更为重要。反思必须渗透于日常的专业行为,应成为一种专业生活方式,我们既允许教师自由选择学习方式和反思内容,激发其专业成长的自觉性,又必须创造学习和反思的必要条件,提供充分的反思支持,适当的时候不局限于反思的交流,而要把反思的理性认识落实到具体的教学行为之中予以检验,从而建立起良好的同事关系和合作环境。

2. 从教学活动中发现教学问题提升教学智慧

如果说从事教学五年之内的教师有一种"模仿秀"的味道,那么从事教学五年之后的教师则要追求个性意义上的形神兼备的内涵。教学必须有走出模式的决心,要不断从教学活动中发现问题,经过自己的思考和探索,追求自己的教学特色,发展自己的教育智慧。

首先要追问自己"为何这样教",明确自己教学的价值取向。一是看自己是如何处理教材内容的,是否形成了一个由浅入深、由表及里、由因而果的教学过程,体现教学认知的自然规律;二是看自己是怎样灵活运用教学方法的,能否根据教学难度的层次与学生接受能力的差异恰当地使用启发教学等方式,更新教学手段,开发学生思维能力,提高课堂教学的有效性;三是看自己是怎么组织教学语言的,是平淡乏味激不起学生学习兴趣,还是富有激情为学生树立有声语言的标杆;是缺乏良好的语言习惯,还是给学生以生动形象的语感享受。

其次要追问自己"教出了什么",分析自己教学的动态走向。教学反思是教师自身自觉地把自己的教学实践作为认识对象进行反观自照的研究过程,更多的是一种"课后反思"的类型。当一堂课、一单元课之后,教师必须发现一个陌生的自我,"教然后知困,知困然后能改",只有从困惑之中找到问题,深思其因,敢于怀疑自己,才能突破和超越自我。直面自己的无知并非是愚蠢的表现,而正是因为这种举动,才会使自己在以后的教学日子里更加努力地使自己不再无知。所以,思想与行为是共生的关系,可以通过教学日志、随笔的形式把成功之举和失败之处记录下来,发现学生独到的思维火花,享受自己偶然的灵感智慧,摸索教学相长的创新方法,突破习惯和经验的束缚。这种冷静、全面、深入的思考分析便于教师进入更优化的教学状态,促使自己逐步走上问题研究之路。

再次要追问自己"教完了怎么办",着力自己教学的再研究。研究,与实践相伴,以解决实际问题为立足点,注重理论与实践相结合的原则,重视课例研究和叙事研究。要对自己所作出的行为、决策并由此产生的结果进行审视分析,所以它不是一种简单的教学经验的总结,而是一个伴随整个教学活动过程的主动监控、分析和解决问题的过程。研究的起点建立在自己教学行为的基础上,要有一定的事实描述,绝不能凭空想象。例如,课例研究就是对典型课例进行整理、分析、反思的一种研究方法,应特别注意针对课堂教学行为和教学事件予以分析,以课例为载体,研究教师如何运用合理有效的方式解决具体问题的方法与途径。这种研究可以是片断式的,也可以是完整型的,融合了叙事研究、个案研究的方法,从确立研究的具体问题开始,经历进入研究现场(教学具体场景)、采写现场文本(教学具体事件)、撰写研究报告(教学具体反思)三个至关重要的环节,一是到实践中开展原创式研究,在没有很多专业理论素养的情况下,几乎是凭直觉去感悟教学的故事,所产生的体会与思考是具有原创性的;二是在实践中开展印证性研究,在充分学习把握了一定的理性认识和教学思想之后,寻求验证,寻找教学故事,进一步完善自己的教学理念。无论是开展怎样的问题研究,都是一种工作反思和实践求证,特别需要教师广泛收集教学问题,关注教学的细节,回到事件的本身,用原来的故事来生成研究的空间和丰富研究的意义,使这样的研究具有"草根化"的特点,以便于使隐藏在现象背后的本质显露出来,使平凡的教育事件产生不平凡的教育智慧。

三、行为品质:从行为规划到风格建筑

新时期教师的自我专业发展,是一曲生命成长之歌。在经历着让身心疲惫、无法逃避的困惑过程中,教师同样享受着教育生活带来的激情与幸福。当我们开始叩问教师生命的价值时,形成教学行为品质就成为专业发展中的至高境界,要求人们用教育的信念去追求教育的真谛,去培养富有精神意义的行为风格。

1. 你对自己的职业生涯进行了规划吗

教师的专业素养指的是教师作为一种职业角色所需要具有的教育教学专业的

知识、技能、能力及品行素养。一般来说,它包含专业态度、专业知识和专业能力三个方面。专业态度指的是一种专业的精神,需要具备良好的职业道德观、世界观和人生观,从而自觉履行教书育人的神圣职责,实现生命主体的价值。专业知识包括学科性知识、条件性知识和文化性(或社会性)知识,从而形成多层复合的知识结构。其最基础层面的是任教学科的专门性知识与技能,不仅应了解它的发展历史与趋势,用该学科提倡的独特认知视角和思维方法来实施良好的学科教学;而且要求每位教师熟悉教育学、心理学等条件性知识,帮助教师认识学生,形成积极的教育观;在此基础上,主动接受当代人文科学方面的文化知识,拓宽阅读视野,培养智慧品质。专业能力可以划分为学科教学能力、教学研究能力和职业生涯规划能力三个组成部分。学科教学能力包括灵活处理教材、教法的能力和组织教学的能力。教学研究能力主要指研究学生和研究教学完成的能力,它反映出教师在专业工作中突破教学经验,综合性、创造性地形成解决问题的能力,是使教师工作更富行为魅力的一种标志。说到职业生涯的规划能力,可以从"过去的我是怎么样""现在的我能怎么样"和"将来的我还能怎么样"三个层次予以解剖和设计,是一种回顾过去、面对现在、展望将来的一种生命谋划。

当前情况下,教师的职业枯竭问题是心理健康界和教育界共同关注的问题。"枯竭"在现代汉语词典里是"干涸、断绝"的意思,职业枯竭也可称为职业倦怠或心理枯竭,是在工作重压之下身心疲惫的一种状态,是身心能量被工作极度耗费的一种表现。教师的职业枯竭,是指教师在一定的职业发展阶段中由于长期的工作压力、紧张心情及较低的成就感所导致的情绪低落和身心疲乏的心理状态,主要症状表现为疲劳、头痛、失眠、行为迟缓、智力衰退、情绪松懈、成就感低,它影响教师的职业情感,弱化教师的职业使命,动摇教师的职业信念。为了改变这种现象,需要对教师的生存状态进行生命的关怀,让教师获得生命的自由。

经验表明,要克服职业枯竭问题,就要增强个体抗衡能力,刺激个体成长期望,改善个体培训组织。教师的专业发展是一个不断变化和扩容的过程,教师的内心世界是一部不断滋养丰盈的巨著,教学的过程是一个心灵对话的过程。帕克·帕尔默在《教学勇气》中回答教师怎样才能倾听来自内心的声音时建议:独处静思,沉思默读,野外散步,坚持读报刊,找一个可以倾诉的朋友。我们的理解,一方面要学会自我倾诉,与自己的心灵进行对话,寻找心灵世界的导师;另一方面,要学会相互倾诉,沟通彼此的心灵,绘制心灵世界的地图。只有认识自己才能找回自信,只有找回自信才能自我改进,从问题中深入反省求得对教学的深刻认识,在否定自我甚至"毁灭"自我的过程中赢得自我的新生。在学校组织内,应积极构建平等、民主、宽松、包容的学校氛围,建立公正、公开的评价制度,既讲究和谐协作又要合作竞争,实施人性化管理,在构建精神家园上充分重视教师的主体性角色,让教师获得自我超越的精神享受。

2. 你能不断建构自己的行为风格吗

教育是生命自身的行动历程,所有的教育理想都依托生命而精彩。专业行为建设的根本在于培养自己的行为风格,凸显自己的个性特征。如果教师的理念一直停留在学习所得,其行为就会被外加的理念所约束,教师就永远逃脱不了"教书匠"的命运。有风格的课堂才是美的课堂,因为评价一位教师的教学技能是否已经成熟,一个重要的标准就看他在教学艺术上是否形成了独特的风格。

教学风格是一个教师在长期的教学实践中逐步形成的,是其一贯教学观点、教学方法和教学作风的综合表现。真正的个性化的教学风格,一看教师的教学思想合乎现代教学的理念,二看教师的教学个性在课堂上得以充分展示,三看教师的行为思考积淀了厚重的教学经验,四看教师的教学作风启迪大家进行广泛的实践思索。《人民教育》编辑部的赖配根先生在谈及"师生关系"到"教育关系"时说过:"如果你有幸遇到了一位伟大的教师,那么他令你难忘的,往往不是他教给你的知识。也许,这些知识你早已忘记了,而是他的行为方式、性格、气质等。譬如,他对生活的热情,他的严于律己,他的嫉恶如仇,他的文学才华,他的博爱胸怀,等等。"由此,我们可以很自觉地警醒自己,要想朝着成为一位成功的教师迈进,就不能一味地梦想着自己多么伟大,而是要用自己的精神去感染学生的精神,用自己的心灵去沟通学生的心灵,用自己的风格去塑造学生的风格。我们知道,当你是语文教师时,你站在学生面前,你就是语文;当你是数学教师时,你站在学生面前,你就是数学;你是在用你的方式去理解知识和传授知识,表现的是把所教学科的知识融入具有个人风格的教学之中,这是一种调和与整合,必须不仅适合于教师,更应该适合于学生,产生一种教学相长的、生机勃勃的温暖关系。

优秀的教师是怎样成长起来的？一是靠长期艰苦扎实的教学实践,二是靠顽强自觉的学习吸收,三是靠深入透彻的理性思考。当进入加工教学理念、反思实践问题的关键时期时,尤其需要考虑能不能以独特的个性风格,让自己生动起来,形象起来,丰富起来。有着积极思考习惯的教师虽然会遭受各种矛盾困惑带来的痛苦,但智慧的成长成就了随之而来的幸福体验。教学艺术的理想追求,就是一种教育专业的创生过程,是一种专业发展的行为策略,它无时无刻不在提醒着我们去追求自然、平常、和谐、行云流水般的至高境界。

从行为跟进到行为改进,其实是一种行为品质的动态凝结,是在完成自我裂变的使命过程中,实现自我专业的更新和成长,这是一种思想的启示,更是一种行为的升华。

第二节 青年教师专业成长策略

青年教师专业发展普遍存在着职业精神缺乏、教学艺术欠佳、科研意识淡薄等发展现状,针对这种状况,只有狠抓师德建设,唤醒职业情怀;强化技能培训,提高教学水平;完善培训研修,提升专业素养,才能加速青年教师的专业成长。

一、青年教师的专业困境

(一)教学理论不深,缺乏职业精神

一是"三个理解"不深。青年教师一毕业就走上讲台,没有足够的时间来领会教材体系、把握整门课程的脉络;没有很好地钻研教材、研究学生、设计教法,没有形成自己的教学风格。由于理解教材、教学和学生的不到位,部分青年教师很难放下身子、脚踏实地、努力工作,希望快速成才,却不愿付出劳动。

二是缺乏职业效能感。受社会观念与传统理念的影响,部分青年教师只是把教育工作当成谋生的饭碗,而不是毕生的事业。有的人本来就对教育事业不感兴趣,教师职业只是发展道路上的一个跳板,一有机会就跳槽;还有些青年教师金钱本位思想严重,觉得教育事业没有前途,失落感很强。

（二）教学经验不足，教学艺术欠佳

青年教师上岗前都接受过上岗培训，并通过了考核，但这些考核的内容多是教育学、心理学的理论知识，很难内化成小学课堂对教师职业修养及职业技能方面的要求。青年教师在教学方法上大都存在不足，教学效果往往不尽如人意。

（1）教态不整，教法刻板

有的青年教师课前明明做了充分准备，但是一上讲台，就心绪不宁，手忙脚乱。有的从头到尾都没有和学生的目光进行交流，始终低头读教案或看黑板。有的课前想了很多有利于课堂教学组织的方法，但课堂上却把那些很好的教学素材忘得一干二净。

（2）教学语言不够规范

有的教师从头到尾都是一个腔调，缺乏必要的起承转合，使人昏昏欲睡；有的语无伦次，条理不清，逻辑思维混乱；有的语速过快，总想一口气说尽天下事。

（3）不能科学地使用现代的教学技术。

有的整堂课只面对显示屏或者大屏幕，不看学生的反应，缺乏师生互动；有的过度依赖媒体软件，不能有效地编排、整合课件内容，课件华而不实，不能调动学生的学习兴趣。

（三）科研意识淡薄，科研水平不高

青年教师由于工作时间短、缺乏专业阅读等原因，职业视野不够开阔，缺少一些跨学科、跨专业的知识，理论联系实践的能力不强，科研意识淡薄。多数教师从事科研只是为了应付科研考核或职称评定。青年教师通过自身努力能争取到的科研项目常常很少，由于经验不足，很难独立承担课题研究，因此在科研上普遍没有大的突破。

二、青年教师成长的应对策略

青年教师想要提高教学水平、站稳讲台，需要一定时日，自身努力是发展的内因。学校以名师引领、精准结对的形式积极引导青年教师端正工作心态，掌握教学方法，优化教学内容，提升专业技能，淬炼专业品格，使其成为活跃在教育教学第一线的生力军。

（一）狠抓师德建设，树立师表形象，是培养青年教师的前提

指导青年教师学习教育心理学理论、现代教育技术、先进的教育思想及教学方法，帮助他们更新教育观念，了解未来教育的发展趋势。通过举办职业道德辅导讲座，围绕思想建设、理论素质建设、师德建设、自身修养建设等方面提出具体要求和措施，把青年教师的职业道德作为考核的重要内容，通过学生、同事、领导打分的方式，对青年教师进行测评，严格实行"师德一票否决制"，养师德，树师风，铸师魂。

（二）强化备课要求，增强教学基本功，是培养青年教师的核心

高质量的备课是教学成功的重要保证。集团校借助名师引领的"四轮备课""半日研修""周日讲堂"三大平台，协助青年教师备好课。在备课过程中，我们要求教师要做到"五备"——备教材、备学生、备教法、备学法和备辅导。学校根据学科特点和教学实际，由一线骨干教师组成的名师工作室写出示范教案，供教师备课参考，再通过"半日研修"与"周日讲堂"对教案进行试上与调整。集团校还开展优秀教案评比活动，评出优胜者，颁发证书，选出有代表性的、独具特色的教案，汇编成《优秀教案选集》，供全体教师特别是青年教师学习。

狠抓青年教师课堂教学六项基本技能——导入、演讲、演示、提问、板书和总结、培训和考核，提高青年教师对教材的处理能力、教学情境的设置能力以及对课堂教学的把控能力。同时强化教师基本功训练，联盟校之间要积极组织教师基本功大赛，鼓励青年教师苦练基本功，提高青年教师的教学水平。

（三）抓好"三课教学"，提高教学水平，是培养青年教师的关键

抓"入门课"：实施"青蓝工程"，强化老教师的"传、帮、带"作用，促进青年教师的成长。一是名师示范引领——通过名师学科带头人讲解、教学经验丰富的骨干教师和教学能手示范、专家名师讲座等措施，引导青年教师合作学习，帮助他们进行案例分析、示范模仿、反思构建等。二是组织听课学习——我们要求名师率先垂范，上好每一节常态课，让青年教师能够及时学习。这一实践使教材与教学实践更加直观地结合起来，提高青年教师掌握新课标、处理教材和灵活运用教法的能力。通过以上手段，全面提高青年教师的教学水平，帮助青年教师尽快熟悉课堂，向名师迈进。

抓"常态课"诊断：集团校领导班子成员牵头组织名师骨干深入课堂听课，进行课堂教学评估后，有计划、有目的地选择水平一般的青年教师，由骨干教师为他们

把好备课关,帮助他们分析教材、把握教学重难点,多组织公开课,让他们试讲,帮助他们改进,最后上一节比较成功的校级公开课,让他们尝到成功的喜悦,增强能够上好课的信心。

抓"优质课"评比:通过开展优质课评比活动,鼓励青年教师参与课堂教学改革,帮助他们形成自己的教学风格,为名师队伍建设储备人才。

(四)完善继续教育,拓宽知识结构,是培养青年教师的保障

认真落实青年教师培养计划。利用空余时间,主要是周末与寒暑假,以学科为单位,组织专题讲座,系统阐明课标的结构与体例、教学目标与要求等,让他们对所教学科的教学目标、教学要求有明确的认识。

积极开展学术交流和进修培训。有计划地选拔优秀青年教师参加同类课程的备课、教研交流,集思广益,共同提高;组织青年教师参加上级精品课程骨干教师培训班学习,帮助青年教师更新教学理念,向名师学习,保持教学内容的与时俱进,不断拓宽视野。

支持青年教师提升学历,提高能力。鼓励优秀青年教师报考教育硕士,参加各类教学比赛。学校要为青年教师创造良好的条件,使教学科研与工作实践紧密结合,提高教师的教学和科研能力。

三、名师引领青年教师专业成长所取得的成效

通过名师引领,针对青年教师的最近专业发展区,结合名师特长,我们在共生联盟内开展精准结对帮扶,从青年教师的专业愿景、师德师风、课堂教学、科研研究等多方面,激发教师的教育情怀,提高教师的课堂实践能力、反思学习能力,取得了良好的效果。

1. 师德师风

通过与名师的精准结对,青年教师与名师零距离接触,名师现身说法,开展交流谈心,分享心路历程。青年教师在提高认识的基础上揭示问题,找准主要矛盾,加深对师德的理解。青年教师通过学习名师成长过程,并对照自己的过去,检查自己在工作上出现的许多问题和不足之处,把忠诚于人民的教育事业,看成最高美德,时时激励自己,学会在工作上勤勤恳恳、兢兢业业,并时刻用"学为人师,行为示

范"的要求来约束自己,做家长认可、学生喜欢、学校放心的"三满意"教师。集团青年教师成长迅速,多人被评为省、市"师德先进个人"和"优秀模范班主任"。

2. 课堂教学

在名师长期的引领帮扶下,一大批教师的教育教学技能得以大幅度提升。每年都有青年教师走上县、市、省级赛课的讲台,展示教者风采。下面以《磨出美丽磨出成长》课程为例,说明联盟校一位青年教师磨课的过程。

自我2015年加入阜宁实小这个大家庭,我无时无刻不被这个家温暖着、感动着。在这个家庭里,我在集体备课、半日教研中结识了很多良师益友,得到了许多帮助,也成长了许多……

"小陈,下周二教研课轮到你上了吧,这两天得好好准备啊!"主任的话如一声惊雷,炸在我心上。一想到整个集团的五年级教师都要听我的课,我就脸红心跳,六神无主。杨莉组长看我心慌气短的样子,温和地笑着对我说:"年轻人,多上课,多练练,我们都是这么过来的。"然后耐心地询问我,14课的课文有没有看过,教案熟悉了没有,课件有没有准备。我就将我的思路和杨组长进行了简单交流,组长听了,点了点头,建议我先找个班级试上。

第一次试教,不出意外,很糟糕!由于教学时间分配不合理,教案内容没上完,学生听得云里雾里,不知道我在上什么,我觉得丢脸极了!组长问我,你觉得哪个环节出了问题。我老老实实地说出了我的想法:教案不熟悉,学生不熟悉,课堂重点没把握好,教学时间也没分配好。"第一次公开课,你能上成这样已经很不错了!我像你这样年龄的时候,上得还不如你呢!"听了组长的话,我心里一阵暖流流过,虽然我知道这是组长的安慰之辞,但心里确实没那么难过了。组长接着又语重心长地告诉我,这节课我们还需要研磨。首先,这节课的教学目标和教学重难点是否心中有数。《高尔基和他的儿子》是一篇围绕"爱"字组织材料、表达主题、语言清新、含义深刻的作品。课文通过苏联文学巨匠高尔基在意大利的小岛上休养时,和他10岁儿子之间发生的"栽花赏花""写信教子"两件生活小事,反映了高尔基父子间的亲情和高尔基育子先育心的拳拳爱心。对于这样一篇感情真挚、意蕴深远的美文,如何结合小学生的心理特点与学习实际,引导学生深切地感受美文背后的浓浓亲情、体会做人的道理是本文教学的重点,也是教学难点。把握住重难点的同时还要对整个教学流程做到心中有数。整节课大致可以分为四个环节——板书课题,复习导入;读"栽花",表达"爱";品"赏花",感受"爱";议"写信",升华"爱"。紧扣"爱"这一主题,通过多种途径引导学生感受爱,表达爱。最后也是最重要的一点,我们要自信,不管后面有多少人听课,我们都要视他们不存在,做到眼里只有学生!

听了组长一席话,我重新燃起斗志,行不行,试一试才知道。收拾好心情,我开始了第二次试教。这一次较第一次来说,我自己都感觉到了进步,这种成功的喜悦却没能持续太久。因为分管我们五年级的刘主任也来听课了,她指出我课堂上存在的问题,整节课看似行云流水,词句抓了,课文读了,情感体会到了,实则浮于表面,学生的感情入得不深,入得不透。高尔基对儿子的爱是一种"大爱",广博、宽泛。教学时体现得不够,理性的分析多了,情感的渲染则少了。

于是,我再次研读教材和教案,准备进行第三次试教。就在我准备的过程中,刘主任不厌其烦地一次又一次地听我试讲。在课件的制作、过渡语的转换上给了我很多的启发,甚至每一句话、每一个字该用什么样的语气都给我做了示范,让我明白了什么叫作精益求精。看到教研组领导、教师们这样无私地帮助我,促进我们青年教师的成长,我深刻地理解了什么叫作家人,什么叫作教育。

在讲解课文难点理解高尔基信中含义深刻的句子时,我通过三个问题:① 为什么是在"岛上"留下美好的东西;② 比较高尔基信中一、二两段中的"美好的东西",通过观看一段《帮助他人》的公益广告,让同学们尽情畅谈"美好的东西";③ 理解课文的最后一句话——"给",永远比"拿"愉快。学生展开了想象的翅膀,他们的思维远远超出了我的预想,直接升华到精神层次的、抽象的"美好的东西",如生活中使人愉快,送给别人温暖的美好东西——像奉献、帮助、付出、给予……从而理解了高尔基对儿子的期望,对儿子深沉的爱。

历经了三次试教,教学流程清晰了许多,课堂也变得流畅了不少,这也就预示着课程的结构是不需要进行大的改动了,但是细节上还是需要反复去琢磨,去推敲。这时同组的孟老师花了周末整整一天的时间,帮我一遍一遍地梳理语言。在她身上,我学会了在课堂生成方面多几个预设,那样课堂的走势就会掌控在自己手上,在应对种种未知的时候就能够游刃有余。

到了周二教研课那一天，因为有了充分的准备，我变得自信了许多。那天，我以最好的状态，展现了最好的自己。当然教学是一门遗憾的艺术。没有完美无缺的课堂，只有精益求精的态度。听课教师提出的建议是这节课在人文性上体现得很好，但是工具性方面就显得单薄，如高尔基儿子给高尔基的回信，教师最好能引导学生先口头表述，再动笔写。这为我的课堂再次改进明确了目标。

这次教研课，对我来说，犹如破茧成蝶。丑丑的毛毛虫，它要痛苦地咬破自己编织的茧，让生命重新灿烂。作茧，是为了破茧，只有破茧，方能成蝶。这个过程是痛苦的，却是完成了生命的本质的飞跃，所以它又是美丽的。我相信，在名师工作室的引领下，在实小教研组这片沃土上，每一位青年教师都能飞速成长，绽放出自己的美丽，收获精彩人生。

3. 教育科研

教师的生命力来自教育科研。青年教师由于教学经验的不足，往往还不能发现有价值的新问题，教科研能力还比较薄弱。解决这一问题的捷径是引导他们参与"师傅"所主持的课题研究工作。参与课题研究的过程中教师如果能以积极进取的心态，踏实地学习，就一定会有所收获。这种收获一方面是教师的教育思想和教研水平可能在潜移默化中产生了改变；另一方面，教师个体也会取得有益的教科研成果。近年来，联盟校青年教师的研究事业不断拓宽，科研素养逐步提升。每年联盟校内都有近百名教师的论文在省、市核心期刊发表。多位教师获省、市、县论文竞赛一等奖。下面我们结合一位青年教师在名师引领下参加课题研究的心路历程——《基于专业反思的课题研究感悟》一文，谈谈青年教师教科研成长的益处。

随着时代的发展，社会对人的要求不仅仅是需要丰富的知识，更需要的是获取信息的能力。显然，数学教育的功能也随之发生变化，在传授知识的同时，应注重对学生学习能力的培养，尤其是对学生质疑和解决问题能力、探索和创新意识的培养。

作为一位工作仅仅两年的青年教师，去年，我们在学校领导和专家指导下，在课题主持人的带领下，开始逐渐深入"小学数学开放性作业的探索和实践"这一课题研究领域。从刚开始时的探究思路比较模糊，经过不断地深入调查研究，多次的交流探讨，我们的思路渐渐清晰，并在实践中不断地修正我们的方案。由于我是第一次深入系统地做课题研究,缺乏经验,所以在研究过程中走了不少的弯路。这是一个充满艰辛与茫然的过程,我发现这恰是一个最优化的成长过程。下面我将从三个方面谈谈自己做课题的一些体会。

一、用心做课题

用心做课题,也许有人会认为这太容易做到了,其实不然,对于教师,特别是青年教师来说,正常的教学及各项教育工作已经令教师很费心,还要再用心做好课题并非易事,由于需要多方面专业理论知识,前期我在课题组主持人的指导下,花了大量的时间在阅读相关书籍资料上,以补充我专业知识上的不足,如阅读和体会乔晖教授对科学探究本质的解释,张齐华、李辉教师的观点等让我很受益。同时课题主持人邱老师也多次对我们进行了课题方面的培训与讲解,如果不用心去做,是无法深入理解课题主旨的,更无法做到有效、有质。

二、团队合作、交流讨论

如果没有一个齐心协力的团队,就很难开展工作。从一开始便千头万绪的课题研究过程中,我真实感受到了团队合作的力量,在主持人的精心安排下,我们各自负责自己的分工,但又互相配合,互相沟通与交流。在交流会上,组员的观点经常会被否定甚至是被推翻,一个交流会下来,工作还在原地踏步甚至倒退的现象时常发生,所以我们经常觉得很受挫折,也很茫然,但值得庆幸的是,我们这个团队并没有因此而放弃,我们正是靠在这样的研究氛围中不断地修正观点与思路,最终得以进步。

三、科研能力提升的同时,教学能力也得到提高

进行课题研究的过程中,作为青年教师的我受益良多。在前期的准备工作上,我查阅了一些关于科学探究性学习的资料,丰富了我的知识储备。通过在实践阶段的理解和分析,我掌握了一些科学的方法,在整理资料过程中学到了很多科研方法,如文献研究法、实证研究法、数量研究法等等。同时在课题研究过程中,对学生有了更多的了解,这一点给我在教学过程中提供了很多的帮助,改善了我的教学能力,也使得我更加乐于去深入了解学生。

现如今我们的课题还在探索之中,今后的工作还很艰巨,但我坚信只要我们共同努力,扎实工作,不断探索,不断进步,我们的课题研究一定会取得成绩。

参与课题研究给我最大的感触是进行课题研究是一个充满艰辛与茫然的过

程,而这恰是青年教师最优化的一个成长过程。

附件1:对联盟校青年体育教师专业发展现状的调查报告

为了解联盟校部分青年体育教师的职业心态,我们通过对联盟校府前街、石字路、苏州路、向阳路和长春路等15所城乡小学做了调研,样本为93人,均为一线体育教师,平均年龄为42岁,35岁以下的年轻体育教师有34人,占一线教师比例的36.5%。

一、青年体育教师发展过程中存在的主要问题

第一,多数教师属于被动选择体育教师这一行业,无专业发展动力和方向感。有21%的体育教师认为教体育有意义,对工作充满激情;而有71%的体育教师认为仅仅作为一种谋生手段,没有太多发展空间,缺乏成就感和职业效能感;还有8%的体育教师对工作感到厌倦,极度后悔,想跳槽,但又没有更好的选择,其中我们发现,在这8%中,青年体育教师占的比例不是很大。另外,有不少青年体育教师在工作1—5年中选择离开,究其原因多与待遇、人际关系、理想前途、社会地位等有密切关系。

第二,职业身份和角色的转变,专业能力和素质欠缺导致教师不知所措,失去方向感,尤其是面对现实教学中的体育学科在学校中的地位而更加失去信心。经过调研,了解到学校体育教师对学科地位的判定偏低:有54%的体育教师认为无学科优势,体育仅仅是学校的面子工程,没有得到应有的重视;还有28%的体育教师认为一般;仅18%的体育教师认为有较好的成就感,能如其他学科受到同等重视,但是,这些体育教师绝大部分为重点中学带训练队的业余教练员。

目前部分学校片面追求升学率,重智育轻体育的思想倾向还是较为突出。有些甚至在教学中随意更改教学计划,任意缩减体育教学课时,甚至是课程表上安排的体育课时也得不到保证,经常被挪作他用,例如用于补习语文、数学、英语主科课程,或是用来开会、班级大扫除、排练节目等。甚至有个别学校的毕业班干脆取消体育课,学生体育锻炼的时间几乎为零。由于不少学校对体育课程不够重视,造成体育教师缺乏敬业、奉献精神,产生消极情绪。对待学校的工作往往是事不关己高高挂起。导致原本就少的体育课处于一种"放羊"式的低效状态。

第三，过重、过多的工作负担让体育教师身心疲惫，造成厌倦体育教学。体育教师主要工作是体育教学、课余训练和群众性体育活动的组织等，不少体育教师还兼职做学生工作，在政教处、保卫科等科室兼职，管学生纪律、卫生和学校的工会等非体育专业的事情，教师参与学校的相关工作是在所难免的，但往往是不仅要上16—20节体育课，还要带训练，除此之外，再安排其他工作就会给体育教师带来巨大的工作量和工作压力。通过对这15所学校的体育教师的问卷调研发现：34.6%的青年体育教师认为教学工作量过大；39.8%认为教学工作量较大，有点吃力；17.4%的体育教师认为工作量一般，可以接受；8.2%认为工作量较小。

二、青年体育教师成长困境形成的原因分析

第一，通过对青年体育教师访谈发现，他们多数教师都透露出"走上体育教师的行业，是个错误的选择"这一内心想法，高中三年的求学路就是为了能考取大学，而在高中阶段选择考体育专业，并非是自己爱好体育而走上体育教师这一岗位。有一所学校在三年内相继有两位青年体育教师在工作两年后，辞职离开体育教育的行业，他们离开体育教育行业的原因就是现实与他们职业期待的落差太大。体育教育不是自己真正向往的工作，当时为了高中时能考上学校，而忽视了自己的爱好与未来的工作方向，导致工作后不能很快调整自己的情绪和状态，失去动力和方向。

第二，青年体育教师普遍都会存在这样的问题，从大学的学生身份转换为教师角色、变成一个孩子王；由大学时悠闲的生活到面临较大压力的工作，生活方式和角色的改变调整不够及时，导致不知所措，失去了前行的方向。大学时的生活是悠闲的，自由支配的时间很多而入职工作后生活压力太大，再加上对工作的认识不足，因此，我们会看到有的青年教师整天还会泡在网上游戏、目标盲目、不知所措，浪费了很多宝贵的青春时光。另外有的青年教师自身素质和专业技能不强，自我约束和继续学习意识淡薄，甚至可以说根本没有上进心，当面临评优、评职称时，自己因为各方面原因未能评上时，又会产生破罐子破摔的悲观情绪。

第三，在现实的生活中，体育学科在学校中的地位偏低是不争的事实，一部分教师谈到学校对于体育学科的态度时，都会感到非常失落，他们的深切感受就是体育学科是学校的面子工程，需要时很重视，不需要时无所谓；需要时把体育教师累到半死，谈到待遇时免谈；学校对体育学科的不重视，对体育教师成绩的认同很难做到同工同酬;学校对各类评选中经常会出现偏科和不公平的现象。在这种工作氛围中,很多的年轻教师一时很难适应,出现自我放弃的现象。诚然,体育学科有其自身存在的学科价值,体育教师的学科地位更多地需要靠自己主观努力去获得,有为才有位,但是在学校这个系统中,体育学科发展需要一个基本的发展环境,其中体育教师就是一个关键要素,青年体育教师理应成为重点关注和培养的群体之一。在当下,把学校的升学率摆到第一位是绝大多数校长的无奈选择,作为体育教师应该理性地认同,但是并不能因为学校重视应试学科的升学率,就认为体育教师没有发展前景从而自暴自弃,体育教师的发展更多地应该是对自己现实状况的清晰把握,从而寻求发展方向,因为任何一件事情和人的发展都离不开人的自主能动性。

第四,一部分青年教师对自己实际工作状态不满意,青年体育教师也不例外。他们都承担着繁重的工作,面临着过大的生活压力,教学工作对他们来说更是一项重复、乏味的任务,在教学中很少能体会到创新和成长的乐趣。除课表上的工作安排、课间操、训练队的工作外,他们往往还要承担很多说不清、道不明的工作,疲惫之极,导致心有余而力不足;由于工作时间超标和工作量超负荷从而导致的精力不济,等等。尤其是付出得再多也无非是解决日复一日的温饱,仍然还要过一种身心疲惫的生活,很难看到职业的发展空间,很难体味到职业的乐趣,现实生活的这一切导致很多青年体育教师不愿多付出,在他们看来做多做少,学与不学,教好与教不好,其结果不会有什么不一样。

第五,学校对青年体育教师队伍的建设仍有较大空间。例如:青年教师外出学习和培训的机会偏少。老资历的体育教师不多,校内的师徒结对的过程还可以更富成效,往往由于种种原因没有激发老教师投入更多的时间和精力来指导徒弟,实现师徒的共同成长。

附件2:阜宁实小教育集团青年教师专业成长问卷调查

欢迎您参加青年教师专业成长的问卷调查。请您如实填写以下问题,您的回答将对我们的调查及结论的分析起到重要的作用。

1. 您的性别:
○ 男　　　　○ 女

2. 您的年龄：

☐ 22—30 岁　　☐ 31—35 岁　　☐ 36—40 岁　　☐ 41—45 岁

3. 您所在的学校属于：

○ 城区中心学校　　　　○ 非城区中心学校

4. 您担任的学科：

○ 主科(语、数、英)

○ 专科(音、体、美、科学等)

5. 您对自己目前的专业成长情况是否满意？

☐ 非常满意　　☐ 比较满意　　☐ 不太满意　　☐ 不满意

6. 您的学历：

☐ 专科以下　　☐ 专科　　☐ 本科　　☐ 本科以上

7. 您获得的学位：

☐ 学士　　☐ 硕士　　☐ 博士　　☐ 无

8. 您的专业技术职称：

☐ 小学一级教师　　　　☐ 小学高级教师

☐ 小学的中学高级教师

9. 请您按实际情况选择

	很不符合	不太符合	有些符合	比较符合	非常符合
我感觉到学校工作让我情绪低落					
我每天早晨起来想到要面对一天的工作时就无精打采					
我觉得下班后筋疲力尽					
我对自己的任教工作,常觉得负荷沉重,耗尽心神					
整天和人打交道的工作使我感觉很紧张					
我现在的工作使我无法冷静处理一些情绪上的问题					
我对某些顽劣的学生懒得去理他们					
我对某些学生常有"孺子不可教"之感					
我对外界不当的教育指责常感到难以忍受					

续表

	很不符合	不太符合	有些符合	比较符合	非常符合
我对现在的工作感觉有挫折感					
我觉得我能很有成效地处理学生的问题					
我觉得自己精力充沛					
我觉得和学生在一起让我感觉很愉快					
我觉得我能调控自己的情绪					
我有与同伴合作的强烈愿望,希望获得校长和同伴的认可					
我常对学生班级管理感到很有成就感					
我对目前的工作状态感到满意					
我很难感觉到像前一个时期那样快速成长,相反,发现自己很多事情都是在重复以前的工作					
我明显感到自己的成长速度减慢					
朋友和师长的双重身份对我而言是一种挑战和激励					
我能保持中等状态的教学效果,但即使更努力,也没有明显的提高,不过一般情况下也坏不到哪里去。					
我感到教学再努力,效果也很难有明显的提高					
我发现自己从同伴那里不能再学到更多的东西,觉得同伴懂的自己也基本上都懂					
我开始关心教学理论,但没有哪一种理论完全说服自己,觉得这些理论都与切身的感受不一致。					

10. 您曾经承担过何等级的科研课题?

□ 校级　　　□ 县级　　　□ 市级　　　□ 省级　　　□ 国家级

11. 作为一名小学中青年教师,您认为教育教学的关注点顺序为:

○关注自身　　　　　　○关注教学任务

○关注学生的学习　　　○关注自身对学生的影响

○关注课程

12. 从您的专业成长经历，您认为教师专业成长的途径为：

☐ 经验积累　　☐ 理论学习　　☐ 教学研究　　☐ 开阔视野

☐ 教学反思　　☐ 统整课程

13. 您认为当前阻碍自身发展的主要因素是：

☐ 自我发展的内在动力不足　　　☐ 存在懒惰心理

☐ 家庭负担　　　　　　　　　　☐ 经济压力

☐ 已成为一定区域内的骨干教师　☐ 工作压力过大

☐ 身体精力

14. 您是否愿意自己在专业上进行二次成长？

○ 愿意　　　　○ 不愿意　　　○ 无所谓

15. 您在二次专业成长道路上，希望得到学校的哪些支援：

☐ 制度上保障　　　　　　☐ 搭建个人成长平台

☐ 校本课题研究方法指导　☐ 建立学习共同体

16. 教师二次成长，要设法取得专业的支持力，利用各种机遇赢得机会，您认为这些机会包括：

☐ 学习交流　　☐ 学术研讨　　☐ 公开亮相　　☐ 培训研修

☐ 专家指导

第六章 联盟校顶岗教师专业成长的研究

本章从社会发展与教师自我发展两个维度，阐释了学校联盟出现的原因和建立的背景。笔者在前期大量调研的基础上，分析并概括了农村教师面临的困境，进而生发出对农村教师专业成长路径的探索与研究；通过不断实践与总结，得出名师引领学校联盟顶岗教师专业成长这一高效策略，给农村顶岗教师专业成长提供了参照。

第一节 联盟校顶岗教师的成长背景

一、联盟校的起源

联盟校说法来源于 20 世纪 50 年代。第一个在国际上享有盛誉的学校联盟体就是美国著名的"常春藤"高校联盟，包括下列八所院校：哈佛大学、耶鲁大学、普林斯顿大学、哥伦比亚大学、宾夕法尼亚大学、达特茅斯学院、布朗大学、康奈尔大学。

上述学校早在 19 世纪末期就有社会及运动方面的竞赛。盟校的构想酝酿于 1956 年，各校在订立运动竞赛规则的基础上制定了常青藤盟校的规章，选出盟校校长和一些行政主管，定期聚会讨论各校间共同的有关入学、财务、援助及行政方面的问题。

20 世纪 80 年代，随着对外开放与交流的不断深入，中国高校为适应自身发展的需求，相继建立了高校联盟。这些高校联盟是拥有共同利益追求并且围绕共同的战略目标的高校，通过所在联盟规则约束而建立的联合体。"办出特色，争创一流"，已成为当今高校合作的主要源动力，形成了"C9 联盟""卓越大学联盟"等 20 多个跨区域或区域间的高校联盟。这些联盟体内的高校，以"平等自愿、互信互利、互相尊重、共同发展"为原则,将构建优质教育资源互利共享的合作机制,实现资源共享、开放办学,在人才培养、科学研究、仪器设备、图书文献资源等方面开展互利共享的合作等作为宗旨,共同打造高水平行业特色大学战略联盟,着力提升高校的创新力与竞争力,增强服务国家战略需求、行业和地方经济社会发展的能力。

高校联盟体的成功经验给教育界的改革注入一针强心剂。这种实现区域间教育资源共享,推动整体提升与均衡的合作办学模式,如雨后春笋般在基础教育领域中盛行起来。

二、集团化办学

在联盟校兴盛的基础上,义务教育阶段的集团化办学模式应运而生。集团化办学是以行政指令为主,兼顾各学校共同意愿,将一所名校和若干所学校组成学校共同体(名校集团),以名校为龙头,在教育理念、学校管理、教育科研、信息技术、教育评价、校产管理等方面进行统一管理,实现管理、师资、设备等优质教育资源的共享。各名校集团以名校校长为领衔校长,由专家顾问、各校区校长组成的决策机构负责学校共同体的整体规划,并形成相应的执行系统、监督反馈系统。名校和普校之间既有统一的协调和管理,以保证同样的教育品质,又相对独立,追求各自的办学特色,实现互惠互助,共同成长。

20世纪90年代,随着经济社会的发展和城市化进程的不断推进,人民收入和生活水平不断提高,中心城区周边新建了大量住宅小区,这些新兴小区的家长热切希望孩子能接受优质教育。然而,一批在百姓心中颇具口碑的名校都处于老城区内,新兴住宅小区周边的配套学校因为办学历史和办学质量等原因得不到家长的认可,家长仍希望孩子能到老城区的"名校"就读。一时间,各大一线城市择校之风兴起。基础教育发展面临的困境是不仅要让孩子"好上学",更要让他们能"上好学"。名校是一种稀缺、宝贵的公共资源,实现名校资源利用效益最大化,是实现优质教育优质评价的必经之路,也是各级党政领导、教育主管部门和学校校长的社会职责所在。为进一步加快基础教育均衡化、优质化进程,努力破解"上好学难"的突出问题,各地教育主管部门致力于扩充名校优质资源,实现优质教育平民化、普及化,让更多的人接受优质教育。

这种办学模式一般经历移植、合成、新生三个阶段。一是移植阶段,即薄弱学校成为"子体",依托名校这一"母体"立校,成为名校的分校或校区,并移植母体的办学理念、办学模式,共享母体的师资、教学设施、互联网络、融资渠道、生源等。二是合成阶段,即"子体"在积极消化吸收"母体"优势的同时,努力通过定向培训、联合科研等形式培养本校具有发展潜力的教师队伍,培育自我发展和可持续发展的能力。母校和各校区同听一堂课、同读一本书,并请有经验的教师以一帮一的形式,辅导青年教师,从而进一步缩短各校区之间的差距。三是新生阶段,即"子体"在获得可持续发展后脱离"母体",成为新的个体,在校园文化建设等方面形成自己的品牌和特色,提升自我生存发展的能力。

自全面实施名校集团化战略以来,通过输出名校品牌、理念、管理、文化、师资,通过"名校+新校""名校+弱校""名校+农校"等多种形式,实现了名校资源利用效益最大化,教育投资多元化,推动了优质基础教育资源的快速扩充,促进了优质教育的均衡化、平民化、普及化,初步走出了一条破解"上好学难"问题的成功之路。

三、城乡共生联盟的建立

今天的农村教育与城区教育相比还存在一些差距,集中表现为:教学资源依旧匮乏,师资队伍缺乏专业性和内生性,管理机制有待健全等。城乡教育资源配置问题,成为牵制城乡教育一体化进程的重要研究课题。《国家中长期教育改革和发展规划纲要(2010—2020年)》中明确提出:"建成覆盖城乡的基本公共教育服务体系,逐步实现基本公共教育服务均等化,缩小区域差距。"文件中强调率先在县(区)域内实现城乡均衡发展,逐步在更大范围内推进。城乡教育互动发展主要依靠城区学校和农村学校之间的教育要素和资源,体现了在城乡空间的双向流动与优化配置。城乡教育之间的互动与关联发展,突破了城乡隔离体制下各类教育要素和资源在城乡之间的单向流动格局,有利于城区教育和农村教育的共同发展以及区域教育空间结构的整体优化,有利于缩小城乡之间的教育差距,有利于城乡教育的均衡发展。

城乡教育共生联盟是在明确城乡教育各自分工、相互促进基础上,农村教育与城区教育之间的一个多维互动过程,它不是空间的均衡化,而是一个有效聚集、有机疏散、高度协作的最优空间网络系统。它既包括农村教育资源向城市的流动,也包括城区学校的优质教育资源向农村的扩散、渗透和辐射;既包括城区学校对农村教育的推动作用,也包括农村教育对城区学校的促进作用。在这一过程中,农村教育或城区教育的发展并不是片面的、单向的,而是横向沟通与纵向联系相结合的协同共进。

1. 构建三位一体、多维互动的城乡教育互动格局

首先,依靠政府的垂直沟通和双方教育行政部门的横向合作,达成以共生理念为基点,以共赢为目的,以协同发展为目标的共建思想,在双方教育行政部门的协同支持下,各结对学校长期合作,形成"三位一体"的多向互动合作关系。

其次,通过区县教育行政部门、城区中小学、农村中小学的多向互动关系,搭建城区学校与农村学校的对接平台,形成管理融合、人员融合、研究融合、资源融合的多方面融合方式。

再则,通过"三位一体,多元互动"的教改互动方式,实现干部教师互派、教育资源互通。这一做法盘活城乡教师队伍,加快实现师资队伍的城乡统筹,加强农村中小学师资队伍建设,提升农村中小学教师队伍质量。

2. 建立自上而下扩散力与自下而上内驱力相结合的动力系统

第一,城乡教育共生联盟的推动力量,是由自上而下的城区学校扩散力和自下而上的农村学校内驱力形成的合力。城区学校的扩散力主要由办学理念扩散力、学校管理扩散力、教研互动扩散力等构成。农村学校的内力主要是农村学校发展需求的内生驱动力。

第二,城乡教育之间存在着资源势差,这种差距使城乡教育之间的资源传递和互动联盟成为可能。通过自上而下扩散力与自下而上内驱力的双向互动,城乡教育不仅在教学资源之间双向流动,而且在办学理念、教育思想、学校文化之间相互影响。

第三,有目的、有计划、有组织的区域联盟使扩散力与内驱力形成相互关联的有机动力系统。这个动力系统强调一种动态平衡、平等参与、协调生长、整体关

联、多元共生的发展理念,这也是城区学校与农村学校之间可持续和谐发展的价值追求。

3. 形成城乡教育协同发展多层次、宽领域的共建机制

(1)形成交流互动机制。

一是结对学校的干部教师交流与师资培训的共同开展,提高教师的专业素养;二是学校结对活动扎实有效,共同开展教学研究和课题研究,促进了区县教学质量的稳步提升;三是结对学校多渠道多形式举办"学生手拉手""活动课堂教学远程互动"等活动,促进学生的多元发展。

(2)形成链式发展机制。

组建城乡共生联盟,在充分发挥城区教育资源的骨干示范辐射带动功能的基础上,引导城市优质教育资源向农村学校流动。与此同时,农村学校的骨干教师又带动农村薄弱学校教师队伍的提升。这种梯队教师培养模式,形成了"城区优质学校—农村优质学校—农村薄弱学校"的链式学校发展范式,整体提高了农村学校的教育质量。

(3)形成文化再生机制。

联盟校间通过对各自的精神文化、物质文化、制度文化、行为文化等方面的相互学习和耳濡目染,学校之间形成强调各自文化的差异性,并且尊重不同学校文化之间的共通性的多元学校文化观。通过联盟校内不同文化间的沟通,整合各自的文化优势,增加学校教育的文化厚度,形成更具生命力的学校文化。

(4)形成信息联通机制。

结对学校依托互联网进行沟通和电话交流,搭建区县教育教学视频互动网络平台,通过"空中e课堂"平台和互动教室,开展远程互动教学、教学研讨。这一举措突破了地域障碍,加强了跨区县的校际合作,促进了教学资源的时空共享。

四、城乡共生联盟的可行性路径

1. 建立联动发展长效机制

一方面教育主管部门要加强对县域共生联盟工作的交流,共同统筹协调城乡

教育协同发展的有关事宜,明确各自权责、主要任务、工作思路,使龙头校与联盟校间的互动工作能以此为依据或参考,有章可循;另一方面要将校际合作协议固化下来,使其常态化和长久化。各联盟学校校长是落实"城乡共生联盟协议"的执行者,通过系列培训让校长们从理念上形成对联盟校发展的认识和定位,使校长们从上级安排的"被动联姻",走向能够自主发展的主动构建。

2. 建立需求导向的结对机制

龙头名校在组建学校联盟时,应在充分调研的基础上,了解不同学校的学校管理提升需求、教师专业发展需求、学生个性成长需求,再对不同学校的不同需求进行分类。改变盲目自发的结对行为,转而以多方讨论、多次协调,经过反复论证和深入思考,形成按照需求相似或需求互补的原则,将具有共同需求或互补需求的学校进行结对。

3. 借助"互联网+"技术助推校际融合

建立城乡共生联盟的一大价值是打破区县内的空间格局,形成跨区县的联动发展机制,以此促进区县教育均衡发展,整体提升区县的教育质量。为此,要利用网络资源,缩短校际间的空间距离与时间距离,让教学活动、教学科研、课堂教学、学校管理同步进行,在条件许可的情况下可以开展网络备课、网络调研、网络讨论、网络会议等。

4. 建立过程性督查考评机制

城乡共生联盟建设是一项长期性的工作。龙头校联合区(县)教育行政部门,将此项工作纳入各结对学校的年终目标考核指标,不定期地对结对学校的实施过程进行指导和督查。一方面要将平时考核与年终检查相结合,及时把脉和诊断结对学校互动过程中的问题隐患和隐性障碍,及时解决结对学校互动过程中的各种难题,及时把握结对学校互动过程中的价值导向;另一方面数量与质量、形式与内容相结合,改变以往单纯以数字为评价的依据,形成建立在以质量先导的数量基础上的质量保证,改变以往简单追求形式上的热闹和互动,形成建立在实质取向的形式基础上的内涵本位。

第二节　顶岗教师成长的策略

联盟校每年选派部分教师到实小集团进行为期两年的顶岗培训学习。名师引领农村顶岗教师在专业上不断成长，为薄弱学校引进新的教育理念，以此促进联盟校教育教学质量的改进与完善。

一、顶岗教师出现的原因

近年来，新招聘教师大多到农村任教。为了让农村新教师接受城区优质学校在理念、业务和管理等方面的培训，我们在城乡教育联盟开展与"送教下乡"相对应的"顶岗培训"模式探索，以此确保城乡联盟内师资资源的流通。每年都有数百名乡村教师到龙头校参与顶岗培训，效果明显。

农村新教师进城参与"顶岗培训"很有现实意义。一是能让农村新教师接受城区优质学校先进的教育理念，提高业务和管理水平，有利于他们的专业成长。二是这些农村新教师在城区学校经过历练后回到农村学校，他们会把所学、所闻、所感带回去，这将极大地激发农村学校活力，并为城乡教师教育交流搭建桥梁。三是农村新教师年轻有活力，也会把他们的一些教育创新思想带给城区学校，从而产生"鲶鱼效应"，实现城乡教育双赢。

众所周知，中小学校是一个岗位一个人，一位教师"缺岗"，就意味着一个教育岗位的空缺，特别是在实行包班制的偏远农村学校，一位教师负责一个班，教师"缺岗"会让学校教育教学工作难以继续。农村新教师进城"顶岗培训"，因其"占编"，也会出现诸如农村学校教师数量不够、教师在"客校"如何管理等新问题。可见，农村新教师进城"顶岗培训"，还需完善配套措施。

我们认为，一方面要保障农村教师数量。政府在招录补充农村新教师时，要适当多招录一些，留足"占编"进城"顶岗培训"教师数量。同时还要建立特级教师、骨干教师、区域名师定期到农村支教机制，并探索"顶岗支教"模式，让城区学校老教师和农村新教师互相"顶岗"。另一方面要加强教师在"客校"进行"顶岗培训"和工作管理。教育行政部门要对进城"顶岗培训"的农村新教师进行必要的考核，力争

"培"有所获。城区学校教师与进城"顶岗培训"农村新教师建立一对一"师徒关系",针对农村学校特点有的放矢地开展培训,做到"训"有所用。教育行政部门还应建立制度规范,对"客校"教师进行有效管理。比如,对到农村"顶岗"的城区教师,在评优评先、提拔任用、职称评聘、生活待遇等方面制订落实激励机制,以"政策杠杆"给予鼓励。同时,还要切实发挥城区学校到农村学校"顶岗"教师的"种子"作用,带动引领农村教师专业发展。

当然,目前农村教育存在的问题,除了教师综合素质有待提升外,还有农村学校硬件设施不足、教师待遇偏低等诸多问题。由此可见,要想真正解决农村教育发展相对落后的问题,地方政府还需通盘考虑,综合施策。比如,加大对农村教育的财政投入,改善农村学校办学条件,提高农村教师收入,在职称评聘、评优选先上给予农村学校教师政策倾斜,以吸引人才、留住人才,全面提高农村学校教育质量。

二、农村教师的困境

教师专业发展强调的是教师自我成长和发展的历程,是一个教师专业知识、教育教学技能、教师品德等的全面发展。教师专业发展是一个需要依托组织、激发自我发展意识、提升自我发展能力的过程。教师专业发展会受到来自于外部客观因素的影响,如学校等组织因素、经济因素、培训机制因素等;同时,也会受到教师自我发展意识、发展层次及其自我发展规划等主观因素的制约。但从我国目前教师发展现状来看,更多注重的是对潜在教育工作者工作能力的培养,而忽视了对教师自我发展意识的激发及自我发展能力的塑造;而教师在职发展也多是注重学历和教学技能提升。这一问题在广大农村中小学教师的专业成长过程中表现得尤为突出。

第一,制度之困。目前,虽然促进教师专业发展已经成为各方面的共识,但就教师专业发展的实践方面来看并没有建立起一整套行之有效的制度体系。虽然各地都提出要建立起完整的职前、入职后和在职教师教育体系,激发教师自我发展意识,鼓励校本发展等,但具体到实施层面仍面临重重障碍。

首先,农村中小学教师专业发展面临的人事管理制度之困。农村教师在专业成长的道路上,身上都压着沉重的负担。一是任务负担重。(1)超课时。通过调研,我们发现教师每周课时在 7 节以下为压力较轻,8—17 节为压力适度,18—24 节为压力较重,24 节以上为压力很重。据调查,47.8%的农村教师每周课时为 18—24 节,17.4%的教师每周在 24 节以上,教学强度很大。(2)跨学科。由于缺编严重,乡村教师需要扮演多重角色,有的既要当班主任,又要全包揽语文、数学、自然、音乐、体育等多门功课的教学任务,光是上课、备课、批作业、写教案、编考卷、管班级、辅导学生、联系家长、应付检查等日常工作,已是重担在肩,更别说还要负担其他任务了。

其次,教研机制不灵活。教研机制在建设上的缺乏以及在实践中的乏力,已成为农村教师专业成长的瓶颈。一是口头章程。教研的实施制度仅停留于口头,出现朝令夕改,视心情而飘忽不定的现象。这种状态下,教研变幻无常,教师捉摸不定也无法专注于教学。二是规章烦琐。教研机制的运作方式太过繁琐,特别是教师外出研修的批准机制。用农村教师的话说:"学校事无大小,规章处处要'咬'。"以外出研修为例,只要不是"官方"的红头文件,教师的"民间"研修一律不准。三是评价刚性。年度考评制度是对教师一年来教与研情况的集中体现,但纵观整个考评表,上至板块下至项目几乎都是以"教"代研,即以"教了没,教多少,教完了吗"来考量教师。而且,教又被绝对数量化,每一个项目都给定一个分值,而这个分值直接同教师所教科目班级的统考或抽考的分数挂钩。究其实质,这种考评机制,在取向上,是以教代研,以分论教,是典型的以应试为中心的评价思想。在类型上,以去过程化的终结性评价对教师的教学进行评判和监控。这种状态下,教师的教学被狭隘地锁定在考试成绩和升学率上,并以此作为教师招聘、解聘、晋级、降级、加薪、扣薪的决定性指标,教与研被人为地对立起来。

第二,经济之困。"以县为主"的农村义务教育管理体制虽然充分保证了农村义务教育投入方面的县域均衡,但是我国县际之间经济水平发展存在较大差距。因此,许多贫困县区财政只能保证农村义务教育的基本教学发展投入,许多农村区县和学校存在教师培训经费严重不足的情况,从而导致农村地区中小学教师很少有机会能够参加专门的校外培训。

第三,自我之困。首先,农村中小学教师角色定位不足。"传道、授业、解惑"是传统上我们对教师角色的定位,长期以来的师范教育也以培养教师的学科专业知识和基本教育教学能力为主,所以我国教师在很长的历史时期里,是以授业型教师角色存在的。但是随着社会发展,传统的授业型教师已经远不能适应现代教育发展要求,因此,教师专业化便应运而生。教师专业化是指教师在整个专业生涯中,依托专业组织,通过终身专业训练,习得教育专业知识技能,实施专业自主,表现专业道德,逐步提高自身从教素质,成为一个良好的教育专业工作者的成长过程。与传统授业型教师相比,专业化教师在综合教育素养以及教学研究发展能力等方面有着更高的标准要求,代表了教师发展的方向。但是由于传统教师角色定位在人们心里已根深蒂固,许多农村中小学教师仍然把自己定位于授业型教师,普遍缺乏专业发展意识。

其次,农村教师专业发展起点较低,发展动力普遍缺乏。和城市教师相比,不管是在先天学历水平方面,还是在后天发展环境方面,农村中小学教师都存在较大差距。农村学校普遍面临优秀教师缺乏的状况,在职教师教育不管是学历水平还是教育教学能力、自主发展意识等都不足,而后天的在职发展主要以学历继续教育和教学技能提升为主,也较少有专门的专业化发展。再加上上述制度、经济、教师角色定位等问题,农村学校和教师普遍缺少专业发展规划和诉求,也缺少发展的现实推动力。

第四,引领之困。成功的教师专业发展必须是持续进行的,包括培训、实践和反馈,应该提供给教师足够的时间和后续支持。因此,农村教师专业发展就需要综合考虑各方面资源来共同促进,需要从校本教研、自我反思、团队成长等多方面来进行,需要从专业发展思想引领、专业发展方法生成等角度进行。但是现实中,长期以来,农村骨干教师呈"逆向流动"趋势,出现"教而优则进城"的现象。乡村教师往镇里走,镇里的往县里走,县里的往市里走,市里的教师往更为发达的地区走,又加之公务员考试、考研、企业招聘等,"跳出农门"的倾向不断加剧。骨干教师的大量流失,制约着对农村青年教师的"传、帮、带"的专业引领和辐射作用,直接导致教师专业发展梯队的青黄不接和教学军心的动摇。

在职培训方面,尽管许多农村学校提出了校本教研、团队发展等设想,但是由于缺少专家指导,很多仅仅是停留在计划阶段而难以落实到实际。而且当前教育教学改革实验也往往是以城市学校参与为主,因此,专家引领和指导缺乏是农村中小学教师专业发展面临的另外一个重要问题。

第三节　名师引领促进学校联盟顶岗教师专业成长的案例

一、名师引领唤醒联盟校顶岗教师的职业热情

随着经济发展,城市化进程不断加速,农村学校面临着优质生源流失的问题。长此以往,相对较差的教学条件和生源质量将极大地降低教师的职业热情,使不少农村教师陷入职业倦怠期。而让农村的师资资源以顶岗学习的方式顶岗进城,这唤醒了教师对教育事业的热情。

默默无闻教书　孜孜不倦育人

漫漫范公堤,美名远扬;浩浩射阳河,源远流长,有一座美丽的校园——阜宁实小教育集团石字路校区坐落其旁。走进校园,只见高大的教学楼傲立碧空,宽阔的操场平整如毯。绿草如茵,繁花似锦;水杉参天,垂柳拂地。置身校园,心旷神怡。如此美丽的校园,令人神往。

那年,因为"顶岗学习"的政策,我有幸走进了这座美丽的校园,成了其中的一员。站到了实小的讲台,我既感到无上光荣,又感到压力千钧。于是,我一边勤奋工作,一边虚心学习,力争不断提高自己的业务水平和教学能力。我既请领导赐教,又向教师请教;我既跟名师听课,又向骨干学习;我既向老教师取经,又和年轻教师研讨。我默默无闻教书,孜孜不倦育人,在实小校园里茁壮成长。我在实小校园里,获得了教育局表彰,大红喜报张贴在校门口;我在实小校园里,被评为集团"尚美园丁",奖状张贴在树蕙堂白墙上;在实小校园里,我的学生习作在报刊上陆续发表;在实小校园里,我的学生荣获全县阅读竞赛第一名。我为实小做贡献,县市抽考名列前茅;我为实小做宣传,新闻报道家喻户晓。

如今我的学生遍布祖国各地,从事各行各业,事业有成,颇有建树,令人欣慰。我教书育人的成绩,《阜宁报》《盐阜大众报》《盐城晚报》《盐城教育报》以及阜宁电

视台均做过宣传报道,我备受鼓舞。

一、无悔的选择

二十岁,血气方刚,风华正茂之时,我选择了教师这一崇高职业。当时虽不再是"臭老九",但教师排行仍是"老九"。虽然我的不少同学选择了其他职业,我毅然勇敢地走上讲台,全身心地投入到教育教学工作中。不久,我的一篇题为《为师无悔》的散文在《阜宁报》发表,我的老师为我高兴,我的同学为我骄傲,我的学生为我自豪,我自己更是坚定了为师的信念。

刚参加工作时,领导对我说:"王老师,你是一位外乡教师,照理说应该安排到一所离本镇近、交通便利的学校,但考虑到边远学校缺人,你们小青年就吃点苦吧!"我点点头,笑着说:"行,青年人不吃苦谁吃苦!"这样,我被分配到边远学校。天气好还可以,虽是羊肠小道,推着自行车也能到国道边;下雨天就苦了,不是人骑车,而是车骑人。没办法,星期六回家,星期日到校,扛着自行车,踩着泥泞路,一身泥巴一头汗,咬紧牙关,忍着肩痛,一步一步往前走。这一干就是十五年,我从未找领导请求工作调动,后来,这位助理退休了,对我说:"王老师,真对不起你呀,当时也是没办法!可你真行,一干就是十几年,令人佩服!"

随着学校布局的调整,乡村教师相对过剩。学校要派人到县城顶岗。好多教师留恋乡村学校,不愿进城。我主动报名进城顶岗。我对领导说,哪里需要到哪里,服从安排听指挥。

这就是我的选择,无悔的选择。作为一名教师,经济上虽然不富有,但我们拥有满天下的学生;他们是祖国的栋梁,国家的昌盛、民族的富强就是我们价值的证明;作为一名教师,我们写不出传世的文章,画不出让人赏心悦目的图画,造不出巍峨的殿宇,发明不出高科技的尖端产品,但我们从智慧的耕耘里可以造就出诗人、画家、建筑家、科学家。作为一名乡村教师,环境虽然没有城里那么优越,但乡村的孩子需要我们,面对他们如饥似渴的眼睛,我无法离开;作为一名乡村教师,虽然不能享受城市的流光溢彩,但农村需要我们,建设社会主义新农村,离不开我们乡村教师。作为一名顶岗教师,我一样勤奋工作,一样教书育人。我从来没有临时改变思想,没有暂时观念。我一定勤勤恳恳,兢兢业业。退休之前,有一段城里从教经历,为城里孩子上课,也是一生中难忘的美好时光。只要能为社会做出一份贡献,就会有一个真正幸福的人生!

二、无限的追求

三十多年来,我一直任教六年级语文。"上好每一堂课,教好每一个学生"始终是我的座右铭。教书育人,为人师表,永远是我的天职。淡泊名利,廉洁从教,我无愧无疚;默默工作,无私奉献,我无怨无悔。

每年毕业考试,我的教学实绩一直居于全镇上游。学生在县语文竞赛、作文竞赛、演讲比赛中多次荣获一等奖。学生习作在市、县报刊陆续发表。这在全县农村小学可说是名列前茅。学生进入初中、高中、大学读书时,也时常忘不了我这位小学老师。每到节日,一张张贺卡雪片似的从全国各地飞来。县高考文科状元梁昌龙被北京青年政治学院录取。一到北京,他就给我寄来了一份精美的贺卡:老师,您的努力,没有白费。您的学生好棒,您为师无愧! 2016 年,我的学生邓明鑫考取清华大学,一家人怀着喜悦的心情到我家登门感谢,感谢我为他打下了坚实的小学基础。

作为一名教师,就应该不懈追求,顽强进取,才能赢得家长的信任,学生的敬佩!顶岗以来,我更加严格要求自己,做一名普通的教师,积极参加学校的各项教研活动,踊跃参与集团的集体备课活动,积极完成各项工作,不拖学校后腿,不让学生掉队,不叫家长失望,争做一名优秀教师。

三、无私的奉献

斗转星移,往事历历在目。一个星期三的中午,一名学生在放学途中遭遇车祸,我和校长听闻此讯立即放下手中的碗筷直奔国道。此时,学生昏迷不醒。我们拦下一辆货车,请驾驶员帮忙,迅速将学生送到医院。到了医院,中午值班医师一看,病情十分严重,要我们尽快转院抢救治疗。时间就是生命。我抱起学生往外跑,校长更像离弦的箭冲出医院,叫来了一辆出租车,直达市一院。

到了市一院,我抱起学生往里冲,校长在前边一边跑,一边寻找急诊室。进了急诊室,医生问家长来没来,必须马上手术。校长没办法,说我就是学生家长。我在手术合同上签了字,学生很快被送进了手术室。手术进行了近两个小时,切除脾脏,学生脱离危险,这下我们悬着的一颗心才放了下来。手术过后,学生被安排住进了病房,家长才赶到医院,对我们万分感谢,说我们就是他的孩子的救命恩人、再生父母。孩子出院后,父母再三要表达谢意,都被我们婉言谢绝!

顶岗期间,我骑电动车不慎跌倒,锁骨骨折。医生要我休养两三个月。我考虑到学校教师少,领导分配课务有难处,只休息了一个星期就回到学校上课了。学校领导教师都夸我很敬业,学生和家长都很感动。

"路漫漫其修远兮,吾将上下而求索。"我虽然是一名顶岗教师,但在实小广大名师的引领下,我愿和全体实小教师一起,在美丽和谐的实小校园里,更加勤奋工作,锐意进取,不断创新,再创辉煌!三十年前,我为师无悔;三十年后,我为师无愧!

二、名师引领提升联盟校顶岗教师管理水平

许多农村学校班额小,农村教师的管理水平几十年如一日无法提升。在顶岗培训期间,龙头校大量的名师对农村顶岗教师在管理方面的工作起到了引领示范和提升的作用。

向着阳光前行

忙忙碌碌中,我在实小向阳路校区顶岗已进入第2个年头。在向阳路校区的一年多时间里,我学习和收获了很多,真真实实地达到了顶岗培训的目的。

一、踏诗中前行

说到在向阳路校区的工作,就不得不说惊艳阜宁乃至盐城的向阳特色——踏诗而行。我有幸作为向阳一分子自始至终参与了这项工作。"世上本没有路,走的人多了,也就成了路。""踏诗而行"没有现成的模式可以参考学习,王校长带领全校师生硬是"踏"出了具有向阳特色的"诗篇"。从确定"踏诗而行"的初稿,然后试踏,发现问题,再调整,一次又一次,直到满意为止。我记得配诗音乐有一段重音与前一段音乐不协调,学生踏时不好掌握节奏。负责音乐的同志就想方设法调换音乐,并一次次试听,自己边听边踏,直至合拍为止。全校师生在一次次的训练中,都是顶着骄阳烈日在刻苦练习。孩子们训得辛苦,练得认真,稚嫩的脸上汗水像蚯蚓爬过后一样留下了一道道沟痕。我想这样的童年经历会是他们一生的财富。同样辛苦的还有向阳路的教师和领导们。岳主任、茆辅导一遍又一遍地在广播里指挥、纠

正,全然不顾已经嘶哑的嗓音。每个班的正、副班主任分工明确,正班主任在班级队伍前划着拍子指挥,俨然就是一个个音乐指挥家。副班主任在后纠正踏错的同学。一个个,一次次,一遍遍,直至全班所有同学踏得正确、踏得整齐。每一次训练下来,正班主任没有一个不说自己的膀子疼,副班主任没有一个不说自己的嗓子哑的。但是到了下一次训练,他们又都精神饱满地带领着学生走向操场……我想,这一群向阳人不光踏出了"诗篇",更是踏出了精神,踏出了严谨、务实、不怕苦、追求完美的向阳精神,所以才有了"踏诗而行"面向全县现场会的成功。我去年是向阳路三(5)班的副班主任,也参与了训练,虽然苦和累,但是觉得很值得。同时从其他教师和领导身上学到了很多,令我受益匪浅。

二、备课中成长

向阳路校区在驻城学校里是一所薄弱学校,教学成绩也不突出。在"踏诗而行"全县现场会成功举办后,王校长在一次校区周前会上,明确提出:我们不光要会搞活动,还要会搞教学,提高教学质量。教学质量是一所学校的生命线。于是,从领导到教师,全身心地投入到教学中去。先是从领导开始,每周各位领导到教师课堂随机听课。听完课后,领导和被听课教师贴心交流,总结优点并指出不足,共同进步。同时,为了切实提高各位教师的教学水平和课堂效率,全校每年都开展课堂教学大比武活动,为教师特别是青年教师的能力和业务提高搭建平台。今年我也参加了大比武活动。我先是认真备课,然后在四(3)班第一次试上,并请四年级全体数学教师听课和指导。通过试上,同仁们指出教学设计过于细化这一问题,导致学生的主体地位不突出,课堂时间不够。于是我就修改课件,该放手的放手,让学生做课堂的主人。第二次到四(6)班试上,还是请四年级的全体数学教师听课指导。这一次上课,我感觉轻松了,学生也可以自主讨论,探究新知。听课的教师指出在课堂活动的组织上还要注意形式多样化,然后我就再次修改备课,直到大比武结束。就这样,通过多次的试上、修改,我觉得我的备课水平和上课能力得到了很大的提升。

三、奉献中提升

在提高教学质量上,向阳路教师给我印象最深的一点就是无私奉献。为了提高教学质量,从一年级到六年级,每个年级各个班,每天放学后都有教师自愿给学生答疑,无偿补差。在各个班级里,教师和几个、十几个不等的学生坐在一起,耐心地给他们讲解,细心地分析。一句一句,一题一题,直到把学生教会。天黑以后,向阳路校区一间间教室灯火通明,教室里早该下班休息的教师仍在不知疲倦地给学生讲解题目。对我来说,那是阜宁城一道最美的风景线。功夫不负有心人,向阳路校区的教学工作有了长足的进步,在实小集团,在驻城学校里,向阳路校区的成绩有了明显的进步。

在向阳路顶岗的一年多时间里,我参加了很多活动,学到了很多东西。我感觉向阳路的教师们是一群严谨、踏实、真做事、做真事的人。他们不怕吃苦,乐于奉献,每天都向着阳光前行。我为自己能在这样的学校顶岗而自豪。

三、名师引领提升联盟校顶岗教师教学能力

许多新教师一毕业就被分配在农村学校。面对农村优质生源与师资的流失,这些农村新教师苦于教育教学业务能力提升无人引领。"顶岗交流"让许多青年教师抓住了职业发展的黄金时期,在龙头校名师的引领下积极提升自身的教学能力。

回眸成长时光　教学路上留痕

五年前,刚毕业才三年的我,从农村小学来到阜宁实验小学苏州路校区顶岗。那时候的自己可以说就是一张白纸,对这个美丽而又书香气浓烈的校园是既喜欢,又心存敬畏。就在那时,我发觉自己真的很想学习,想要成长。

如今,再回首在苏州路的点点滴滴,真是一部我个人的快速成长史啊!

一、同仁支持,共同提高

回顾自己在苏州路的五年教学之路,我深深地感受到个人成长离不开钻研、毅力,更离不开学校环境和教师群体所形成的强大的精神后盾。因为初来乍到,再加上自己的经验不足,管理班级时总是力不从心。就在我茫然无措时,和我搭班的夏老师给了我最真诚的帮助。每当她发现班级管理存在问题时,总是向我传授她的管理经验,教我如何处理师生关系。她指导得十分仔细,无论是班级内外的卫生、学生课内外的纪律,还是师生关系的发展,甚至如何与家长沟通,她都对我一一讲

解其中的奥妙,让我豁然开朗,有一种醍醐灌顶的感觉。当时,我任教二年级,二年级组里有经验的教师们都不吝指教,将自己的宝贵经验分享给我,着实让我一下子成长很多。他们的帮助和支持让我快速成长,也让我感受到这个学校独特的团结合作和倾心相待的温馨氛围。这让我觉得我并不是一个外人,而是这个学校真正的一员。

二、虚心请教,超越自我

对于一个刚毕业不久的教师而言,需要学习的不仅仅是班级管理,更需要学习的还有课堂教学。依然记得在苏州路任教半学期后的一个模拟测试,我的班级考了年级倒数第一。为此,那一段时间我总是愁眉不展。就在这时,我遇到了我教学路上的贵人——曹老师。她是一位有着丰富教学经验的好教师。她教数学学科,每次考试,她任教的班级实绩都在实小集团名列前茅。她看到我的教学情况后,立即给我指出了当时我课堂教学存在的漏洞与不足。还明确地指出,课堂教学要抓住课堂的四十分钟;课前要准备好教学内容;课堂上一定要确保每一个孩子都在听自己讲;课后自己要思考,这节课自己教给了孩子什么,这样才能提高教学质量。不仅如此,她还以某一课为例,给我具体地讲解了教学方法。听了她的指导,我努力按她所说去做。果然,期末测试结果真的令我喜出望外,所教班级的考试成绩一下子提高到了年级的中上游水平。当然,除了曹老师,我还请教了许多有经验的教师,听他们的课,模仿他们的教学方法,努力向他们学习。虚心的请教,让我不断超越了自我,收获惊喜。

三、反思实践,享受快乐

五年里,一路走来我也是跌跌撞撞的。现在的自己再回头看那时,觉得一个教学路上的新人要想获得成长,还有一样东西不能丢弃,那就是不断地反思。一开始,我就像是只无头苍蝇到处乱撞,总是会处处碰壁。之后,我学会了静下心来去反思自己。常言道:静时常思己过。我觉得这也适用于教学。那时每堂课后,我都能辩证地反思自己的课堂,思考课堂的成功与不足之处。逐渐地,课堂效率提高了,教学质量也稳步上升。

回眸顶岗时光,我是充满感激的。一视同仁的公平对待,始终如一的倾心相助,团结奋进的教学氛围,每一点都让我难以忘记苏州路的美好。虽然也有紧张踌躇,也有失败跌倒,但是我知道,这些都是我教师专业成长道路中的阶梯。它们助我一步步走上光明之路。

今年,我参加驻城教师选调考试,从偏远的乡镇调动到了县城。虽然现在已经不在苏州路校区教学,但是这个美好的名字却永远刻在了我的心里。我知道我能走到现在都离不开那段重要的五年经历——走过苏州路。它是我个人专业成长道路中最重要的一段旅途,让我忍不住回眸相顾。

第七章 "请进来,走出去"推动学校联盟教师专业成长

《国家中长期教育改革和发展规划纲要(2010—2020年)》中指出:"通过研修培训、学术交流、项目资助等方式,造就一批教学名师和学科领军人才。"《国务院关于加强教师队伍建设的意见》中指出:"采取顶岗置换研修、校本研修、远程培训等多种模式,大力开展中小学、幼儿园教师特别是农村教师培训。"可见,国家对教师队伍建设高度重视。阜宁县实验小学教育集团积极响应国家号召,把研修作为教师队伍建设的着力点,通过采取"请进来"和"走出去"的方式推动学校联盟教师专业成长。

第一节 "请进来,走出去"的作用

一、何为"请进来,走出去"

1. "请进来"

"请进来"即把专家、名师请到学校传经送宝,与教师面对面,传授技艺,指导教育教学工作。学校聘请高等院校教育专家和教授、兄弟学校的特级教师等,给学校教师进行专题讲座培训、专项业务指导等。"请进来"这一举措有利于集中培训全体教师,有利于更新教师的教育教学理念和知识,有利于提升教师的专项业务能力。

2. "走出去"

"走出去"即把教师送出去,参观、学习、交流。一方面派遣教师参加县级、市级、省级和国家级的各类骨干业务培训,派遣教师参加一些业务或学术研讨交流

会,派遣教师到发达地区、先进学校去参观、学习和交流,鼓励教师参与校内外的课题研究。另一方面输送优秀教师到兄弟学校去交流、研讨本校先进的研修经验及成果。"走出去"有利于教师开阔视野,查找自身的不足,了解外界的先进理念、做法,吸收新经验,博采外长,自觉优化自身的业务能力。

概括来说,"请进来"就是请教经验、接受建议,"走出去"就是实践、亲身经历。联盟校积极开展"请进来,走出去"活动,以传统的理论学习、专业学习、业务学习为基础,结合"走出去"和"请进来"的学习方法,使理论与实践结合,相互辅助、相互印证、相互促进,从而加深认识,提高学习效果,促进专业成长。

二、"请进来,走出去"的作用

1. 开阔眼界,提升自我

专家名师们见多识广、知识渊博、思想深邃,是教师们学习的榜样。专家名师们展示了新课改智慧课堂教学风采,传播了先进的教学理念和方法,给教师带来了太多的惊喜,太多的感叹,太多的思考。教师认识到课堂教学重要的不是教学形式,而应更加关注学生的学习,提高课堂效率。对提升教师的课堂研究能力、促进教师专业化发展、提高教师的课堂教学水平具有积极的指导意义。只有"读万卷书",才能"行万里路",教师们通过"走出去"活动,在潜移默化中,学以致用,将先进的教育理念、更好的教育教学方法运用到实践中,砥砺前行。

2. 更新观念,寻求进步

教师是教育学生的先行者,自身的学识能力、思想观念意识和教育教学理念都决定了教师的胸怀和眼光,决定了教师的思维定式和教育方法,最终影响学生的思维习惯和行为作风。时代对具有专业特长的专家型优秀教师的呼声越来越高,因此,教师应当始终坚持终身学习的观念,学习新知识,学习新技能,学习自己擅长的,也要学习自己所不擅长的,尽量弥补自己知识上的盲点。学校既是教师工作的地方,也应当成为教师学习的平台。阜宁实小为了让每一位在职教师能够适应高速发展的现代社会,帮助教师们不断更新知识和技能,开展多种形式的"走出去,请进来"培训,目的就是让教师们明白现代教育教学工作不再需要单一素质的教师,而是需要大批具有综合素质的教师。这就要求教师能将培训中学到的知识和技能运用到实际教学、科研、管理工作中去,并在学习和实践中引发更多的思考,在不断思考中前行。

3. 完善性格,丰满人格

教师的性格好坏,直接影响学生的学习成绩和人格完善。不论教师具有哪一类的性格特征,都要紧紧围绕服务于学生这一前提。一切为了学生,不能恣意任性,不能把个人的不良情绪和怨气带到学生中去,强加给学生,让学生成为自己宣泄情绪的对象。所以教师应该学会克制,调节自己的情绪,这才合乎师道。教师作为现实生活中已经社会化的个人,必然具有各自不同的性格特征,因此学校通过让教师"走出去"观摩优秀教师的教育方法、学习他们处理问题的做法;通过"请进来"让每一位教师有机会听取专家、特级教师、各地名师的教育思想,在各种学习、观摩、聆听中理解学生的多样性,感受教师教育使命的重大,从而引起教师自我约束、自我调控、自我修炼的内需,并内化为教师的教育教学行为。教师性格的完善、人格的丰满必然会在潜移默化中感染、教育学生。这种人格魅力的教育是常规课堂教学无法替代的。

4. 开阔心胸,博采众长

教师的胸怀由自己的理念所决定,教育理念决定教师的教育方法和教育行为。因此只有让教师多"走出去"看一看、学一学,多听取"请进来"的专家名师的经验、案例,才能开阔教师的心胸。这样在日常教学管理中,既能做到事事关心,又能避免事事斤斤计较;既能够包容学生的错误,又能放大学生的"闪光点"。学生也是个体,不是机器,不可能达到千篇一律的要求,教师要允许学生在一定的范围内犯点小错误,保持学生应有的个性,理解、尊重学生成长期的不同个性特征,并给予必要的引导。教师对待工作的态度,需要谦虚豁达,师生教学相长,同事教研相长。教师职业需要不断汲取新源泉,大海之所以宽广是因为它从不拒绝任何一滴水,我们的教师也应像大海一样,多听取不同的建议,多学习不同的理论,这样对于教师个人的成长才有益。

第二节 "请进来,走出去"的策略

一、"请进来"的举措

"请进来"是为了更好地"走出去"。聆听名师的课程、教学理念,不但提升了教师的教育教学认知水平,还拓宽了他们的教学思路,为专业学习创造了良机。教师们通过思想的碰撞在学习中成长,有效促进了教师群体专业水平的高速提升,加快了阜宁实小师资队伍建设的步伐。为此,近年来我们结合学校实际情况,采取了一系列符合教师发展的举措。

1. 请进专家团队

阜宁实验小学创办于 1903 年,是一所百年老校,也是江苏省首批实验小学。一百余年间,阜宁实小青蓝相继,薪火相承,从这里走出了一批批杰出的人才。如今,这所历史老校已发展成为拥有 6 个校区 2 万名师生的航母式的教育集团。在新的历史时期,学校的校园文化建设从何处着手,如何才能不断突破自我,提升办学品味,丰盈内涵品质,打造特色育人品牌已成为一个摆在我们面前的难题。我们在传承与创新中不断前行,在实践与求索中不断思考,提出了"尚美"的育人理念。

"尚美文化"的提出,源于"见贤思齐,见智思学,见美思从"的理念。正是基于这一办学思想,学校形成了"成就最美好的自我"的校训,"尚美"的校风,"以德润美,以美树人"的教风,"每一天,美一点"的学风,实现了构建以美怡情,培育"尚美"的特色环境文化,建设"各美其美,美美与共"的校园办学目标。

本着"构建尚美校园,打造尚美师生"的宗旨,我们邀请省内外专家,参与学校的校园文化设计,探究教师专业成长发展力内涵,为学校的发展和教师的成长指明方向。

2. 请进名师团队

学校把邀请名师团队进校园作为教师培训常态化举措,教师们聆听走进校园的名师课堂、讲座,大多受益匪浅,有醍醐灌顶之感,正可谓"听君一席话,胜读十年书"。如邀请了著名小学语文教育专家于永正先生到我校做了一场"关于中小学教育思想与实践"的专场报告会,近千名教师代表参加了报告会。报告会上,于永正以自己语文教师、班主任、教研室主任的丰富经历,用幽默风趣的言语、生动感人的事例,阐述了自己的教育思想。上午、下午各3个小时的报告,于老师一气呵成,参加报告会的教师完全沉浸在他深邃的教育思想里。面对大师,普通教师也许只能望洋兴叹,但以师为镜,不断学习、不断磨砺、不断反思才是教师成长的唯一途径。

【案例1】

磨砺自我,博采众长

自2005年参加工作以来,我始终怀着一颗对教育事业的赤诚之心,刻苦钻研,潜心教学;怀着一颗对名师景仰之心,虚心学习,大胆尝试,把学到的理论知识应用到具体的教育教学中,再从实践中进行反思,总结经验,收到了很好的成效,我于2016年获得了盐城市小学语文教学能手的称号。现如今,在课程改革的背景下,教师专业发展被提到前所未有的高度来认识。我就从自身如何在名师的引领下成长为骨干教师谈几点心得。

一、热爱阅读,优化知识结构

许多教师安于现状,不思进取,觉得自己的知识已经够用,没有必要再学习了。其实在现如今这个知识经济时代,教师仅仅能恪守职责、有崇高的事业心已经远远不够,时代呼唤具有更多专业特长的、专家型的优秀教师。

俗话说"活到老,学到老",作为一名承担着教书育人重任的人民教师更应该有阅读的习惯。新教育实验发起人朱永新教授曾经说过:"任何一个教育家都不可能离开前代人的教育财富。"他们的伟大经验保存在伟大的著作中,我们只有通过阅读,从书本中学习,才能增加各个方面的知识,充实完善自己。

一个知识面不广的教师是没有人格魅力的。我的儿子在七岁时就对我说过,"妈妈你是教师,你就应该什么都知道"。听了他的话以后,面对他的好奇心,我从来不敢说"我不知道",我不懂的一些科学现象,赶紧上网搜索、查找资料。从这件事上,我们知道孩子年龄虽小,但他对教师的期望值很高。他认为老师无所不知,对老师怀揣着敬仰之心。所以作为教师不能对孩子说"老师也不知道",这就需要我们多阅读。如果一名教师个体不能自觉主动地通过读书进行知识的储备、教育理念的更新、教学经验的反思，以及自身素质的完善，就无法真正达到教师教书育人的预期目的，也很难实现教师专业化程度的进一步提高。所以我们不仅要求学生要全面阅读、全科阅读，教师更应该通过阅读来充实自己，做一个素养健全的教师。如果说行万里路是为了看大自然的风景，那么读万卷书就是为了赏精神世界的风景。

二、钻研教材，备好每一堂课

作为一名教师能否成功地上好一堂课，关键在于课前的工作准备是否充分。认真备好课是提高教学质量的重要保证。

作为教师课前要钻研教材，语文教师要先反复阅读教材，必须以学生的眼光来研读教材，用教学的眼光来认真思考。教师要对教材为什么要这样写，写这些是为了表达什么，我们的学生要学什么等问题进行深入的研究。最终从教材特点和学生的实际情况确定教学目标，形成教学思路。教学方法的运用，应该注意到学生的知识水平和年龄特点，力求使自己的课堂讲得生动，学生易于接受。设计问题要从学生的学习角度和生活实际需要出发，引领学生运用语言进行语文实践。

三、反思教学，提高教学能力

反思被广泛地看作是教师职业发展的决定性因素。专家认为：没有反思的经验是狭隘的经验，如果一个教师仅仅满足于获得经验而不对经验进行深入思考，那么即便他有20年的教学经验，也许只是一年工作的20次重复；除非善于从经验反思中吸取教益，否则就不可能有什么改进。美国心理学家波斯纳提出的关于教师成长的公式：经验＋反思＝成长，已成为教师专业成长的标准。

所以，我们教师要做一名教育教学的思考者。能够学会带着问题去思考教育；带着尝试去解决问题；带着反思去总结经验；带着结论去实践检验。这就要求教师要对自身课堂教学的优劣有所认识，自觉地对自己已有教学方法进行重新审视和思考。我平常时刻提醒自己要做一个"有心人"，要随时反思教育教学经历。从"教材处理、教师教学、学生学习"这三个方面的基本要求反思自己的课堂教学。从课堂细节入手，不断改进，尽力达到"推门听课，我能岿然不动"。课堂照样简单而有内涵，学生学习兴趣浓厚，能主动参与课堂，授课效果佳。

每上完一节课，每结束一天的工作，我总会不断总结课堂得失、反思教学成败、做好改进工作。当然我不仅勤于反思,还勤于动笔。有点感想时就写写教育随笔,一段时间下来,稍加整理,就成了一篇论文。

四、借鉴名师,加快自身发展

名师是学校教育、教学的宝贵资源,是推动学校发展的重要动力。不管是名师的课堂还是骨干教师的课堂,毫无疑问都必须经历一次又一次的打磨与深入探讨。刚工作时,我没有教育教学经验,遇到实际问题时不能很好地解决,于是我就向有经验的骨干教师请教学习。我不仅在教育学生问题上请教,而且还在备课、上课、批改作业和个别辅导等诸方面也虚心向骨干教师请教。经常走进骨干教师的课堂去汲取经验,用在自己的教育教学工作中。我还邀请名师听我的课,请他们指出我存在的不足,帮助我改进教学方法,优化自身课堂,提高课堂效率,丰富自己的教学经验。

以上的这些经历,对我的成长很有意义,较快地提升了我的语文素养。几年来,我的教学成绩名列前茅,得到了学校领导和其他教师的肯定;参加教育局里的各项比赛,也获得了令自己满意的成绩。

做教师难,成为名师更难!一个人,不是有了知识就能做好一名教师。一个教师超越其他教师不是最重要的,最重要的是不断地超越过去的自己。这就要求我们必须有良好的心态,以奉献的精神,从事崇高的事业;必须有钻研的精神,以高超的技艺,展示个人的才华;必须有反思学习的能力,以不断的追求,提升自己的价值。到那时,我们就会发现教育不是牺牲,而是享受;教育不是重复,而是创造;教育不是谋生的手段,而是生活的本真!

除此以外,学校还邀请衡水中学知名教师金信涣来校与教师进行交流,就学生的心理问题进行对话、研讨;邀请南师附中新城小学南校区宋运来校长开展有关"魅力教师的修炼"的专题讲座;邀请扬州中学教育集团树人学校小学部郝玉梅校长开展"'心'的呼唤"班主任专题培训讲座,以及特邀魏光明、施延霞、倪晨瑾、翟剑生、王倩、汪云等各地名师对我校各学科教师进行专业培训。

教师应该做一个善于学习的人、勇于参与课堂实践的人、经常反思的人。因此,每迎来送往一个专家团队,教师们都认真撰写心得体会,吸收其他同行成功的教学经验,使自己的教学常教常新。

【案例2】

让理念指导教学 把教研请进校园

把教研请进校园,让理念指导教学。2017年8月25日阜宁实小教育集团邀请了省特级教师、市教科院副院长陈小平莅临指导,对实小集团1 000多名教师做了"让学引思"课堂教学改革模式构建的培训。

通过学习,陈院长提出了两个核心问题,一是教师层面:占多让少,灌多引少;二是学生层面:听多问少,答多思少。"让学"就是要让学生亲身经历学习过程,在时间和空间上保证学生学习活动正常展开和学习行为真实发生。"引思"就是要引发、引导、引领学生思考,在形式和本质上保证学生大脑处于积极的思维状态。

在学习了陈院长的理念之后,我校"名师工作室"积极指导青年教师如何在课堂上实施"让学引思",并开展了"让学引思"教学擂台比赛。比赛中各位教师大放异彩,着实让人惊叹。

镜头一

阴老师执教的苏教版六年级上册《按比例分配的实际问题》。

出示例11:把30个方格涂上红色和黄色,使红色和黄色方格数的比是3∶2。

师:你是怎么理解3∶2的呢?说说你的理解。(学生畅所欲言)

师:你可以提出哪些问题?

生1:红色方格是黄色方格的几分之几?

生2:黄色方格是总数的几分之几?

……

生:红色和黄色方格各自应涂多少个?

师:可以怎么算呢?请先在组内说说自己的思路。

最后阴老师点名让学生面向全班同学讲解自己的算法,教师适时引导其他学生点评。

……

出示例11和"试一试"。

师:从这两个题目中,你能说一说按比例分配有什么共同点吗?在小组内说一说,并组织好语言讲给大家听一听。

评析

在课堂中,阴老师让学生分析题目,提出问题,在组内说思路、点名说方法。这些做法都体现了陈院长提出的"问题让学生提"的观点。把提问权还给学生,让学生敢问、会问、善问,课堂活力就会不断增强。

在总结"按比例分配"题目特点时,阴老师还注重"规律让学生找"。规律让学生找,实质上就是要重视让学生体验。经历知识的发生、发展、形成和应用的过程。规律让学生自己找,有利于培养学生的主动性,培养学生的自主学习能力,使其感受到探索和成功的乐趣。

镜头二

张老师执教的苏教版五年级上册《三角形的面积》一课。

师:展示长方形、正方形、平行四边形、三角形的图片。说出前三种图形面积的求法,观察猜测三角形的面积怎样求?

师:根据你的猜想,动手操作验证一下。(老师巡视指导)

反馈:谁愿意说一说,你是怎样操作的,得出什么样的结论。

点名说方法,学生说出3种方法。

师:看来同学们关于探究三角形面积的推导想出的办法还真不少。那么,你感觉哪种办法最好?最有创意?

师:无论哪一种,我们都得出了同样的结论,就是什么?

生:三角形的面积等于底乘以高除以2。

评析

"三角形的面积"是苏教版小学五年级数学教材上册第五单元"多边形的面积"的内容,张老师结合本班学生的实际和学生已有的知识储备设计教学活动,使他们有更多的操作机会。教师应对活动做充分的准备,明确主题和目标,让学生充分体验,并且活动的评价很及时、适切。

没有疑问,就没有思考。没有思考,就没有进步。教学不仅要教师善于思考,还要求教师引导学生进行思考。在赛课中,我们各位教师都能注重课前引导主动学、课上引领互动学、课后引发灵动学,多方面落实"让学引思"课堂教学改革。

我们深知,课堂教学改革之路漫漫,还需不断求索,做好课改的倡导者、参与者、研究者。

3. 请进合作校团队

2016年我校与南京市北京东路小学结成合作校。北京东路小学孙双金校长带领其工作室团队莅临我校,孙校长详细地向我们介绍了"情智教育"的研究成果。

孙校长提出的"情智教育"是基于新的课程改革提出的三维目标,将"知识和技能""过程和方法"纳入"智慧教育",将"情感、态度、价值观"纳入"情感教育"范畴,因此可以说"情智教育"与新课改理念有异曲同工妙。同时,"情智教育"是中西方文化的高度融合。将中国传统文化核心"人治文化"之"情",与西方文化的核心"法治文化"之"智"完美结合,融合中西文化的精髓,真正做到古为今用,洋为中用,最终为"我"所用。

全心投入的时间总是过得飞快,会场里的教师无不陶醉在孙校长的讲述中。随着演讲的深入,孙校长的教学王国的轮廓愈发清晰,教师们也不禁感慨:孙校长提出的"情智教育"不仅达到了科学性和人文性的高度统一,还藏有大情怀,其终极目标是为了培养大写的人,立足于学生的终身发展。

二、"走出去"的举措

"走出去,请进来",借他山之石,攻研修之玉,是做好教师培训工作的重要途径。"走出去"既要到先进学校去观摩取经,与经验丰富的专家现场探讨,学习和掌握他们课改的先进经验,了解课改中的教训,以便教师轻车熟路,少走弯路,同时有了这样的亲身体验,教师才会有更大的提高,实践操作起来就会得心应手;去兄弟学校进行交流研讨,通过"走出去"让基层教师了解、学习专家的常态课。这样才能把新教学理念带到最基层,从最基层抓落实,并将教学落到实处。阜宁实小教育集团扎实推进"走出去",具体采取了以下措施。

1. 以资源整合为平台

为了满足全校教师对教育资源的需求,我校鼓励和支持建设开放型资源信息库,建立多学科组成的教师智囊团、讲师团,开展传播科学文化知识的各种讲坛,搭建知识资源、科技成果、文化引领的共享平台。例如,办好"尚美讲堂"和"阜宁教育沙龙活动",着力打造"尚美书吧"和"教师阅览室",为教师提供汲取各类知识、休闲放松的场所,同时积极创造条件逐步向社区开放学校体育活动场所、阅读场所等设施。

2. 以送培进修为通道

培训进修学习是提升教师综合素养的便捷途径和有效方式之一。近几年来,阜宁实小开展多种形式的教师研修,坚持集中培训与分散培训相结合、系统培训与专项培训相结合、实体培训与网络培训相结合,有组织、有计划、有目的地选派学科带头人、教学能手、骨干教师、青年教师参加境内外组织的各级各类培训,先后培训教师800余人次。学校还先后邀请南京师范大学、扬州大学、江苏省教育学院、徐州师范大学等院校和省、市教科所的专家、学者来校讲学,有效推动了学校的教科研工作。除此以外,学校委派多名骨干教师分别赴澳大利亚、英国等国家进行学习考察,接受短期培训。集团校还聘请了两名外教来校任教,了解、学习外国先进的教育理念和教学经验,体验异域文化。各教研组定期组织教学研讨,以教材分析、案例评析等为切入口,开展观摩研讨、教学反思等活动,并围绕学校教育教学和课程改革中遇到的实际且具前瞻性的问题,进行课改专题研究。参训教师将获取的教育理念、教学技能及时用于教学实践,有效地提升了教师队伍的理论水平,为阜宁教育建设储备了师资人才。

所谓"一花独放不是春",在县教育局的带动下,学校积极响应开展"多种培训、壮大师资力量"的号召,先后派出不同批次的青年教师、骨干教师等到黄山、南京、扬州、苏州等地区的名校进行学习。借助各种外出学习的机会,教师们既能领略到名师的风采,又能学到宝贵的教学经验,每一次学习都让教师们有新的思考和前行的目标。

【案例】

用心"教" 主动"学"

——赴黄山外出学习培训心得体会

2017年10月16日至18日,在阜宁县教育局的精心组织安排下,我们一行13人从阜宁出发奔赴黄山市体育馆,进行了为期三天的观摩学习。其间观摩了课堂教学并与授课教师进行了交流互动,听取了东北师范大学马云鹏教授的专题讲座。每天学习结束后,我感慨万分,我很庆幸自己能在这次活动中接受实实在在的教育,当然这与学校领导的精心安排是分不开的。可以说,这是一个终生难忘的学习机会。

一、我的学习经历

我深知这次机会难得。因此在学习过程中始终都是全身心投入,争取能在有限的学习时间内学到更多的先进经验,感悟优秀数学教师对数学教育事业的完全认同和献身精神。因此,在外出听课的时间里,我除了参加听课学习以外,还积极地向其他优秀教师学习,认真听取专家报告,汲取教师深厚知识。

这种高水平的观摩课,更加引起我的思考,通过和优秀教师方方面面的对比进而找到自己的不足。因此,在学习期间我尽可能地利用时机,多听、多看、多问、多思,并与同行的邱校长等人一起进行交流,不放过一丝学习机会。

二、我的学习体会

通过这次听课与学习,我把自己教授数学课的各个方面与优秀教师进行对比,发现自己和他们之间还是存在着一定的差距。主要体现在:这些优秀教师的基本功扎实,在课堂上的一言一行,都充分反映出其扎实的基本功。课前准备充分,每一个讲课教师都真正做到了课前备教材、备学生。不论从教材内容的选择,还是教学过程的设计以及在根据学生的实际情况来安排活动内容上都做了精心的设计与准备,这是我以往所没有做到的。同时,他们在课堂教学中融入情景教学,教学始终贯穿一条主线,环环相扣,组织紧密。评价恰如其分,保护了学生的自尊心。

最后,我们迎来了本次教学研讨活动的高潮。

第一节课由特级教师、南京市北京东路小学副校长张齐华执教"认识负数"。张老师从学生生活中认识负数切入,让学生联系已有的知识经验探索-3摄氏度和-3米的数学含义。让学生"画一画、写一写",并在教师巧妙的引导下逐步深入地理解负数的具体含义。进而引导学生抽象概括,体会负数的一般概念,建构负数与正数、0之间的关系。最后老师巧妙地引导学生体会负数在数轴上的表示方法以及生活中可以将不同的对象作为标准来表示正数、负数。

第二节课由特级教师、启东市教师发展中心蔡宏圣执教"小数的意义"。蔡老师联系学生已有的关于一位小数意义的经验,体会如何表示0.2,体会数位扩充的必要性。在此基础上,引导学生沟通整数的计数单位的十进关系,体会小数的表示也应遵循"满十进一"的计数原理,从而进一步体会两位小数、三位小数的意义。

我觉得张老师的课给我最大的启发是隐藏负数概念里原有的限定条件,打破了我们传统的课堂理念——永远按照课本来展开教学以及必需依赖课件;蔡老师的课完全由学生发现问题后再去提问,学生自己一步步去回答,尽管学生很多问题无法回答,但是蔡老师的精心构思、巧妙的设计引人深思,整节课一切尽在老师的掌握之中,"让学引思"这一理念在这里得到了完美的解释。我们一味地倡导课堂要交给学生,却不知如何交给学生,一味地倡导课堂"让学引思",却不知怎样达到目标,一旦课堂上学生卡壳,我们就惊慌失措,张老师和蔡老师的课给了我最好的启发。

三、我的学习反思

"生命是一条河,需要流动,需要吸纳。"教师只有具备了丰富的文化底蕴,教育教学活动才会更有底气、更精彩。此次的学习,让我找到了明确的努力目标。

在今后的教学中,我要脚踏实地,实实在在地结合自己学校和学生的情况,备好每一节课、更要上好每一节课,努力使自己成为一名优秀的数学老师。

3. 以研讨交流为契机

阜宁实小教育集团名教师工作室以"促一域提高"为工作室努力的目标。工作室由特级教师、正高级教师戴卫红主持,带一支队伍,研一组课题,发挥名师的引领作用,帮助青年教师不断认识自我、完善自我、战胜自我、超越自我。

工作室自成立以来,多次组织成员通过"请进来""走出去""送教下乡""教学与科研研讨""学科命题比赛"等形式开展活动,成效显著,并获得广泛好评。借助工作室搭建平台,很多青年教师快速成长,教学与科研水平明显提高。工作室成员中多名教师获江苏省小学各学科青年教师基本功竞赛一等奖,多位教师在核心期刊上发表论文。在名师引领下、在名师研讨交流中让青年教师立足根本,不断优化,逐步提升。此项工作为实小集团逐步发展壮大了师资力量。

【案例2】

内需·体验·提升

——学习之后的探索

教学思路：

解决问题的策略是苏教版教材编写的特色之一。今天，我尝试教了五年级下册《解决问题的策略（转化）》一课。下面，我对教学思路进行说明。

课始，我呈现例题中的左图，询问：这个图形的面积有多大？有的学生用数方格的方法，有的学生把它转化成长方形。这个环节的目的是尊重学生已有经验，让学生根据自己的经验去解决问题。

接着，完整地呈现例题，询问：怎样比较这两个图形的大小？绝大部分学生把两个图形转化成长方形，便能轻松解决问题。我追问：为什么不用数方格的方法？让学生从中体会转化策略的价值。

新课标强调学习经验的积累。反思策略是解决问题策略课的重要环节。课本上用"回顾解题的过程，你有什么体会"来引导的，试教中，我发现大部分学生不知所云，因此，我用"回顾解题的过程，我们是怎样比较的""用什么方法把不规则图形转化成规则图形""转化前后的图形相比，什么变了什么没变"三个指向明确的问题逐步引导。

转化策略在以前的学习中也经常用到。通过对已学图形、计算中的转化策略的回顾，使隐藏在知识背后的策略明朗化，感受转化策略应用广泛，体会学习的必要性。

练习环节，我设计成"闯关游戏"形式，旨在调动学生的积极性。第一关是面积中的转化，为巩固练习；第二关是周长中的转化，为变式练习；第三关是似是而非的转化，为发展练习；第四关是拓展练习，富有理趣，让学生体会数学的奇妙。

最后，我用四幅图片把转化策略由数学发散到生活中，拓宽了学生的认识视野，使他们感受数学文化的魅力。

教学反思：

1. 直观演示，激发寻求策略的内需

有效的数学学习是建立在学生合适的数学现实的基础之上的，五年级学生在以往数学学习过程中都积累了不少"转化"的体验,但这种体验基本上处于无意识的状态,只有合理呈现学习素材,才能促使学生对转化策略形成清晰的认知。为此,在课的一开始,我便呈现了一个直观性和操作性极强的素材图"哪个图形面积大?",学生积极开动脑筋,通过平移和旋转把这两个图形转化为一个长方形。这样以典型而具有直观性的图形转化为切入口,既使学习内容鲜明生动,很快调动起学生积极的学习心态,又能唤醒学生原有认知中的"转化"体验,让学生不知不觉地开始进一步感悟"转化"策略。

2. 回顾整理,复习旧知中感受转化策略

对转化策略的理解不能仅仅依赖直观的演示与形象的操作,更重要的是能让学生亲身经历策略形成的过程,尤其是思维不断发展的过程。因此,教学时加强了对知识的学习进行系统分类,以逐步建构学生对转化策略的深层理解,让学生经历转化策略的形成过程:(1)图形面积、体积方面的应用;(2)数与计算方面的应用。通过唤醒经验—回顾整理—体会应用,让学生经历转化策略的形成过程,符合学生"感知—表象—抽象"的认知规律。

3. 学以致用,体验运用策略的价值

在学生经历策略的形成过程后,精心设计一些富有变化的问题是必要的,这对于策略的理解、掌握和熟练运用起着"催化"的作用。在学生学习过程中,我有针对性地设计了一些练习题。这些习题的设置,突出了教学的重点,分散了教学的难点,增强了教学的有效性。学以致用,学生对所学知识的理解会更加透彻,学生对策略的价值所在的感受会更加深刻,而且在运用策略的过程中,学生的实践能力也能够得到培养和提高。

4. 注重反思,把握提升策略的契机

反思问题往往容易为人们所疏忽,但它是发展数学思维的一个重要方面,也是数学思维过程辩证性的一种体现,即一个思维活动的结束包含着另一个思维活动的开始。因此,在解决问题后应该及时引导学生回顾解决问题的策略,反思策略的运用过程,对具体采用的策略进行分析、加工、整合,从中提炼出应用范围广泛的一般方法,使解决问题的策略得到不断提升,并获得成功的情感体验。总结学习的收获,然后出示数学家的名言,让学生从学习转化策略的角度,谈谈自己的理解,力图增强数学学习的文化性、历史性,让学生在与数学家的对话中,充分感受转化价值的魅力所在。

4. 以校际合作为抓手

校际交流与合作是争取合作项目、培养人才的良好途径。在日常接待工作中,学校注重探索建立校际关系的可能性,努力安排好学术活动和参观活动。近几年来,我校与省、市内多所名校定期互访,就学校发展规划、管理机制、教学模式等方面进行切磋交流;多次组织教师赴盐城一小、衡水中学、南师附小、南京北京东路小学等名校参观学习、听课取经;定期面向友好学校及全市教师开课,多次举办市教育教学研讨会、教育教学观摩课活动;定期组织教师到兄弟学校研讨交流,虚心学习兄弟学校的办学思路以及教学方法等。

5. 以送教下乡为突破

"送教下乡"项目的实施体现了国家对提高农村教师整体素质的高度重视。为了更好地利用项目资源,我们运用整合思维从整合主体、整合对象、整合资料三个维度对"送教下乡"项目的资源配置进行审视,力求使其资源利用最大化,最终提升个体教师专业发展素质。

加强农村教师队伍建设,提高农村教育水平是减贫脱困之根本,也是消除城乡二元壁垒,促进教育公平,保障改善民生的重要环节。我国自 2009 年实施"国培计划"以来,各级政府虽然投入了大量专项资金来保障该项政策的有效落实,但培训中还存在脱离一线教师实际需求,尤其不符合农村教师的实际状况,难以满足他们的迫切需要的问题。为了更好地满足农村教师的需要,合理利用资源,"送教下乡"项目应运而生,我校组建名师团队,扎实推进"一师一优课,一课一名师"等系列项目,通过"送教下乡"来提高农村教师的教育教学能力,逐步缩短城乡在教育软性资源方面的差距。2017 年 3 月我校开展"信息技术应用能力提升"的"送教下乡"活动,覆盖全县城乡学校,近千名中小学教师参加,其中以学科带头人为主。由刘卫华、唐国祥等专业技术人员承担此次培训任务。培训目的是通过微课技术将学科内容视频化,融入教学理念和教学思维,以微课育"优课",以"优课"育"名师"。培训内容为微课的制作,学习 Camtasia studio 录屏软件,完成微课的录制、编辑和发布等。"送教下乡"不仅是给兄弟学校送去先进的教学理念和先进经验,也是一个教学相长的过程,送教教师们也纷纷感慨收获颇丰。

【案例3】

支教,让教育生涯更精彩

2013年8月,阜宁实小教育集团的暑期学习班如期进行,在学习班上,集团校长室传达了阜宁县教育局《关于向教育欠发达乡镇派出优秀教师的决定》。我和其他四位教师报名参加。

出发前,集团领导为我们支教的教师专门开了会,主要强调了到新的学校去,不仅是要上好每一节课,还要经常给当地教师上示范课,把实小精神和实小集团先进的教学理念带给他们,潜移默化地影响他们。

8月28日,我们五位支教教师来到了开发区实验小学。佟校长热情地接待了我们,并向我们介绍了学校的情况,佟校长告诉我们,开发区实验学校前身是阜宁县吴滩镇中心小学,在政府的全力支持下,已经在新的校址新建了一所功能齐全、设施完备的新学校,改名为开发区实验小学,目前学校师资力量薄弱,质量有待提升。还告诉我们,已经根据我们的情况,对我们的课务进行了分工。我任教六年级(3)班语文。

开学第一周的课上得很艰难。上第一节课时,我走进课堂,学生端端正正地坐着,我使出浑身解数去启发、引导、鼓励,可是举手发言的学生寥寥无几,而且声音很小,像蚊子哼哼。学生作业时,我发现,有些学生不是在写字,而是在把字画出来,能用一笔写成的字,哪怕这个字的笔画再多,也绝不用第二笔。成绩好一点的学生完成作业时,那些学习困难的学生才写十几个字。

任教数学学科的吴老师告诉我。班级共有42名学生,来自吴滩全镇,离学校最远的距离达到10公里以上。学生中有80%以上的是父母在外地打工的留守儿童,有的跟爷爷奶奶生活,有的住在亲戚家里,有的住在学校。跟爷爷奶奶生活和住在亲戚家里的学生,校外时间几乎无人约束,基本处于失控的状态。听了吴老师的话,我的心里沉甸甸的,感到这一年的支教工作任重而道远。

中午吃饭的时候,我发现,六(3)班有20多个学生围坐在四五张餐桌前,他们说话声音虽然很小,但显得特别开心。想到上课时的情景,好奇心驱使着我端着餐盘走到他们身边,找了一个空的地方坐了下来。空气一下子凝滞了,笑容从孩子们天真的脸上消失了,只听到筷子、勺子和餐盘的碰撞声。我小声问:"刚才什么事这么开心?"坐在我旁边的一个女孩子红着脸望了我一眼又低下了头,开始数饭粒。我又问了一句,她才腼腆地小声地说:"说你呢,丁老师。"

渐渐地,我和这42个孩子成了好朋友。上课时,发言的人多了,发言的声音大了。闲暇时间,他们也能主动和我分享他们的趣事,我也趁机引导他们读书,还和他们一起读,一起分享故事,一起分享故事中的人物。

第一学期开学不久,我们几个支教教师发现,这里虽然有先进的教学设备,但除了部分年轻的或刚走上工作岗位的教师外,不少教师上课仍然是一支粉笔和一本教科书,先进的教学设备成了摆设。我们感到很奇怪,为什么这么好的教学资源不用呢?还有,这里每个年级至少也有四个同轨班级,为什么有的教师手里有备课稿,有的教师没有呢?而有备课稿的教师为什么备课稿又完全不一样呢?我们几个支教教师进行认真的讨论,大家一致认为,我们是阜宁实小教育集团的教师,我们应该用学校先进的教学理念来影响他们,我们应该把学校在教育教学中好的做法告诉他们,让他们教育教学工作也能像阜宁实小一样,这才是这次支教的真正目的。

开学第二周,我们五位支教教师每人分别上了一节示范课。我上的是《把我的心脏带回祖国》。从预习到上课,我组织得井然有序。课堂上,师生互动,课件演示和耐心指导,赢得了听课教师的一致好评。

课后有人问我,你们上课为什么这么轻松,教材为什么能把握得这么好,课件又为什么能做得有声有色,是不是有什么秘籍?我说,秘籍就是集体备课。实小的每一节课都是精心打磨的,都是年级组所有教师智慧的结晶。我们上课用的教案和课件是磨课后的教案和课件,我们的教师还能根据自己的特点,进行二次备课,这样教材把握自然就好,课堂教学效率自然也就得到提升,学生学习积极性自然也被激发了出来,即使在平时,我们也都努力把每一节课上成示范课。佟校长对我的话很感兴趣,立即开会讨论,学习阜宁实小的集体备课。

此后,阜宁实小先后派出两名优秀的电教教师,对开发区实验小学中青年教师进行课件制作培训,还邀请开发区实验小学的领导和骨干教师到阜宁实小观摩半日研修和集体备课。佟校长也从集体备课入手,组织各年级的同学科教师进行磨课,还先后组织中青年教师进行课件制作比赛、优秀教案评比、创新课大赛、微型课比赛,极大地提高了中青年教师的业务水平。

转眼第一学期期中考试时间到了。两个月来,我对开发区实验小学情况已经非常熟悉,同时,我利用周末和闲暇时间,通过家访、谈心,对六年级(3)班的42名学生也做了一个全面的了解。我根据学生的爱好、性格、学习状况、家庭情况进行分类,还为每个学生建立了成长档案。我在教学工作中,能根据不同学生的特点,采取不同的教学方法,激发学生的学习兴趣,提高学生的学习积极性。

2014年春季学期,开发区实验小学的戴老师代表学校参加县片区课比赛。由于戴老师是北沙中学撤并时到开发区实验小学的,所以,她对小学教材和教法不是很熟悉。于是,为戴老师备课的任务自然就落到了我的头上。我和佟校长一起,为戴老师选题,指导戴老师备课、上课,帮助戴老师制作课件。在比赛中,戴老师"以学生为主体,尊重学生,还课堂给学生"的课堂,赢得了听课领导和教师的一致好评。2014年暑假,戴老师被县教育局选调进阜宁实小教育集团。

一年的支教生活,丰富了我的人生阅历,也是我人生道路上宝贵的精神财富,我将受益终生。一年的支教生活,是我的人生道路上浓墨重彩的一笔。如果让我说支教的感受,我会说:"简单、平淡、快乐,收获满满!"

第三节 "请进来,走出去"的意义

一、促进师德师风建设

《中国教育改革和发展纲要》中提出:"振兴民族的希望在教育,振兴教育的希望在教师,建设一支具有良好政治业务素质、结构合理、相对稳定的教师队伍,是教育改革和发展的根本大计。"师资水平不仅决定了学校的教学质量和办学水平,决定了人才培养质量,更反映出学校的综合实力。我校组织全体教师通过集中学习、专题讨论、主题演讲等方式,以贯彻中央《习近平关于师德师风建设的讲话》、江苏省教育厅《中小学教师违反职业道德行为处理办法》精神为契机,组织全体教师学习《中小学教师职业道德规范》《盐城市七个专项活动》,引导广大教师自觉提高师德素养,树立依法从教、以身立教、以德育人的师表形象。

我校积极汲取"请进来,走出去"的学习成果,结合学校实际,开展一系列的师德师风建设活动。通过开展"我是光荣的人民教师,我自豪""守师德规范、拒有偿家教、树师表形象""以心搏心,以爱搏爱"等系列主题教育活动,让教师时刻牢记为人师表的道德礼仪,从而提高教师的师表形象。我们启动了"阜宁县实验小学教师职业道德与礼仪规范"校本培训,加强了"严谨、务实、爱生、乐研"的教风建设。同时我校开展了一系列评选活动,如"尚美教师""尚美班主任"等。这些优秀教师为全校其他教师树立了良好的榜样。

二、搭建多元联动平台

在深化中同携手,在交流中共促进,这是我校在教育教学工作中的共识。通过面对面交流,我们深刻地认识到"请进来,走出去"的必要性。一个学校要发展,必须要思考我们的教育,做一个有思想的教育群体。一次学习就是一次成长,这是教师的幸福;经历过多次"请进来"与"走出去",这是学校的福音。我校坚持"老教师引领""中年教师坚守""青年教师开拓"的思路,搭建了满足教师自我提升愿望的平台,促进了学校教师的可持续发展。

1. 开办"青蓝结对"

学校实行"青蓝结对"工程,有利于青年教师快速转换角色,提高岗位适应能力,促进青年教师在较短时间内达到教育岗位的基本要求,不断提高师德水平和教学业务能力,实现师德修养和教学艺术、教育管理能力的逐步提高。学校为青年教师制定了一系列成长目标,同时,通过假期培训、半日研修、周日讲堂、师德教育、观摩交流、访学考察、课题参与、读书撰文、常规考核、树立典型等措施,打造"个体鲜明,群体凝聚"的教师队伍。

我们启动了具有立体特色的"青年教师过关课""让学引思优质课""名优教师示范课""党员教师展示课"等常态校本教研工程,让入职教师在过关课中快速成长,青年教师在"让学引思"优质课中业务精进,名优教师在示范课中引领共进,党员教师在展示课中彰显风采。

2. 启动"教师沙龙"

通过开展读书研讨、课堂观摩、教学汇报等多种形式的活动,为培养智慧型教师搭建平台。青年教师在研修学习的过程中,会遇到许多困惑和问题,但更多的是积累经验。他们迫切需要有一个宽松、和谐的环境让他们互通信息、交流经验、畅谈感想,于是我们创办了"教师沙龙"。这是一种极其有效而又自由愉快的教研活动。通过参加这种活动,教师们不仅交流了感想和经验,有了解决疑难问题的办法,产生了新的思考和感触,而且激发了更好地进行下一步工作的信心和勇气。

3. 实施"名师工程"

学校把积极进取、工作富有成效、业务素质高、有经验也有潜力的教师通过一定的标准和程序选拔出来,并对他们进行有针对性的培养和管理,努力打造一支"学习型""研究型""专家型"的名师队伍。通过"名师工作室"的引领,全集团实行"四轮备课法"和"四步教学法"。"四轮备课法"是指一轮名师主备,引领教师解读教材;二轮组内试教,关注教学设计落实;三轮全员研讨,注重课堂生成优化;四轮个性备课,突出教师个体创造力。"四步教学法"是指① 依据学情,科学定标;② 合作探究,自主达标;③ 课中问诊,点拨补标;④ 当堂检测,全员达标。通过以上措施,层层递进,形成多元化、阶梯式、立体化的帮带互动网络,发挥名优教师的示范、引领、激励、凝聚作用,这既使其能在实小引领示范,又鼓励他们"走出"校门,传播我校的教育理念和方法,让更多的学校和教师受益。

【案例1】

张扬个性　充分"让学"

为了教育均衡发展,发挥名师引领效应,今年5月份由阜宁县教育局教研室牵头,阜宁实小名师工作室承办,组织了名师送教下乡活动。我承担了小学语文送教任务,执教的课文是《蚂蚁和蝈蝈》。

《蚂蚁和蝈蝈》是一篇童话故事。文章讲述的是蚂蚁因辛勤劳动而得以安然过冬,蝈蝈由于懒惰冬天只能又冷又饿,这个故事告诉我们只有辛勤劳动才能换来幸福生活。本文虽篇幅短却很有特色,尤其突出的是文中"有的……有的……个个……"的句式描写,使全文十分生动。文中的对比也很鲜明:有两种动物不同生活方式的对比,有季节特点的对比,也有两种动物不同命运结局的对比,这些对比增强了课文的趣味性和思想性。另外,课文的插图也很形象,有助于学生观察想象,理解课文内容。

为上好这节课,课前我进行了认真思考,觉得低段语文教学要遵循儿童世界的简单之美,保护好孩子的"好奇心""求知欲""想象力"。农村孩子活泼好动,淳朴善良,想象更奇特,于是课堂上我就充分"让学",张扬个性,并且坚持做好"识写""诵读""讲述"这三件事。启发学生力求从"会读、会写、会说"向"爱读、爱写、爱说"迈进。

为达成目标,我在设计教学时注重了以下几点。

(1)创设情境,寓学于乐。

童话本身就是一个大情境,它有其内在逻辑联系,无需破坏,无需重组。这种文体之所以受小朋友欢迎,就在于它的趣味性,这跟低段学生的学习特点相契合。教学中,我利用儿童化的语言,带着孩子们边玩边读、边读边想、边想边说,我希望整堂课中孩子是学习的主人,整个氛围是轻松而活跃的。如导入时我设计了这样的情境激趣:今天教师从童话王国请来了两位小动物,大家想认识他们吗?可他们还不想急着和你们见面,想请你们来猜猜他们是谁?猜谜:个子不大,力气不小,能搬粮食,会打地道(出示蚂蚁图,板书:蚂蚁)。另一个朋友是谁呢?(出示蝈蝈图)

(2)形式多样,随文识字。

识字、写字是阅读和写作的基础,也是低段语文教学的一项重要任务,其主要目标是让学生感受汉字的形体美,培养学生喜欢学习汉字,主动识字的愿望,初步培养学生独立识字的能力。因此,这节课我安排了多种识字方式,如情境中趣味识字法,在教读"背""拉"时,我首先让学生看动画,然后出示"一群蚂蚁在搬粮食,他们有的背,有的拉,个个满头大汗。"让学生读,并启发学生思考:蚂蚁们是用什么方法搬运粮食的?根据学生回答引出"背""拉",然后让学生做蚂蚁背粮食、拉粮食的动作(师生一起做)。在这样的情境中学生自然很容易会认识"背"和"拉"。此外我还利用古今对比字源识字法,让学生交流、合作,培养他们探究精神。

(3)展开想象,训练说话。

《义务教育语文课程标准》指出:"语文课程是一门学习语言文字运用的综合性、实践性课程。"可见语文教学就要致力于培养学生语言运用的能力。而童话往往是激发儿童想象力的最好文学样式,儿童在阅读童话时,很容易进入作品创设的情境,同文本展开对话,与作品人物进行思想情感交流。本课在描写夏天的蚂蚁和蝈蝈时两次用到了"有的……有的……个个……"的句式。教学时,我紧扣这一句式,让学生充分展开想象,训练说话。一来在拓展延伸中进一步加强学生对文本的理解,二来也为他们课后与家长交流改写冬天的蚂蚁和蝈蝈打下基础。

(4) 引进活动,张扬个性。

针对一年级孩子的年龄特点,借助农村孩子动手能力强的优势,在教学中我充分利用直观性教学原则,设计了让孩子表演蚂蚁运粮食的各种姿势的活动环节,孩子表演的形态各异,将一个个勤劳的"小蚂蚁"呈现在课堂上,有的举,有的扛,有的抬等,因为是农村孩子,他们有劳动的经验,表演得比我自己班级城里孩子的表演要自然真实很多,此处课堂气氛非常活跃。把活动引入课堂,让孩子在活动中理解,在活动中感悟课文内容。通过活动,我发现原来教师要告诉学生的话变成了学生自己的真实体验,教师要灌输的观念变成学生自己悟出的道理。活动作为一种有别于常规课堂教学的体验式学习,更容易使学生展现出真实的自我,唤醒学生对自然的亲近,对美好人生的期待,发展出更为多样和成熟的个性。可以说课堂表演是孩子们个性张扬的地方,是孩子们梦想放飞的舞台。

(5) 引领诵读,以读悟文。

语文课程标准指出,各个学段的阅读教学都要重视朗读,要让学生在朗读中通过品味语言,体会作者及作品中的情感态度,学习用恰当的语气语调朗读表现自己对作者及其作品情感态度的理解。因此,对这堂课教学我主要从读出发,让学生在读中入情、入境,感受语言的精妙,领会汉语的音韵美,品味童话的意境美,体会作者渗透在字里行间的思想感情,从而达到目视其文、口发其声、心同其境、耳醉其音的最佳境界。

充分发扬学生个性,尊重学生独特的体验,是新课标大力提倡的。童话教学更是如此,相信越来越多的教师会将课堂"让学"给学生,让学生在课堂上充分动起来,发扬个性,形成独特体验。这样的课堂学生怎能不爱,效果怎能不好。

4. 借力"半日研修"

阜宁实小教育集团创新的"半日研修"教研模式在全省产生影响,由此生发的两个课题被列为省级重点研究课题。集团成功地与美国、韩国的学校结成友好学校,已派出多人出境培训。广开"请进来"培养路径,2013年,邀请江苏省人民教育家培养对象来校讲学,同年承办省名师送培活动;2014年,承办省生态课堂赛课和市小学数学课堂教学比赛、市小学思品教师基本功大赛等活动;2015年12月初,举办"指向言语运用的生本课堂教学观摩活动",全国著名特级教师和专家近30人来集团上课、开讲座,省内各大市区800余名教师前来听课学习。

三、打造智慧共享课堂

在传统的教学模式中,教师是教学活动的主体,是知识的传授者,学生是知识的接受者,学生的成绩是教师教学水平的反映,课堂作为教学的主要环境是为教师提供演绎的舞台。因此,为了顺应时代的发展,进行教学模式改革已刻不容缓。在"请进来,走出去"中形成了令人耳目一新的课堂模式,这样的模式教师教得轻松,学生学得快乐,极大地提高了学生和教师的幸福感。

课堂上教师根据学生的预习情况及在线提问先做相关知识点的讲解,然后进入集体答题环节,再根据对错统计数据,决定是否需要讲解,如此循环,课堂上学生的答题情况将自动保存到分析系统,由电脑进行统计。同时,智慧课堂的微弹幕代替传统的举手回答,进一步增强了课堂的趣味性。

"请进来,走出去"是一项全局性、战略性的系统工程,是保证教师永远蓬勃向上、不断进取的最佳方式。一所学校的发展离不开一流的师资队伍,任何一所学校都应坚持以全新的理念办学,构建科学的培训模式,加大对教师培训的支持力度,增加培训经费,让教师在培训中不断体验到生命的意义,不断开发潜力,超越自我,真正做到创新、务实、与时俱进,力争使学校逐步拥有一支学科能力强、结构合理、综合素质高的师资队伍,确保学校和谐发展。

"请进来"提供了广阔的平台,使得骨干教师可以得到有效锻炼和施展才华的机会,加快从学校脱颖而出的成长步伐,逐步"走出去",进而被其他学校和地方"请进来";也使得中等教师得到了可借鉴、近身边的实践经验,也能争取自我锻炼和才华施展的机会,逐步成长为骨干教师;青年教师得到有效的校本帮扶指导,逐步成长为"中等教师"。

"走出去",把我们的视野拓展出去;"请进来",把他人的经验借引进来。一进一出,以开放包容的姿态,立足自身的特点,为将阜宁县实验小学建设成为智慧而又有灵魂的美丽校园而不断努力。

第八章 由名师视角看名师引领教师专业成长

在学校教育与教学实践中,名师起着领衔、示范、激励、凝聚和辐射等作用。深入研究名师的成功规律及其对城乡联盟校教师专业成长引领的方式和策略,对促进教育均衡发展具有重要的启发意义。本书前几个章节较多介绍了名师引领下普通教师的专业成长,本章将由名师的视角观照名师自身的专业成长规律和成长机制,探索名师工作室发挥引领作用的高效路径。

第一节 名师成长阶段及规律

一、什么是名师

名师是一个约定俗成的称呼,通常指在某一区域范围内具有一定知名度和影响力的教师,他们都具备先进的教育教学理念和高超的实践能力,拥有特级教师、市县级名师、学科带头人、教学能手等称号。

二、名师自身专业成长的规律分析

名师成长的实质是其职业个性不断成熟、自主发展的过程,从众多名师成长的人生轨迹,可以梳理出一些共性的规律与特征。

(一)周期性与阶段性规律

1. 周期性

名师成长符合人才学研究的成果性规律。作为特殊的专业人员,教师的成长周期比较长。就中小学而言,一个教师起码要经过十年以上的磨炼,才能将其原有的专业知识与中小学教学实际联系起来,积累起一定的教育教学经验。

2. 阶段性

名师成长符合一般教师专业发展的阶段性规律。任何名师都是从普通教师一步步成长起来的。但由于名师与普通教师有着本质区别,因而在名师成长的各阶段又表现出发展的不均衡性和独特的个性色彩,名师的专业成长可以划分为四个阶段。

(1) 入职适应期。

入职适应阶段是每一个名师成长所必须经历的。这时教师要实现两个转变:一是由师范生向教师的角色转变,二是拥有教学知识向拥有教学能力的转变。

(2) 成熟胜任期。

作为一名教师,完全适应了教师工作,已经熟练掌握教育教学技术,具有了较高的工作能力,在学校也已经站稳脚跟,在学生心目中树立起一定威信,成为能胜任学校常规教育教学管理工作的合格教师。

(3) 高原平台期。

达到一定教龄和资历时,一些教师因掌握了能应付自己熟悉工作的全部技能时,如不扩大探索的新领域、新模式,职业懈怠、停滞不前的现象就会随之产生。这种现象可以称为"平台现象",即名师成长的"高原平台期"。

(4) 成功创造期。

处于这一阶段的教师具有创新精神和能力;教学风格与模式个性化;开始总结、提炼自己的教育教学观点和理论,教学科研成果丰富且有分量,在校内外已产生了较大影响,实施个性化教学。

(二) "师承效应"与"转益多师"规律

名师专业成长过程中存在"师承效应"现象。教师专业发展过程中,往往都有"师徒结对""青蓝工程"的经历。根据这个规律,培养名师,一是要重视发挥"青蓝工程"的师承作用;二是要强调双方的自主选择和相互对称。名师专业成长过程中的这种"师承效应",同样符合人才学研究的"师承折半"理论。因此,名师成长的过程中,需要发挥"转益多师"效应。

(三) "马太效应"与"期望激励"规律

名师成长过程中存在"马太效应"现象,"有者容易愈有,无者容易愈无"。有不少名师认为,在成长过程中需要积极争取社会承认,争取更多的发展性资源。事实上,"一度成名"的马太效应,往往是促使不少名师突破成长平台、获得成功的"保健性"因素。但"成名",也可能对名师突破成长高原平台期有"负作用",过多的头衔、太大的名气、过多的社会兼职等可能会影响名师用于专业提高的时间、精力和突破自我的自觉意识,从而使其"名"不副实。

(四)共生性与复杂性规律

1. 共生性

名师成长过程中存在一种"共生效应"规律,也叫"群落效应",指名师的涌现通常具有在某些区域、学校、学科领域和教师群体中"共生共荣"、集中产生的倾向。特别值得关注的是"名师自身发展"与"名校整体发展"的对立统一、和谐共生关系。一方面,"名校成就名师";另一方面,名师自身的成长状态,也对学校内部的成员及学校的改革发展具有重要的引领作用。名师在其自身专业成长过程中,能够汇集更多学校发展的力量,从而使得学校成为更多教师个体专业生命成长的重要力量源。

2. 复杂性

名师成长过程体现出明显的复杂的"不确定性、非线性、非平衡性"等特性,是一个极其复杂的、自主发展的系统过程。成长为名师并不是必然的。名教师的专业成长历程并不平直,而是曲折起伏的,它与教龄的长短密切相关,而且不同时期,教师的角色行为和心理特征也不同,其成长的速度和程度也会有差异。实践证明,并不是任何一个教师都能成长到成功创造期。

第二节 名师自身专业成长影响因素分析

名师专业成长是一个开放的系统,受到多种复杂因素的影响和制约。名师成长的过程涉及很多因素(变量),这些因素(变量)又构成错综复杂的相互联系,在这些因素、关系之间很难区分谁主谁次、谁重谁轻,它们之间的机制不是简单直接的因果规定,而是复杂的交互作用、双向甚至多向建构方式。概括起来,既有外在的客观因素,也有内在的主观因素。

一、基于教育文化的土壤

"文化是教师成长的母乳",名师的成长,总是基于特定的历史文化和教研文化传统,尤其那些历经沧桑的"老牌学校",具有深厚的传统文化底蕴。这种教育文化传统熏陶、浸润、涵养了一代代名师,并以"文化遗传基因"的作用方式渗透在名师的文化心理结构中。文化传统的统摄、涵化的力量是巨大的,尊师重教的历史文化传统也催生出独具魅力的教研文化传统。

二、基于自主发展的需求

名教师的自主发展首先体现在其人生定位上。通过研究发现,这些名教师虽然有着不同的文化背景和人生阅历,但他们都把自己的人生理想定位为成为一名出色教师。其次,任何一位名师都是从普通教师一步步成长起来的,其个体专业的成长和成熟都体现在悄悄扩展的年轮上,这不仅仅表现在其知识、能力、人格特质上,更表现在其不断追求自身专业发展水平新突破的创新意识和自主创造性品质上,名师都具有强烈的自我专业发展的意识。再次,名师在专业发展过程中一般都能自主突破专业发展的"瓶颈"。事实上,不少教师在取得一定成绩以后,往往会自我满足、故步自封。而有一部分教师则是继续进取、勇于突破自我。很显然,只有这样的教师才有可能成功跨越发展的栅栏,实现人生的突破,成长为名师。

鉴于以上分析,教师的专业发展既受外部环境的制约,同时也取决于他的自身必备素质与条件的完善和发展。名师专业发展的空间是靠其自身建构的。名师专业发展空间的大小问题,需要一种立足自我发展现状的思维方向。

三、基于反思性实践的学习与研究路径

名师专业成长主要依赖的是反思性实践与学习,即"学习—实践—反思—再实践"这一根本路径。首先,不间断地学习是名师专业成长的根本保障。其次,反思性教学实践是名师成长的前提条件。没有课堂教学实践就没有名师。过硬的教学实践能力是教师形成自身教学风格、赢得教学成功的保障。名教师,首先要能实践、能教学、能上课。再次,坚持学术研究是名师专业发展的必经之路。要成为一位学者

型的教师,必须要以自己的学科性质特点为基础,在成长的每一个阶段,不断发现迫切需要解决的教育问题,从中寻找到自己研究的重点,通过不断探究,逐步形成自己扎实的教育科研能力和丰硕成果,自成一家。这里要突出强调的是名师引领教师专业成长,也是名师自身反思实践和研究的重要路径,通过师徒结对,在帮助青年教师成长的同时,名师也在不断发现、思考中获得进步,也就是所谓的教学相长。

第三节　完善名师专业成长机制

一、建立"入职适应阶段"教师成长关键期的教育培训机制

要充分认识到入职适应阶段是教师专业发展的"关键期"。"入职适应期"在教师的成长过程中有着举足轻重的地位。在这个阶段教师素质如何,其是否热爱教师工作、能否熟练掌握教学基本技能、能否渴求教育理论与经验、是否具有一定的可塑造性,都需要进行引领和培训。处于入职期的新教师容易受外界影响,这期间他们的可塑性最大、模仿性最强,他们思维敏捷,头脑灵活,接受新事物、新思想的能力强,有理想、有朝气、有热情、有干劲,而且他们精力充沛,没有来自于家庭生活等各方面因素的干扰。他们在这一阶段的努力,无论是其在教育教学技能、业务素养、工作能力,还是在从教的职业情感、职业信念等方面的量变积累都是非常重要的,具有奠基意义。因此,从一定意义上讲,把握好入职适应期青年教师各方面的特点,有针对性地做好青年教师的入职培训与管理工作是非常必要的,这无异于在关键期内实施"名师成功基因的改造工程",在这一阶段"基因"改造得好,毫无疑问,将决定未来名师的成功表现。

二、建立良好的"自主发展"与"养用结合"相协调的专业成长机制

研究表明,名师成长的过程也与其他领域人才的成长一样,需要一定的机遇。对于名师的成长而言,机遇则存在于其每一个发展阶段。上一次公开课、参加一次培训或进修、参加一次教研活动或论文获奖、受到一次表彰、得到一个专家的赏识或者一次职务提升等等,这些都有可能成为名师成长的"机遇"。善于抓住机遇是

非常重要的,抓住了社会性机遇就等于抓住了大的社会需求。

据此,一方面,作为教育管理部门和学校领导,应真正形成"养用结合"的人才机制,要积极为教师的成长搭建平台与阶梯。从教师成长目标管理的角度看,能否给青年教师的成长提供平台、搭建阶梯,能否给青年教师以及时的目标激励、榜样示范,能否通过开设公开课、参加"比武"等形式给青年教师以成功的机会和体验等等,对青年教师日后的专业化成长具有关键性意义。对于骨干教师的成熟期培训培养要提前,对成功创造期"准名师"的提高性培训培养仍然不能忽视,特别是在学校管理过程中,创设一种有利于名师成长的学校文化氛围,产生一种能激励名师脱颖而出的文化动力,是有效实施教师管理的重要策略。另一方面,教师自身要具备自主发展的主观动力。机遇总是垂青于有准备的人,善于抓住机遇的能力综合了名师良好职业素养、开拓进取精神和积极心理准备,是名师成功的决定性因素。

三、建立科学的发展性教师评价与激励机制

要想突破发展的"高原平台期",成长为名师,前提是在这一时期,需要教师对早期教师职业生涯重新进行评估,强化或改变自己的教师职业理想。知识型教师要重在对所掌握的知识进行灵活运用,在课堂教学技能和技巧上做文章。经验型教师则要在系统的理论学习上下苦功。现实中,由于绝大多数教师属于实践型的,其教育教学理论功底都比较匮乏,教学实践呈粗放型状态,要突破发展高原期的关键是主动加强教育理论的系统学习,以理论指导自己的实践而不是盲目实践,要积极争取专家的指点,坚持反思性、研究性教学,使自己的教育教学行为科学化、规范化、理性化,从而突破"高原平台期",成名、成家。

第四节 名师工作室引领教师专业成长

随着中小学教师专业发展研究和实践的不断深入,名师工作室作为一种教师研修、培养的模式也越来越常见,越来越受到重视。这样一种组织形式,在城乡联盟这一特殊教育场域中,怎样引领教师的专业发展,是本节尝试阐述的内容。

师资力量的状况决定教育质量的状况,打造高质量的师资队伍是当前教育行

政部门和学校都十分重视的工作。教研、培训、课题研究、师带徒等多种传统的教师教育和专业成长的手段都在被广泛研究和运用。名师工作室是近些年出现的教师教育的新形式，最早公开出现于2002年的上海，宝山区教育局命名了首批18个名师工作室，其领衔人都是优秀教师的代表，目的是希望借此发挥名师的示范、带头和指导作用，组建形成优秀教师的群体，减少单兵作战的劣势，发挥团队作战的优势，提高全区高层次教师的整体水平和数量。随后，北京东城区、重庆北碚区、杭州上城区、昆明市五华区等都相继开展了"名师工作室"的尝试工作。

虽然不同地区不同类型的名师工作室各有特点，但是总体而言，从教师专业成长的角度来看，与传统教师研训方式相比，名师工作室可以被视为教师基于共同的目标，在专家的组织下，旨在通过对话、合作和分享性活动，来促进教师专业成长的共同体。

一、名师引领普通教师专业成长的主要方式

从我国大部分地区开设名师工作室的情况来看，教育行政部门都起到了直接的推动作用，或提供资金，或直接纳入工作计划，或建章立制等；从教师的角度来看，能够进入名师工作室学习或工作也被认为是一次极大的肯定和难得的学习机会，教师的反响也很强烈，参与积极性很高。与传统的教师教育方式相比，名师工作室更具备教师专业共同体的特点，更能够满足教师专业成长的需求。

二、以名师引领为基本形式的活动

1. 名师课堂教学示范

名师是课堂教学领域的专家，在多年的教育教学中积累了丰富的经验，形成了成熟而独具魅力的教学风格，而且非常容易把握教师在专业发展过程中的困惑与不足。名师工作室中的研究团队可以面对面地分享专家教师的智慧，通过与专家教师的对话与共同学习，加快专业成长的步伐。

2. 名师课堂教学专题讲座

名师以自己的学识和亲身经历对课堂进行了富有个性的解释，在不同的阶段对学员进行专题讲座，无论是教育思想、教学技术和教学艺术等都能作为讲座的主

题。以非常小的切入口对学员进行培训,可以收到良好的效果。

3. 名师课堂教学点评

教学点评是名师在听完学员上课后所做出的即时评价,课堂的优劣得失等都会在第一时间进行反馈,使学员们得到更为及时、有效的支持与指导。这种形式的指导与培训是面对面的,是具有实战性的,对促进教师的专业发展起到了不可替代的作用。

三、以课堂诊断为基本形式的活动

1. 课堂教学诊断

课堂教学诊断是最常见的活动形式。课堂教学集中体现了教师的教学水准,它既可以展现一位教师独特的教学风格和精湛的教学艺术,也可以暴露出教师在教学中存在影响教学效果的各种问题。科学的诊断可以帮助我们发现教学中的闪光点和存在的各种问题,课堂诊断分为目标式诊断和主题式诊断。目标式诊断就是分析课堂教学的整个过程,包括教学组织形式、教学方法、教学语言与板书设计、学生的表现、教学目标的完成情况等各个环节。主题式诊断就是工作室的导师和成员根据实际情况预先确定主题,对课堂教学进行方向明确的专题性诊断。这种诊断,可以是对不同教师执教同一内容的对比诊断,也可以是对同一教师在不同班级连续执教同一内容的持续诊断,能有效地引导教师对教材、学生、教法、学法、教具使用、评价方式及语言表达、板书设计等进行深入研究,营造了浓厚的学术氛围。

2. 调查与访谈

在实施课堂教学研究前后,工作室研究组可以对班级进行前测和后测,目的是能够更好地了解班级学生的实际学习状况、知识的储备状态及课堂效果,以此作为教学设计和评价的依据之一,也为了在课后的交流评价中使用这些数据信息进行课堂教学的诊断。

3. 跨学科听课

跨学科听课就是打破仅在同学科教师间相互听课的习惯,实行不同学科教师之间的相互听课。名师工作室的成员相对具有"跨边界"的性质,往往超越学校、年级组、教研组的限制,是一个边界比较模糊的开放系统,所以有条件通过赏析精品课程和开展校际交流来提高教师教学水平。工作室可以把赏析精品课程称为"与专家面对面",通过导师与成员的交流讨论,从不同方面领略精品课的精妙之处,从细节中挖掘教育智慧,积极探索如何在各自教学实践中渗透。校际交流实现了学校间的资源共享,拓宽了教师们的视野,有利于引导教师在教艺切磋中取长补短,在比较中激发创新。

四、以阅读、反思为基本形式的活动

1. 阅读活动

名师工作室尤其重视教师的阅读,包括阅读的量和质。教师的职业特殊性决定了教师一定要不断地学习和阅读,才能提高自身的知识涵养,才能开阔眼界,在教师专业知识和学识素养上提升自己。工作室的导师们经过大量地挑选与推荐书籍,让学员进行读书活动,并谈自己的读后感。读书活动的开展为教师提高专业素养、进一步促进教师自我完善和文化的积淀起到了重要的作用。

2. 交流与反思

工作室成员利用座谈等形式聚在一起,让彼此的想法自由地交流与碰撞。各个成员根据上课教师提供的课堂教学实例,交流教学思想,总结教学经验,探讨教学方法,探寻更加有效的教学设计、教学组织形式等,使工作室成员从课堂教学实例中吸取长处,改进不足,共同提高教学水平。

五、以任务驱动为基本形式的活动

1. 制订个性化目标

在传统的培训方式中,培训者从自身条件出发确定培训内容,对教师进行统一的集体培训。这种"一刀切"的方式忽视了教师的已有经验、个别差异与教育教学实际。本研究中,名师工作室弥补了这一缺陷,坚持"缺少什么培训什么,需要什么学习什么",从每一个成员的实际情况出发,充分考虑每一个成员的教龄、个性特点、教学风格、教学上的优势与缺憾,制订出针对每一个成员的个性化指导方案,形成个性化的发展目标。

2. 专题研究

教师培训始终需要借助一定的载体,需要学员进行实践操作,动手做,在做中

学,也就是现在很常见的"任务驱动"。任务驱动本质上应是通过"任务"来诱发、加强和维持学习者的成就动机。成就动机是对象完成任务的真正动力系统。任务作为学习的桥梁,"驱动"对象完成任务的不是教师也不是"任务",而是学习者本身,更进一步说是学习者的成就动机。工作室把主题式、专题式的研究作为活动形式,针对教育与教学中存在或遇到的普遍问题、疑难问题和棘手问题进行专项研讨,通过对日常教育和教学中的问题进行提炼和处理,形成一个切入口很小的专题,以此作为教研的主题。

从教师专业共同体创建的角度来看,美国学者 Louis 认为教师学习团体的创建可以从反思对话、共同关注学生的学习、公开教学实践、合作、共同的价值观和规范这五个方面入手[①]。与之对应,名师工作室所组织开展的活动也可以从这五个方面着手。

表 8-1 名师工作室教师学习团体的创建理论依据

五个方面	创建教师学习共同体的"着眼处"	工作室教学研究活动组织的"着手处"
反思对话	旨在鼓励教师讨论如何通过教学实践以及合作来提高教学水平。教师之间的有效协作可以充分提高教师的自我反思能力	交流与反思
共同关注学生的学习	共同体的所有行动目的都应该是所有学生的成长和发展,而不是单纯为了某个教师所担任的某一科目的提高	阅读、调查与访谈
公开教学实践	引导教师敞开教室,欢迎其他教师观察其教学行为。基于教师的专业发展,而非奖惩性的	名师的课堂教学展示、名师引领下的教学研究与观摩
合作	教师们分享教学策略和技巧	专题研究、课题研究、课堂教学诊断
共同的价值观和规范	所有成员就学校的使用达成共识,并促成行为	制订个人发展规划,形成"共同愿景"

---

① Louis, KarenSeashore, Kruse, Sharon, Raywid, MaryAnne. Puttingteachersatthecenterofreform: Learningschoolsandprofessionalcom-munities[J]. NASSP Bulletin(National Association of Secondary School Principals), 1996(9).

上面所述的五个方面不能独立存在,也许在一次活动的组织中就囊括了这五个方面。各种活动的组织方式中,也许其中的某一方面会更突出一些。从目前开展得比较成功的名师工作室的经验来看,都强调专家的引领,强调基于案例的实践操作,强调完善的培训制度与团队合作。

从教师专业发展模式类别的角度来看,根据学者对教师专业发展所做的五种模式的阐述,名师工作室开展的活动可分为个人引导式、观察与评估式、参与发展与改进过程式、培训式和探究式[①]。可以把名师工作室进行的促进教师专业成长的活动进行如下分类。

表8-2 教师专业发展模式

教师专业发展模式类别	在名师工作室进行的活动
参与发展和改进过程式	☆ 共同备课,交流与反思 ☆ 调查与访谈
个人引导式	☆ 制定个人发展规划 ☆ 自主阅读
参与发展与改进过程式	☆ 指导专家的课堂教学展示 ☆ 专题讲座
观察与评估式	☆ 在专家指导下观察其他教师的教学 ☆ 成员之间就教学行为互相给予反馈 ☆ 课堂教学的诊断与促进
培训式和探究式	☆ 从事专题研究项目 ☆ 学习某种理论,并尝试在实践中运用

上述五种专业发展模式,使得教师的专业发展不仅呈现出学习方式、教学个性、专业成长的特殊性和自主性,而且彰显出专业范围、专业品质、专业能力的公共性和统一性,展现了教师专业发展的丰富多元的实际需求。

六、名师工作室对教师专业发展的意义及面临的问题

名师工作室作为一个教师专业共同体,为教师专业发展提供学习资源;促进教

---

① 阿伦·C.奥恩斯坦,琳达·S.则阿尔-霍伦斯坦,爱德华·F.帕荣克.当代课程问题[M].余强,主译.杭州:浙江教育出版社,2004:417-435.

师之间分享专业知识与经验；搭建教师交流平台，推动教师反思。联盟校在建立名师工作室推动教学改革方面积累了很多富有成效的经验，建立了配套激励机制、工作机制和管理机制，使名师工作室效能得到了发挥。但从深层次分析，一些问题和误区也逐渐浮现出来，使得名师工作室进入一种"高原"状态。

一是工作任务化、程式化。设立名师工作室，出发点是搭建教师发展平台、促进教师专业自主发展、创新教学研究、提高教育教学质量。现在的问题是，教育行政部门特别是教研部门过多介入，出现了管理越位、错位，密集下达任务指标和活动要求，使名师工作室偏离了专业自主、陷入任务化的误区，无暇顾及创新思路、方法、研究，仅仅局限在为完成任务而工作的浅显层面。工作形态程式化、常规化、平庸化，基本上就是送课听课评课、举行讲座、座谈交流、写论著、出报告、建博客和网站、展示成果几种形式。特色化、个性化、高品质、原创性、突破性的做法和经验稀缺，有效的教研创新、深度专业合作、名师指导帮扶、课堂教学改革没有达到理想状态，现实结果与预期效益落差大。

二是名师经验技术化。名师经验应当包括教学理念、师德修养、成长经历、教学策略、教学技能、治学方法、学识水平、科研能力、规划能力、自我领导力等，从当前情况来看，名师工作室开展专业帮扶、教学指导和教学研究，主要注重显性的技术复制，真正的名师资源和成功基因没有挖掘出来，忽视了对教师价值理念、成长情境、关键事件、教学智慧的研究。显然，对教师的指导和培养是片面的、保守的，表层的技术主义不可能培养出真正的名师。

三是组合狭窄化。名师工作室成员聘任条件十分严格，至少是县级名师组成，使名师工作室局限为由少数精英组成的小圈子。培养名师的目标主要关注工作室成员，但只有极少数人能够跟名师亲密接触、互动交流，名师资源没有真正实现最大化共享，使得一般教师、青年教师、农村教师被边缘化，成为局外人。

四是考评烦琐化。受极端精细化管理和标准化管理的误导，对名师工作室实行无缝隙全覆盖式的量化考核，考核指标过于繁细，名师工作室计划、工作规程、任务分解、公开课录像、听评课记录、教研活动记录、名师讲座记录、小课题研究成果、知识树、优秀教学设计、优秀课件、教学反思、发表论文、科研成果报告、成长档案袋等，要求项项有记录，事事有材料。名师工作室成员往往疲于应付，不堪重负，花费了大量精力和时间,陷于形式主义,偏离了名师工作室的核心价值追求,不利于专业发展和教学研究。

七、名师工作室的问题对策及建议

《国家中长期教育改革和发展规划纲要(2010—2020年)》中指出,要完善教师培养培训体系,优化队伍结构,提高教师专业水平和教学能力;通过研修培训、学术交流、项目资助等方式,培养教育教学骨干,造就一批教学名师和学科领军人才。这赋予了名师工作室新的任务和使命。面对新形势、新要求、新挑战,名师工作室必须突破问题瓶颈,创新工作思路和工作机制,提升境界、丰富内涵、奋发作为。

一是树立科学质量观。发挥名师引领作用,应率先转变教育教学观念,勇于进行课程和教学改革,创新教学内容和教学方法,自觉实施素质教育,注重培养学生的社会责任感、创新精神和实践能力,促进学生全面发展和个性发展。

二是创新工作思路和方法。应改变技术主义倾向,研究制订科学的教师培养培训方案,全方位发掘、提炼、开放名师资源,搭建多元化、开放性、互动性发展平台,在培养名师队伍的同时,促进全体教师专业成长和专业发展;合理分布名师工作室,建立片区教研制度,依托名师工作室,开展联片教研,提高教研实效,推动教学改革;建立校级名师工作室,与县级、市级、省级名师工作室建立对接网络,扩大名师资源,改善名师工作室人员组成结构,让更多的教师参与名师工作室,培养骨干队伍,促进师资均衡;征求教师意见和建议,根据教师发展需要,不断创新工作形式,丰富活动内容,聚焦课堂状态,关注教师成长,开展教育研究,推广优秀教学成果。

三是管理改革。减少教育行政部门的干预控制,归还名师工作室专业自主权,变精细管理为政策引导和机制保障;改革考核内容和方法,变常规考核为发展水平考核和个性化考核;减轻名师岗位工作量和工作压力,保护名师积极性和身体健康,使其有时间和精力主持和参与名师工作室工作,开展专业研究、整理经验成果和培训指导教师,为名师工作室创造宽松、民主、和谐的工作环境。

第五节 名师引领教师专业成长个案研究

教师队伍建设是实现教育均衡发展的有效手段,青年教师队伍需要名师的引领、辐射、示范和服务。本节主要研究县域范围内名师引领联盟校教师专业成长历程,探索教师专业成长的最佳路径。研究中,首先,运用访谈、口述史、个案研究等方法对联盟校教师专业发展状况进行横向维度的专业知识、专业能力、专业认同和专业投入状况进行调查。其次,依据联盟校名师引领教师专业成长纵向维度,划分为引领成功型、稳定成长型和滞后成长型三种类型。再次,对联盟校名师教师专业成长过程进行案例分析,找出联盟校名师引领教师专业成长的共同特点,其中包括优点和缺点。最后,得出结论和提供相应的建议。

引领成功型:在引领中成就"名师"

顶着"盐城市小学英语学科带头人"的头衔,我一直深深地感受到自己身上的责任和压力。近几年来,我本着"共同学习,共同进步"的原则,用心培养年轻教师,给他们创造机会,给他们一定的"压力"。日复一日,那些蓬勃朝气的年轻人渐渐优秀成熟。

2015年10月,在滨海二实小温暖的阶梯教室里,市教科院隆重举行了市小学英语优质课观摩研讨活动。我校朱老师在此上了一节课。上课的过程非常顺利,台上的她轻松自如,台下的我却有点紧张,直到最后全场鼓掌的那一刻,我的一颗悬着的心才放了下来。作为本次赛课的备课组成员,也作为一路看着她成长的"老教师",我感慨万千。

一开始关注这个年轻漂亮的女孩子,是源于学校"名师引领"工作的要求。同在一个年级组,朱老师的专业素养和工作热情都值得肯定,但由于年轻,工作经验欠缺,在教育教学上还需要人来引领她进一步成长。根据她的自身水平和学习态度,我将培养目标大胆制定为:两年内将朱老师培养成阜宁实小的英语"名师"。

要想成为名师首先要有教学质量,这是我们两人的共识。于是,在平时的工作中,我毫不吝啬地和她分享自己工作十几年来的经验和教训,并时不时地教她一些

"锦囊妙计"。我们还利用两人同轨的优势，经常一起分析教材、研究学生，对教学中的各种难题进行探讨，而如何优化学习过程是我们永远的话题，比如在六年级的单词和语音教学中，我们发现，过快的 presentation（呈现）并不利于促进学生的拼读能力。而在我们加了 guessing（猜）的环节再呈现后，学生多了一个 thinking（思考）的过程，拼读主动性更强，久而久之，学生掌握了绝大部分英语单词的拼读规则，感觉单词越来越好背，最终改掉了不根据发音"硬背"单词的习惯。因此，在我和朱教师的班级里，"背单词"再也不是孩子们学习英语的"拦路虎"。

除了在教学中讲究方法，我们还一起研究如何结合心理辅导进行提优补差。我们总是讨论如何巧妙地批评学生，让他们在认识到自己不足的同时也能够理解教师的良苦用心，使孩子真正达到内心想学的状态。我们还一起商量如何"对付"拖拉偷懒的学生，以强有力的督促手段确保没有一个学生掉队。我们还共同给学生制作小礼物，让那些得到礼物的孩子开心。由于我们的用心，我们两人教的班级总是在全集团的考核中名列前茅。

当然，"名师"一定要有光环。赛课是一线教师获得荣誉最直接的方式。于是，我经常鼓励朱老师积极参加学校以及县里的各种比赛，在此过程中，我不仅指导她上课，还在语言上鼓励她，让她充满自信，用心参与，珍惜一次又一次的比赛机会。她在一次又一次的比赛过程中磨炼了自己，赛课经验日益丰富。终于在 2016 年 11 月，她登上了市赛课的舞台。记得在给她"磨课"的阶段，我们时常会在半夜三更通过电话讨论某个教学环节或某个细节。我找出一些名师上课的视频，让她感受名师上课的风采。我还把我 2014 年参加市赛课的经验教训讲给她听，让她做到心中有数。最终，她在比赛中获得了二等奖。虽然还有进步空间，但这次参赛的过程，于我，于她，都是一种成长与历练。

今年暑假朱老师又上了一堂在县局公众号上推广的阅读微课，表现可圈可点。在上次学校的学情抽测中，她的班级又一次名列前茅。偶尔路过她的教室，她上课的样子，越发有名师的风采。课后，她依然刻苦钻研。相信这样的她，会在"名师"的路上越走越远……

稳定成长型：教学之路漫漫 吾将共同求索

"十根手指有长短，荷花出水有高低"，在一个团体中，个体差异总是客观存在的。在教师团体中也是如此，尤其是新教师。2014年9月我接到了学校安排的师徒结对任务，新进的丽丽老师由我来带。

我第一时间走进她的课堂，听了几节课，并与她谈了几次心。我发现她富有激情、知识面广，对新事物接受很快。但缺乏教学经验，对小学数学教学缺乏系统的认识。在教材的整体把握、课堂的调控、教育教学规律的熟练运用等方面的认识还存在不足。因此，迅速提高她的业务素质，促使她早日成为"合格的教师"是当时最迫切的任务。

我与她商量后决定从提高认识、学科教学、教育教学研究三个方面着手，提高她的业务认识和业务能力。

一个人的精神境界决定他一生能走多远，要想提升自己的精神境界，必须内练素质，不断进取。教师是人类灵魂的塑造者，应该有高尚的精神境界，就像陶行知先生说的："人生为一大事来，做一大事去！"为了提高丽丽老师对教师职业的认识，让她爱上这份职业，我要求她每月至少读一本书，写好读书笔记。她说读了那么多书，最触动心灵的还是卢安克的《是什么带来力量——乡村儿童的教育》。她说："卢安克一个外国人可以为了中国的教育奉献自己，作为中国人的我，有什么理由做不好呢？"看到她坚定的眼神，我相信她一定会越来越热爱这份塑造人类灵魂的职业的。

当然一切的理想还需要建立在现实的基础上。丽丽老师在学校里系统地学习教育教学理论课程，但在教学实践中还不能熟练地运用这些理论知识。其实，刚开始听她的几节课，就如同在看"独角戏"。她每节课都在不停地"输入"，却很少让学生"输出"。我校实行的是集体备课，但她不能完全执行教案；在课堂中不能做到"随机应变"，心中没有预设好学生的反应，所以经常不能完美地化解学生提出的"奇怪的问题"。针对她的情况，我让她订一些专业的杂志，如《小学数学教师》《教学月刊》《小学数学参考》等，引导她学习小学数学学科教学方面的基本原理，掌握基本规律，尤其让她借鉴杂志中的案例，开阔视野，强化"常规"，提高教学水平。

深入钻研教材,是备好课的基本保证。为了帮助她切实把握好教材,我与她一起学习了小学数学所有的教材,并向她提出要准确掌握教材内容,要在创造性地使用教材方面下功夫,要学会进行知识渗透、迁移,拓展教材内容。

优秀的教学设计是课前充分备课的结果,是课堂教学成功的前提。我校实行的是集体备课,教学设计都是名师精心准备、多次磨课的结果。但是作为一名新教师的她并不能完全地明白备课者的意图,我要求她每个单元选择一个课时,独立进行教学设计,尤其注意"预设、生成"两大问题。然后让她进行比较,说说自己的教学设计和集体备课稿的设计有什么优缺点,在集体备课稿中学到了哪些经验,并且将经验整理记录在笔记本上。

临摹是追寻自身风格,完善自身绘画水平,提高审美意趣的重要手段。徐悲鸿先生说:"临摹,在绘画过程中有着不可替代的作用。"其实在教师成长的过程中也是如此,所以在开始的时候我安排她"先听课后上课",每节课上完再写一篇反思,记录下自己的进步和不足。

我还先后多次进行公开课教学,让她学习我的成功之处,运用所学的理论分析我教学中的不足之处。并且我每次听完她的课以后,都会具体分析她教学过程中的缺点。她虚心接受,并且和我一起想对策,共同成长。《左传·成公八年》中说:"从善如流",丽丽老师就是一个这样的人。

北京师范大学的肖川教授说:"我们中国的中小学教师缺乏思想。"有思想的教师才会教出有思想的学生。转变教育观念只能靠科研。教科研不仅使我们的理论水平得以提高,更重要的是能使我们的教育观念有所转变。为了促进丽丽老师快速成长,我用实际行动鼓励她积极参与关于教育教学规律的探索和研究,从自己的教学实践中发现问题,确定研究论题,以教研促进教学。工作三年来,她已经有多篇论文在县论文竞赛中获奖,已初步成为教学业务成熟的教师。

"教无止境,学无止境",教学向来是相辅相成的。在我和丽丽老师两年的师徒结对过程中她得到了成长,而我也被她旺盛的工作热情、敢于创新的精神以及强烈的求知欲望所感染。我知道自己不能有丝毫的懈怠,不能停下前进的脚步。

教学之路漫漫,吾将共同求索。我们会为阜宁实小的明天倾力奉献。

滞后成长型：信息技术，想说爱你不容易

近年来，集团成立名师工作室，推行四轮备课法，为青年教师的迅速成长搭建了舞台。集体备课是集众人智慧采众家之长，加强集体备课可以提高教学效益，实现资源共享。集体备课对课程改革、学校发展、教师成长所起的作用不可否认。通过名师引领下的集体备课，让青年教师缩短了自我摸索的时间，通过名师的引领，推动了我校青年教师队伍逐步向优质化、科研型发展。但如何推进信息技术教师的专业成长，提高教研水平，是摆在集团领导面前的问题。当前我们信息技术教师普遍存在如下这样的专业发展困境。

第一，地位低、待遇差、工作得不到认可，信息技术教师"在夹缝中求生存"，对自己的未来发展几乎失去信心。在校园讨论帖中，一位信息技术教师这样描述自己的工作：自己辛辛苦苦的劳动只为能别人换来丰硕的成果。大多数信息技术教师忧心忡忡：工作没有成就感；曾经充满信心，经受了多次的打击后，开始觉得很无奈……

第二，课务、杂务众多让信息技术教师专业技能提高缓慢。信息技术教师往往身兼数职，既是信息技术课的任课教师，也是机房管理员、机器维修员，还是网络管理员、电教管理员，并且每个校区的信息技术人员较少，多则三四人，少则一二人，很难有浓烈的教研氛围。在论坛交流中，有教师在对现状进行分析时不禁提到：信息技术教师在学校天天忙得不亦乐乎，不仅根本没有过多的时间坐下来学习或研究点东西，而且到头来，似乎也没有什么成绩，自身的发展也就根本谈不上。有教师不无感叹："信息技术这个专业的人，什么都懂，又什么都不懂，不懂又想什么都懂。专业知识真是太广了，而精力又是有限的。"

第三，交流不畅、缺少学习机会、缺乏提高平台，信息技术教师的专业成长呈现个人主义和无组织化。尽管集团开展了精准结对，但仍有教师形容自己七年的信息技术教育生活，与其他学科教师相比是在"孤独地工作，孤独地成长"；更有教师则"一针见血"地断言：闭门造车是很难出效果的。

第四，理论知识匮乏，新概念、新思维频繁出现，使信息技术教师在意识到机遇垂青的同时又觉得力不从心。建构主义、头脑风暴、抛锚式教学模式、思维导图、教

育叙事等等,名词出现频率较快,而自己的理论研究和实践探索水平又相对落后,于是在积极接受新事物的同时又容易形而上学、追赶潮流,在各种新思路的实质研究和实践方面不得要领。

随着课程改革的实施,在新的机遇面前,越来越多的信息技术教师开始意识到专业成长问题的重要性,从原来的惘然、困惑到现在的主动关注、思考,这为信息技术教师的专业成长奠定了一个积极求进步的基调。为此,学校充分发挥集团办学优势,将各校区教师集中起来,建立名师工作室,充分发挥名师带头示范作用。信息技术名师工作室在陈亚林等几位学科带头人和教学能手的带领下,建立和完善工作室的运作机制,深入研究教学重点、难点和热点问题,发挥名师的示范作用,培养青年教师,提高教师专业能力,提升学校核心竞争力,相信在集团名师的引领下,信息技术教师的专业成长会走上快车道。

在名师工作室的引领下,一批青年教师快速成长。近百位教师在省、市、县基本功竞赛和教学大赛中获奖。骨干教师佟莉莉获"盐城市劳动模范"称号,刘卫华、邱桂华、李婧分获盐城市小学语文、数学、英语教师教学基本功竞赛一等奖。在2016年"一师一优课"评选活动中,英语教师田静获评部优课,韩远龙、查龙芳、廖艳、程红、陆英妮、陈加林、姜伟分别在数学、科学、美术学科教学中获评优课。工作三年的青年教师顾莹莹获省"杏坛杯"教学大赛一等奖,青年教师顾成松、陈方园教师分获盐城市小学英语、语文教学优质课大赛一等奖。目前,集团中青年教师中共有228名市、县学科带头人、教学能手和教坛新秀,业务骨干占集团教师的比例,由项目实施前的14%,上升到32%。

我们既要看到成绩,也要正视不足,通过对名师引领联盟校教师专业发展的个案研究,可以得出如下结论:① 名师引领联盟校教师专业成长的最佳路径是关注教科研,促进教学能力和创新能力的提升。② 名师引领联盟校教师专业成长要充分依据精准帮扶、推进到位的原则。③ 名师引领联盟校教师专业成长核心影响因素是构建教师专业成长内因和外因的合力。

第九章 由均衡视角看联盟校发展与教师专业成长

本章聚焦农村教师专业发展的现状,探究了影响农村教师专业发展的主要因素,阐释了城乡共生联盟推动教育均衡的相关举措,并通过具体的案例展示了联盟校均衡发展的实践成效;同时,对学校联盟存在的问题与未来工作方向做了分析和展望。

第一节 县域范围内农村均衡教育现状

一、农村教师专业发展的现状

所谓教师专业发展,即指教师自身在没有外界因素,如外部的行政命令、教师群体的惯性思维等的影响下,所进行的自我反思和专业完善。县域范围内,我国农村教师的专业发展现状不容乐观,无论是在教育硬件资源方面,还是教师队伍建设工作方面,城乡教育在均衡发展上仍然存在着较大的差距。这不仅不利于城乡教育统筹工作的开展,甚至还会直接影响我国教育事业的发展和完善。足以可见,教师的专业发展情况不仅会影响到教师自身的教学质量,影响区域间的教育均衡,甚至会影响到我国教育改革的推进效果。因此,教师应正视自身的专业发展工作,积极面对存在的困难和不足,并采取有效的措施来完善自己的专业发展。

二、影响农村教师专业发展的主要因素

根据相关的调查显示,目前影响农村教师专业发展的主要因素如下。

(一)工作环境有待改善

城乡经济统筹发展工作虽然已经取得明显的成效,但是不少农村学校的校园建设和城市学校的校园建设相比仍然存在着较大距离,例如教学设备相对落后、教学资源不够充足等。不少教师面对这样的工作环境时会感到一定的失望,继而对专业发展也失去希望和信心,甚至会有部分教师脱离教师岗位去从事其他工作。在较为困难的工作环境下工作,既考验教师的工作意志力,也考验教师对教育工作的热情。特别是在较偏远的农村地区,教师队伍的组成结构还出现断层的情况。年轻的教师越来越少,优秀的骨干教师也逐渐外流,令农村教学的质量更加不尽如人意。

(二)师资日益稀缺

自从学校布局调整之后,不少农村地区出现了很多"麻雀学校"。这种学校现状导致这些农村地区在有限的师资上,开展着无限繁重的教育教学工作,这不仅让教师感到身心疲倦,也在拖垮农村教育的教学质量,更为重要的是教师因此而疏于自身的专业发展,专业发展目标欠缺,教师就会逐渐失去工作热情。此外,由于城乡师资不对称流动,也让农村师资队伍日益稀缺。不少农村教师都盼望着能够调到城市学校,因为城市学校教师的薪酬和待遇都要胜过农村教师。城乡师资的不对称流动令农村师资队伍中的骨干教师大量流失,不少优秀的师资都流向城市学校,这不仅会严重影响现有农村教师的专业发展,降低教师的教学热情,还会对农村教育事业的发展带来不利的影响。

(三)缺乏一定的教学条件

在农村校园中,教师相互帮助、团结合作的情况并不常见,这种缺乏合作的教师文化也严重妨碍了农村教师的专业发展。再则,大部分农村校园的教学条件比较落后,教师教学中无法充分利用有效的资源,例如在查找优质的教育资源、获取先进的教学理念和知识等渠道上较匮乏,这对于教师的专业发展和进一步提升是十分不利的,甚至会令农村教师的教学知识得不到及时更新,从而成为平庸的谋生型教师。

(四)缺乏专业发展的机会

教师提升自身的专业发展,仅仅依靠自身强烈的发展意识还是不够的,还需要学校和教育部门为教师提供专业发展的渠道和机会,例如进修培训、观摩学习、聆听讲座等。特别是在农村地区,不少外出培训或者学习的机会都会因为名额,或者经费等问题受到限制,令不少教师失去学习培训的机会。教师即使有强烈的发展意识,如果缺乏专业的指导和引领,也会让教师的职业发展失去目标,久而久之,教师自身就会感到无所适从,甚至还会因此而放弃专业发展工作。

(五)教师的发展动力不够

教师自身的专业发展动力不够,这是妨碍教师专业发展和成长最重要的因素之一。大部分学校都采用量化管理模式对教师进行管理。所谓的量化管理模式,就是对教师的教学行为、教学成果等多方面的教育教学工作进行量化计分,这种量化评定还会和教师的薪酬待遇、教师的职称荣誉等相挂钩。这种"一刀切"的管理模式让教师功利思想严重,教学上采取应试模式,工作上关注现实利益。这种管理模式让教师只关注自己的成绩和结果,对于自身的教学方法、教学模式等是否科学合理却置之不顾,也无暇去顾及自身的专业发展。

第二节 城乡共生联盟推动教育均衡举措

2011年11月,阜宁县28所小学依据地域和办学规模及城乡差别,统筹规划,构建了以阜宁县实验小学为核心的教育共生联盟。我们以"统筹规划、资源共享、城乡教师一体化发展"为目标,多措并举,建立健全联盟校工作机制,逐步走上了名师引领教师专业发展之路,促进了县域基础教育的均衡发展。

一、联盟校工作实施情况

(一)多措并举,健全组织和制度建设,保障联盟校工作有效运行

根据项目要求,我们制定了《阜宁实小教育共生联盟名师引领教师专业成长实施方案》《阜宁实小教育共生联盟名师引领教师专业成长考核评价方法》及《阜宁实小教育共生联盟管理细则》,成立了由教育局局长任组长的项目实施工作领导小组、项目执行办公室、项目专家咨询指导小组。联盟校相继制定了联席会议、统一视导、统一教学教研活动、网络教研、教师培训等制度来领导、组织、管理、协调联盟

校工作，建立了统一领导、分工负责、上下联动、校际协作的工作机制，并把联盟校的实施情况纳入年度督导评估体系中，确保了联盟校工作的有效运行。

（二）校际联动，创新工作模式与机制，促进联盟校工作深入开展

联盟校的核心词是"共生"，我们以联盟校为载体，搭建了"共生联动"的平台。

1. 统一集体备课，落实教学目标

联盟校内统一集体备课，共同开展专题教研，整合各校优质资源，实现优势互补、城乡相长、互利双赢，弥补了校本资源和教师资源的不足，提高了广大教师参与教研的积极性，例如，龙头校阜宁实小针对全学科全年级教师组织了名师工作室引领下的集体备课活动，涉及学科范围广，年级全，覆盖面广，教师人人受益；针对相对薄弱的音体美学科的集体备课，解决了农村教师的教学难题和困惑；针对学科教学中疑难的课外阅读教学集体备课，使教师有机会交流各自在课外阅读教学中的有效做法，探讨课外阅读教学的新模式、新策略，这些活动有效实现了联盟校内的优势互补、资源共享，在很大程度上提高了教师的教育教学能力和水平。

为加强联盟校成员校各备课组之间教学经验的交流借鉴，发挥优秀备课组的示范引领作用，增强集体备课的实效性，各联盟校依据自身实际纷纷开展了形式多样的备课组牵手联盟活动。为将"让学引思"的教学理念落到实处，全联盟校教师参与，通过示范、交流、研讨，充分发挥优秀教研组的骨干示范作用，促进了联盟校各学科教师专业素养的进步和提升，促进了教育教学水平的提高。

2. 探索高效培训模式，注重培训实效

为了实现追求课堂教学实效性的教学目标，联盟校定期召开教师业务培训会，确定了以联盟校骨干名师专题讲座为主的业务培训模式。培训内容既关注教师在教育教学中的焦点问题，也关注各联盟校的实际教学情况，针对不同学科确定相应培训的内容，如数学学科针对一年级新数学教材的改版，设计了一年级数学教材解读，又根据各校的共性问题，开展了计算教学、概念教学、整理和复习教学的培训；语文学科开展了识字写字教学、积累教学、口语交际教学、作文内容教学的讲座；英语、音乐、体育、美术等四个学科，也根据本学科特点设计了讲座内容。全新的培训模式更加注重培训的实效性，实现以大校促小校、互促共进、优势互补的目的。

3. 统一质量检测,监控教学效果

为保障联盟校教育教学质量,使教育教学效果得到及时反馈,各联盟校以龙头校为中心,实行了联盟校校际间阶段质量检测的同步统一。基本做法是通过网络平台及时沟通各个学科、各个单元的检测项目、检测内容和检测方法,然后成员校的业务校长开会协商,最后统一命题、统一考试、统一分析。通过教学质量检测、质量分析对比,各校找到了各自教学中的优势所在和自身存在的不足,促使大家互相学习,取长补短,及时掌握校际间教学质量的动态变化,并及时采取措施,及时提升自我,从而促进了联盟校内整体教学质量的有力提升。

4. 充分运用网络,分享教研成果

网络交流合作是今后校际间合作的发展趋势,它不受时间空间的限制,有着其他交流方式不可比拟的优势。各联盟校成立之后,我们借助局域网创建了信息资源建设平台,制定了网络教研资源共享制度。主任校的工作安排、规章制度、活动方案与教师的典型教案、课件、反思总结等都及时张贴在学校网站上,成员校所有教师均享有与主任校人员同等的权利,有权阅览、下载只对本校教师公开的各类信息与资料,实现优质教育资源共享。各联盟校学校充分利用网络平台,建立联盟校学科备课群、业务领导事务群,成立联盟校内各学科"名师工作室",实现了网上教研、网上培训、网上交流,建立了自上而下的"学习共同体",互相学习,彼此促进。

(三)创造机遇,搭建教师展示交流平台,促进教师专业化成长

1. 开展"名班主任论坛"和"名校长工作经验分享",提升学校的品质内涵

为加强学校管理者之间的交流,推广先进的学校管理经验,共同研究教育发展的热点和难点问题,促进联盟校际间的交流和发展,联盟校开展了"名校长论坛""业务校长工作经验分享"活动。通过论坛活动这一平台,充分阐述校长的办学理念,展示校长的管理经验,推广优秀做法,共叙学校的发展成果,在很大程度上加强了校长之间的交流、合作与互动,提升了校长在学校管理中的领导能力和执行能力,推进了学校与校长的共同成长。

2. 发挥名优教师示范引领作用,为青年教师快速成长加油助力

为充分发挥名优教师的示范引领作用,促进青年教师的快速成长,各联盟校依托教研活动这一平台,为名优教师的展示创造机遇、提供条件。2013年以来,联盟

校相继开展了多项骨干教师示范和研讨课活动。教学展示和竞赛,有力促进了联盟校内教师之间的学习和交流,使联盟校内形成了良好的教研氛围,从而推动了各学科教育教学的发展和提高。

3. 开展师徒结对,共同提高实施新课程的能力和水平

年轻教师的进步与发展离不开个人的努力和优秀教师的传帮带。为快速推进年轻教师的专业成长,各联盟校都十分注重发挥骨干教师的示范引领作用,与年轻教师结成师徒对子,采取"一对一"或"一对多"的形式,相互切磋、相互学习、互通有无、解惑答疑。这一切充分发挥了联盟校联合的规模优势,实现了强与弱的对接,达到了促进青年教师快速成长、业务水平再提高的目的。

4. 开展送教顶岗活动,实现送教者与看课者的双赢

为了更好地把先进的教育教学理念和教学方法传达到乡镇学校,以实现教育资源的优化、教师专业的均衡发展,联盟校由龙头校牵头,在不同程度上开展了送教下乡、支教、相互研修等活动,促进了送教双方的发展。送教下乡充分发挥了骨干教师、学科带头人的专业引领作用,让这些土生土长的"实践专家"现身说法,激发了教师参与教研的积极性,促进了教师之间的沟通,使教师在学习名教师的教学方法、教学技巧、教学语言的同时,逐步意识到作为一名教师要不断地更新自身的教育教学观念和专业知识结构,努力转变和改进教学行为,以促进自身的专业成长和发展。同时,各联盟校每年选派大量的顶岗教师到实小集团进行培训,极大地拓宽了教师培训的覆盖面,这些教师在跟岗学习中业务能力获得快速成长,返回原校将有效地促进校区教学面貌的改变。

5. 开展班主任工作经验交流,提高班主任团队的工作水平和管理能力

为加强班主任队伍建设,肯定和推广班主任工作的主要做法和成功经验,整体提高育人水平,各联盟校适时开展了"班主任工作交流"活动,借以充分发挥班主任在促进学生全面健康成长中的表率和引导作用,使班主任明确工作任务和职责,从而达到促进班主任专业化成长的目的。学校联盟为班主任搭建了一个交流、分享的平台,拓宽知识,开阔视野,增进友情,促进了联盟校班主任之间的学习借鉴、资源共享、和谐发展。

6. 成立名师工作室，打造高素质的教师专业团队

联盟校成立了 28 个名师工作室，有 101 位教师成为名师工作室成员。各名师工作室结合自身实际情况开展了丰富多彩的教研活动，借以充分发挥名师工作室的辐射、引领作用，推动优秀教师队伍建设，培养青年、骨干教师有效成长，促进联盟校内学校教育教学改革与提升。

近年来，联盟校工作正在日益走向成熟和完善，校际之间的联系更加紧密，教师的教育教学能力明显提升，各项工作取得了显著成绩，尤其是近年来联盟校教师在一系列国家、省、市、区的各项教学教研活动中纷纷获奖，成绩喜人。联盟校共有市县学科带头人等骨干教师 228 人，占比 32%。2012 年以来，联盟校教师共获得国家、省、市各项奖励 1 000 余人次。

二、联盟校工作存在的问题与展望

（一）联盟校工作存在的问题

一是联盟校工作开展不平衡的现象。多数联盟校开展的活动务实、高效，但也有一部分联盟校出现了等、靠现象，态度不积极，即使开展了一些活动，但更多的还是趋于表面化，缺乏实效性。

二是联盟校工作推进缺乏保障性政策。在教研方面还有很多工作可以做，但在教师交流、评价机制等方面还存在着推进困难，缺乏有力的政策保障，行政性推动力度不够等问题。

（二）联盟校工作的展望

1. 继续规范联盟校管理

在当前的管理体系和框架下，应促使校长、教师树立起每个学校都有优质资源的大资源观，让"不求所有，但求所用"的共享理念深入人心，以最大限度地扩大优质教育资源受益面，最大限度地满足人们对优质教育资源的需求，逐步使联盟校的工作越来越规范化、常规化和实效化，从而有效促进区域教育的均衡发展。

2. 加快探索创新工作思路

联盟校各项活动将兼顾各校活动需要，达成有效共识，结合各校特色开展活动。并根据活动的不同内容、不同形式，搭建多渠道的联盟互动平台，积极探索工

作新思路、新方法,突出特色,增强联盟校各项活动的有效性。

3. 加速名师培养与引领机制建设进程

通过实践,逐步形成培养名师、名校、名校长的机制,培养教育文化、教师文化,培育有创新特色、品牌、亮点工作的土壤。通过名师培养和引领机制的建设,激发教师队伍成长的内生动力,推动城乡教育的均衡和发展,为每个孩子享受公平而有质量的教育而努力。

名师引领联盟校教师专业成长的实践不是形式,而是真实有效的一个互动交流平台,它的工作任重而道远。我们会充分利用这一平台,注重发挥集体的优势和力量,积极探索联盟校发展的有效途径,不断积累,不断完善,最终实现县域内资源共享、教育均衡发展。

第三节　学校联盟均衡发展实践成效

名师引领联盟校教师专业发展的创新路径实践以来,教师的专业水平普遍提升,促进了教育教学质量的提高,推动了校际、城乡间教育的均衡。

一、促进了城乡联盟校校园文化的建设

通过城乡共生联盟校的互动,各学校根据自身特点,加强了校园文化的建设,各联盟校校园文化不仅仅停留在外在的形式上,更关注的是校园文化所包括的内涵与实质。"三 rong"文化、农耕文化、明德文化、尚美文化、和雅文化等校园文化百花齐放。

"三 rong"花开满校园
——名师引领下学校文化建设的实践与探索

沟墩实验小学地处阜宁南大门,是一所历史悠久、特色鲜明的省级农村实验小学,学校秉承"小学就是大学"的办学理念,坚持"学校自主、教师自尊、学生自治"的"三自"原则,倾力打造质量争先、绩效创优、特色彰显的品牌学校。办学条件持续改善。

在阜宁实小教育集团的辐射引领下，我校以儒家文化为背景，全面加强"三rong"文化建设，秉持"真""恒""实"之理念，以社会主义主流文化引导师生坚定正确的价值观念，促进学生的健康发展，积极培育学校发展所需要的土壤与环境，为学校实现特色发展增添了新的活力。

一、构建师生精神家园

精神文化是学校文化的思想核心，是学校文化表现的灵魂，是学校发展的精神动力。我校"三rong"文化建设，主要培养师生的几种精神是："荣"主要培养积极进取、争先创优的精神；"融"主要培养融入集体、团结协作的精神；"容"主要培养悦纳他人、兼容并包的精神。师生精神文化的建设有利于学校办学品位的提高以及和谐校园的建设。

教师是学校发展的原动力，教师的学识、教法各有千秋，"三rong"的理念，则昭示了兼容并蓄、海纳百川的包容精神与博大胸怀。我校通过倡导教师学习文化，用先进的教育思想重塑教师的教育行为，让每一个教师都拥有独特的文化品位和教育智慧，有力提升了校园文化的育人魅力。其主要途径有：开阔视野——外出学习，我校积极鼓励和大力支持教师外出学习，与大师面对面的接触与交流，增强其对大师的敬仰，改变其对读书的认识；名师导航——拜师求艺，我校通过以老带新结"对子"、实践锻炼压"担子"、竞赛比武搭"台子"、评选新秀树榜样等各种形式，发挥骨干教师的引领作用，促进青年教师的发展，使一批青年教师很快成长起来；走进经典——读书活动，即开展"读书活动"，并经常开展讨论和交流，扩展教师的思维和眼界，丰富教师的文化素养和人文素养，并逐渐内化成一种文化育人的魅力。

学生是学校教育的对象，也是教育人实现自身价值的最终体现。我校的愿景是让"三rong"精神深入学生的心田，进而改变学生的人生观、价值观，改变其为人做事的行为与心态。主要做法有：一是"三rong"名言大家找。在全校学生中征集"三rong"名言，学生一个个像书虫一样，在经典中寻章摘句，阅读了经典，觅得了名言，兴趣浓厚；二是"三rong"名言大家诵。我校将征集的名言编印成册，发给语文教师帮助学生理解、记忆，再组织诵读，学校在期末开展"三rong"文化名言大家诵活动，评选了先进班集体和先进学生，并进行隆重表彰和奖励；三是"三rong"故事大家讲。让学生在经典著作中，精选"三rong"故事，先是班级组织人人讲，再是学校组织优秀学生讲,通过比赛的形式调动学生的积极性,读、讲结合,提高学生的能力;四是"三 rong"名言大家写。学校要求同学在平时的习字、习作中多引用"三 rong"名言,在期末举行了"三 rong"文化书写竞赛、"三 rong"文化作文竞赛。

二、构建"三 rong"课程文化

重视"三 rong"环境课程文化建设,让师生于潜移默化中进行经典阅读。进一步打造以"三 rong"文化为主要内容的文化长廊。橱窗及教室的设计主题是:体现用"三 rong"文化育人的办学特色,做到"让每一面墙都会说话",使学生时时处处感受"三 rong"文化的熏陶,使学校成为一个温馨向上,集德育、智育、美育一体的场所。

"三 rong"在教学上通过课堂渗透的方式,教育学生学会竞争,力争光荣;学会合作,融入集体;学会包容,悦纳他人。

在课堂模式的建构上,以构建有效课堂为目标,以"三 rong"文化建设为契机,积极推行"三四五"环节的课堂教学模式,倡导合作探究、师生共进,先学后教、容错纠错的教学方式。

在校本课程建设上,以"三 rong"文化建设为主题,定时、定人、定内容,考虑年龄学段、知识背景、认知能力,按时序不断推进,保证校本课程的整体性、连续性,注意资料的收集、归档与整理,所编写的《三 RONG 文化校本教材》获省中小学优秀校本课程评选三等奖、市二等奖,促进了"三 rong"文化建设持久深入地开展。

三、构建特色评价机制

为了发挥评价的导向、激励作用,我校以"敬业争荣、敬知相融、敬人在容"的"三 rong"精神为指针,建立了全新的评价机制。

1. 教师评价

评价标准:"荣"主要包括职业理想信念、师德师风、考勤考绩等内容;"融"主要包括教育教学业务能力、教科研能力、专业素养、综合素养、教学实绩等内容;"容"主要包括师生关系、同事关系、教师与家长关系等内容。

评价方式:自我评价与同事评价相结合,学校评价与家长评价相结合,过程性评价与终结性评价相结合,定量评价与定性评价相结合。

评价结果的运用:纳入教师的评优、绩效分配、职务晋升、职称评聘,记入教师发展档案。

2. 学生评价

评价标准:"荣"主要包括思想品德、理想信念、学习态度等内容;"融"主要包括课堂表现、作业完成情况、学业成绩等内容;"容"主要包括同学关系、师生关系、亲子关系等内容。

评价方式:自我评价与同学评价相结合,教师评价与家长评价相结合,过程性评价与终结性评价相结合,定量评价与定性评价相结合。

评价结果的运用:纳入优秀学生评选,记入学生成长档案。

"三 rong"花开满校园,我校文化建设的实践与探索成绩的取得,离不开阜宁实小名师团队的指导。展望未来,我们将紧跟时代步伐,不断完善和超越自己,一如既往,攻坚克难,努力推动办学水平再上新台阶。

二、促进了城乡联盟校教师队伍的成长和教学质量的提升

对比 2013 年与 2016 年三年级语文期终学情调研成绩,集团内各校区学科平均分以及实小集团与乡镇联盟校间平均分的离差大幅度缩小。随着联盟校内管理力量、名师数量、整体师资水平实现基本均衡,各学校的办学水平明显得到提升,这推动了教育教学的公平发展。其中教育联盟内,益林中心小学被评为盐城市"书香校园"示范校;硕集中心小学在 2015 年被评为县"综合先进集体";沟墩中心小学在 2016 年度县局小学教育教学综合考核中,获县"教学质量优秀奖"。

采得百花成蜜后,为谁辛苦为谁甜

何为名师?名师具有精湛的教学工作能力,先进的教育思想理念,专家型的教育研究眼光,为人师表的示范性和影响力,对团队有带动和引领作用。他们是名校的地基、灵魂。何为名校?有着百年底蕴,有着众多名师,更有着人民好口碑并能主动而真诚地对地方教育发挥示范、辐射作用。在我们阜宁大地上,阜宁实验小学教育集团是当之无愧的名校。

发挥名校、名师的领衔、示范、激励、凝聚和辐射作用,把握好教师专业成长的基本着力点,确立学习共同体的建设目标,促进和带动了一大批青年教师的专业成

长,从而起到了推动教育均衡发展、推动教学健康发展和成就学生终身发展的重要作用,这是阜宁实验小学作为阜宁县教育的第一梯队应尽的义务和担当。他们一直在做,且卓有成效。作为实小教育集团成员校的一员,我们硕集中心小学能茁壮成长为有自己特色的乡村中心小学,在各中心校中质量居于前列,就离不开实小这个名校的示范、辐射;离不开实小诸多名师的带动和引领。具体而言,实小教育集团这几年从以下几方面对我校进行辐射和示范。

一、大熔炉,锻造小名师

环境对人的熏陶和影响是非常大的。环境塑造人,环境影响人。在不同环境中成长,其结果必然不同。教师能否快速成长、健康成长、良好发展与其是否有一个良好的工作环境、学习环境、成长氛围有着直接的关系。有了好氛围和好环境,就会有好心态,也有了积极的前进动力,也就有了进步和发展的可能性。因此,营造好的成长氛围,对促进教师的专业成长有着极为重要的意义。近几年,我们学校陆续派送多名年轻教师到实小顶岗培训,至少一年的实小教育教学经历成为他们人生中最美好、最有意义的历程。实小独有的文化氛围、教育氛围,以及因为名校效应而必然具有的社会期待和压力等一系列带着实小特色的各种因素,融合在一起,如熔炉一样锻造着这些实小的教育工作者,当然也包含我们派出去的顶岗教师们。他们在一年的顶岗生涯中接受实小综合文化的熏陶,他们的成长、蜕变被深深地打上了阜宁实小的烙印,等再次回到我们学校的时候,他们都已经成为了小名师,在我校的教育教学中成为楷模和骨干。沈飞老师,一年的实小顶岗培训,使她在数学上的教学技艺更精湛,成为我校数学教研组的骨干教师,多次在校和教学片上示范课,开设教学讲座。刘青老师、秦红梅老师,经过一年的顶岗培训,也很快成长为我校语文教研组的骨干教师,他们分别在课堂教学和班级管理上,都能为我校的相关工作起到示范引领的作用。可以这样说,近几年来,实小教育集团通过顶岗培训的方式为我校培养了许多小名师,提高了我校整体的教育教学能力和教学研究的层次,为我校的发展注入了动力。

二、大名师,走进小校园

除了我校的教师前往实小教育集团接受培训的形式外,实小教育集团为了切实做好做实龙头校的示范、辐射作用,他们多次安排实小集团的名师们走进我们校园,调研、指导我校的教育教学工作。

(1) 走进课堂,主题式视导。

每学期,实小教育集团的名师们都能坚持每月一次,分学科、定主题组队来我校调研教学情况。以杨光校长为首的语文组,他们每次围绕一个主题走进课堂,随机听取我校语文组教师的课堂,认真做笔记,填写表格,或从读的指导入手,或从写字教学入手,或从课堂提问覆盖率入手,和我校教师进行交流,提升我校语文教师的授课能力。主题清晰,针对性强,效果显著。数学组的姚校长,带队走进数学课堂,从当堂训练、教学语言、拓展设计入手对我校数学教师的课堂进行调研,找出不足,提出整改意见。我校教师普遍反映,通过这种主题式的视导的磨炼,把自己的教学工作上的优缺清晰剖析出来,再加上名师们的精确指导,自己的课堂教学能力在每一次和名师们的对话后都有了明显的提升。

(2) 参与备课,研讨式视导。

每次我校组织集体备课时,实小教育集团都按时派名师参与到我们的集体备课中,他们以同轨教师的身份参与其中,与教师们交流思路,进行教案设计,分享他们的教学经验。我校每次的集体备课活动因为他们的参与而更像是一次校内教研,大家或讨论,或辩论,气氛民主而活跃。在这些名师悄然无声的引领下,在貌似随意的交流中,气氛其乐融融,知识却在传播,能力也在提高。

(3) 拜师结对,榜样引领。

榜样的力量是无穷的,名师就是教师成长的榜样。为了能帮助我们学校青年教师的成长,许多教师有幸拜实小的名师为师,或和实小的优秀教师结对。实小这些教师经常跟青年教师分享他们成长的故事,既是师长,又是朋友,朋友式的谈话显得很轻松,没有拘束、没有距离,交流很愉快、很实在,既可以随时随地个别倾谈,也可以根据需要集体辅导、交流,一起分享名师的智慧和经验。对教师来说,自己身边人的讲述更具感染力和亲切感。利用榜样的力量去带动大家,让大家自觉不自觉地一起进入成长的状态。教师们一起做科研,撰写教学论文,做课题研究,钻研业务知识。久而久之,形成一种良性循环。你追我赶,氛围浓厚,从而发挥榜样力量,引领大家共同进步。

我校在2012年和2013年获县"教学质量优秀奖",2014年我校语文、数学、英语获县"先进教研组"称号,2015年获县"综合先进集体"。这些成功是硕集中心小学全体师生共同努力的结果。"吃水不忘挖井人",我们感谢实小教育集团,感谢实小的名师们,他们为我校的发展提供了动力,为我校教师的成长提供了平台,无愧于阜宁教育的火车头和阜宁教育第一平台的称号。

三、促进了联盟校办学亮点、品牌特色的打造

各联盟校依托龙头校教育资源和人才优势,通过城乡教师流动,互通有无,交流经验。结合校情、个性整合优势,从大阅读、三结合网络、体艺社团、课堂听诊等多维度,打造亮点,彰显办学特色,推动特色兴校工作,提升学校品牌效应,取得了丰硕成果。

城乡联盟促均衡　阅读推广彰特色

根据阜宁教育实际,县教育局从整体上把小学教育设计成两个共同体。我校加入了实小教育共同体,与阜宁实小教育集团结对,搭建城乡共生联盟。工作中,我们求真务实,有针对性地开展结对帮扶工作,虚心学习,大胆创新。特别是阅读推广工作效果显著,缩短了与县城学校的差距。从中我们深切体会到:阅读推广必须走课程化之路;学校的产品是课程,学校内涵发展、品质提升,关键在课程。

一、环境课程,为儿童阅读织就"华彩霓裳"

环境促读。我们借鉴实小的做法,首先做好阅读推广的硬环境:校园里,阅读标语随处可见;"好书推介"设置醒目;电子大屏展示不同年级的阅读之星;在学生经常活动的地方设置了诚信漂流书吧,以便学生随手阅读;"雅园"是孩子们最爱去的地方,定期布置"童话王国""诗词经典""百科知识",用经典滋养童心。

教师范读。我们把实小师生共读的经验进行移植,要求教师为学生做好榜样,将阅读向深层次推进。学生喜欢动漫作品,对经典不感兴趣,为了改变学生的阅读方向,我们在经典名著书架上放置了一块块小的桌牌,上面写着:某某教师、某某主任、某某校长正在读《青铜葵花》之类的书,用身教代替言教,推进阅读。

亲子共读。我们请实小大阅读负责人到我校给家长做报告,让家长了解县城家庭读书建设情况,并让其明白最好的家庭教育就是陪伴孩子读书!据初步统计,

目前我校有近千名学生的家庭基本做到了"四有":一有家庭图书架;二有读书专有空间;三有读书时间的保证;四有一名家长做家庭读书辅导员。可喜的是,还出现了孩子们节省零花钱自购图书的现象。

二、学科课程,为儿童阅读架设"成长空间"

开发校本课程。我们初读了实小校本课程,聆听了实小校本课程开发组成员的解读,模仿实小校本课程编写形式,立足生本,组织骨干教师精心设计并编写了《儿童经典诵读》《快乐数学》《西方节日英语》《校园体育游戏》等校本教材。在了解实小阅读课程实施情况下,我们大力推广"40分钟长课时＋20分钟短课时＋5分钟微课时",即每周安排一节大课时,40分钟,教学内容为每学期向学生推荐的5本必读书目和校本教材;每天下午课前20分钟用于师生共读;每节课前5分钟,用于展示阅读成果。

注重教学研讨。我校每年有十多位教师到实小顶岗培训,针对农村学校阅读课薄弱的实际,要求语文教师重点关注阅读课的教学,定期回校上汇报课。实小每年也派教师到我校送教,在征求我们意见情况下,给我校教师展示了不同课型的阅读课。点评环节,实小集团杨校长解读了不同阅读课型的要点,还现场解答了教师的疑问。现在,我校语文教师认识了阅读三课型:读物推荐、阅读指导、阅读欣赏,能独立设计阅读课教案。校内也定期开展阅读研讨课,研究阅读教学的方法和策略,解决阅读工作中的困惑,提高了阅读教学质量。

重视评价激励。通过实小阅读名师的经验介绍,我们充分认识到阅读激励的重要。作为校长,我给阅读先进分子签名赠书,带他们到阜宁书城上阅读课。学校每学期对各班阅读工作进行检查评比。班级实施自评、互评、教师评、家长评等多种形式的评价。对学生优秀的读书笔记和读书心得,学校举行仪式,邀请家长给他们颁发证书。获得"悦读之星"称号的孩子的照片张贴在橱窗里宣传保持一个月。

三、活动课程,为儿童阅读打开"绿色通道"

快乐读书节。受到实小图书跳蚤市场的创意启发,我们每年四到五月份,举办主题式读书节。活动形式主要有:作家进校园、讲故事比赛、读书手抄报评比、古诗文考级、读书知识竞赛、"阅读明星"评比等。一年一度的读书节,形成了校园里的阅读盛宴,丰满着孩子们的童年记忆。

创意奖励苑。实小阅读经验告诉我们评价激励是坚持阅读的必要环节。为了激发孩子们的阅读兴趣,根据学生的年龄特点,我校制订了儿童"悦读"方案,将一、二、三年级学生的课外阅读以"博雅银行"的形式统一起来。学生可以通过自主读书、推荐他人阅读、展示阅读成果、参与读书活动、获得阅读称号等多种方式来换取购书券、学习用品等。对于四、五、六年级的学生,我校有针对性地开发了"课外阅读学习护照"。护照体现循序渐进的原则,分为"书香小学士""书香小硕士"和"书香小博士"三个台阶,学生只要完成规定和自选的阅读任务,经过教师和家长的共同考核,就可以获得相应称号。获得"书香小博士"称号的,我校邀请家长一起给学生赠"博士服",戴"博士帽",授予学校图书室专用钥匙,设立个人图书专柜。

"手中的阅读"。我校组织大阅读教师代表深入实小集团参观学习,发现他们的阅读形式多样,内容丰富多彩。受到启迪后,我校将学生的课外阅读与技能展示相结合,引导学生用剪纸、贴画、做手工等形式来表现自己的读书成果,取名为"手中的阅读"。"手中的阅读"作品是用丝瓜筋、蛋壳、丝绒、海绵纸、碎毛线等制作成的。低年级主要通过仿影、临摹、拼贴等形式再现人物形象或特定场景;中年级学生侧重于反映自己对字、词、句的理解和感悟;高年级则以系列作品的形式来再现故事情节或展示自己对整本书的理解。

名师引领联盟校教师专业发展的实践推动了区域教育均衡,催生了教科研成果,助力了教师专业成长。名师引领联盟校教师专业成长研究的实践成果,在省、市乃至全国范围内形成了一定的影响力,教师专业成长的特色品牌日益放大,研究成果被越来越多的学校和教师所认同和接受,青海、新疆等多所学校派教师来我校考察学习名师引领教师成长的成功经验。

四、实践反思

综合多年来名师引领联盟校教师专业发展的研究与实践,我们认为,存在的不足和反思主要有:一是集团化办学将优质学校的理念、管理、课程等经验和方法向更多的学校推广,能充分地发挥名师的引领作用,促进联盟校教师专业的成长,但无论是名师个人的成长还是名师团队的打造都是需要周期的。如果集团化办学扩张太快,体量太大,反而会稀释原有的名师资源,达不到均衡优质教育资源的促进效应。因此,我们要本着循序渐进的原则,不断壮大我们的名师团队。二是名校引领联盟校发展,容易出现龙头校和联盟校优质同化现象,弱化甚至消除了加盟校的原有特色。同样,名师引领教师专业成长过程中,也需要尊重教师的个性特质,尊重教师的发展需求,避免千人一面的现象。三是在发挥龙头校名师引领作用的过程中,受困于集团规模庞大、教师构成复杂、教师个人成长需求千差万别等因素,引领中容易存在理念更新速度慢、活动组织难度大、教师专业发展速度不理想等虚耗现象。四是联盟校往往是一个松散的合作共生体,名师引领联盟校教师专业发展缺少监督和自律机制,存在着考核难、评价难的问题,如果教育行政部门介入统筹,可能效果会更好。

后　记

为了实现公平而有质量的教育,为了建设师德高尚、业务精湛、结构合理、充满活力的教师队伍,为了解决联盟校教师专业发展的困境,我们关注教师专业成长,聚焦教育均衡,积极开拓多维立体的名师引领路径,努力将教师专业发展落到实处。

专业发展是教师终生追求的职业过程,需要持续推进。教师专业发展力是教师专业素质的重要组成部分,项目组聚焦个人、校本、组织三个维度,构建了名师引领学校联盟教师专业发展力的模型,重点探索名师引领教师专业发展教学实践力、反思调控力、学习创新力、愿景规划力、场域影响力等要素。

本书是江苏省"十二五"教育科学规划课题"教育均衡背景下名师引领学校联盟教师专业发展的实践研究"成果。五年的研究,我们感受到联盟校内教师的专业成长正在静悄悄地发生变革:学生们的核心素养在提升,教师们专业成长的热情在提高,学校间的教学质量差距在缩小、校园的文化内涵在加厚……

在五年的研究中,我们以"名师引领联盟校教师专业发展"为研究对象,组建了优秀的研究团队。相关学校校长和教师非常支持研究,主动参与到城乡教育联盟的共建工作、城乡教师的均衡流动和以四轮备课为特色的校本研修中。在后期的成果提炼中,江苏省盐城市教育科学研究院的马群仁、盐城师范学院江苏农村教育发展研究中心的乔晖等专家、集团联盟校沟墩小学赵才广、益林小学杨玉国、吴滩小学佟红升、三灶小学滕天罡等校长多次参与研讨,为本书的成稿提供了鲜活的案例。项目组王海文、赵春林、刘卫华校长对全书进行了修改、校对和审定,朱育培、王迪、李姗姗等教师参与了全书的校对工作。特别是乔晖博士充分发挥高校的理论优势,多次指导项目研究工作,在此表示衷心的感谢。

名师引领联盟校教师专业成长是一项长期而艰巨的工作,对其运行路径及机制的研究,需要进一步扩大样本,积累经验,提炼理论。我们将在今后的研究中且行且思,用微小但永不停歇的努力,为改善教师专业成长的现状,实现公平而有质量的教育而奋斗。

戴卫红
2017 年 12 月 20 日